山川

一問一答

地理

地理用語集編集委員会 編

JN107627

山川出版社

　本書は、新課程の教科書地理総合・地理探究に準拠して、地理の学習に必要な重要地理用語・地名などを網羅した、一問一答形式の問題集である。地理科目としては40年ぶりの必修科目である「地理総合」が2022年に始まった。「地図とGIS」「国際理解」「地球的課題」「防災」「身近な地域の調査」といった内容を柱に、現代世界を生きていく上でかかせない地理の知識・技能を習得し、地理的な考え方を身につけることとなる。また、地理総合の学習を踏まえた「地理探究」という新科目も始まり、系統地理学的考察、地誌的考察、日本の国土像を学習する。

　さまざまな自然環境や社会環境の諸条件から、世界各地で起きている事象の位置や分布、その規則性や地域性を見出しながら考察したり地図などで表現したりすることができるのは地理の醍醐味であると言える。その足がかりとなる地理用語や地名に関する基礎・基本的な知識を一問一答形式で確認し、整理し、地理学習の理解を深めてもらうための問題集として編集した。

　本書の構成は、系統地理的な扱いとなっているが、「地図とGIS」を第I部として独立させたり、各章や節で地誌的な扱いにも配慮しているので、地理総合・地理探究どちらの学習・考察にも十分に役立つことと思われる。自学に、授業に、大学入試に、ありとあらゆる場面で本書を活用してくれることを願っている。

編者

本書の特長と使い方

　本書は、授業や教科書、『用語集』で学習した用語について、覚えているかを、一問一答形式でチェックする問題集です。チェック欄を活用して、身に付くまで繰り返し学習しましょう。また、わからなかった問題は、教科書や『用語集』も使って確認しましょう。

＊本書の目次構成は『地理用語集』に準じています。

『用語集』のページ数
節ごとに、小社『地理用語集』の対応するページを記載しています。わからない用語の説明を、『用語集』で効率よく調べられます。

重要度
地理探究では"★"マークの数が、地理総合では"☆"マークの数が解答の用語の重要度を表しています。
重要度は小社『地理用語集』の頻度数に準拠したものです。
なお、『用語集』で項目として立てられていない事項を問う問題などは、適宜、関連する用語の頻度数を参考に、重要度を示しています。
問題数：約2,300

第1部　地図・地理情報システム、地域調査
第1章

地図と地理情報システム

❶ 球面上の世界と世界地図　　用語集 p.002〜008

■地球儀と緯度・経度

★7/☆☆☆☆☆ □□□	経緯線や大陸の形が記入され、地軸を中心に回転することが可能な、地球をかたどった球型の立体模型を何というか。	地球儀
★★★7/☆☆☆ □□□	地球の中心を通り、南北両極を結ぶ直線を何というか。地球の自転軸でもある。	地軸
★ 3 7/☆☆☆ □□□	地軸は地球の公転軌道面に対して何度何分傾いているか。	23度26分
□□□	地球が、地軸を中心に西から東へ24時間で1回転する回転運動を何というか。	自転

第1部　第1章　地図と地理情報システム

問題文中の赤字
問題文中の重要事項や、直前の問題の解答を赤字にしています。

解答
解答は赤字にしています。付属の赤シートをずらしながら1問ずつ解いていきましょう。

チェック欄
各問題にチェック欄を設けています。解けた問題にチェックするなどして、活用しましょう。

巻末索引
用語を探しやすいように、巻末に解答の用語の索引を掲載しています。

こんな使い方もできます。

●本書を読みすすめるだけでなく、解答を紙に書いていくと、より一層の学習効果が期待できます。
●問題文中の赤字も付属の赤シートで隠せるので、穴埋め問題としても活用できます。

◆ 第I部 **地図・地理情報システム、地域調査**

◆ 第II部 **現代世界の系統地理**

第1章 地図と地理情報システム

❶ 球面上の世界と世界地図

用語集 p.002～008

■地球儀と緯度・経度

★★★/☆☆☆☆☆☆★★

1 □□□	経緯線や大陸の形が記入され、地軸を中心に回転することが可能な、地球をかたどった球型の立体模型を何というか。	地球儀

★★★/☆☆☆☆☆☆★★

2 □□□	地球の中心を通り、南北両極を結ぶ直線を何というか。地球の自転軸でもある。	地軸

★★★/☆☆☆☆☆☆★

3 □□□	地軸は地球の公転軌道面に対して何度何分傾いているか。	23度26分

★★★/☆☆☆☆☆☆★

4 □□□	地球が、地軸を中心に西から東へ24時間で1回転する回転運動を何というか。	自転

★★★/☆☆☆☆☆☆★

5 □□□	地球が、自転しながら1年間で太陽の回りを1周する運動を何というか。	公転

★★★/☆☆☆☆☆☆

6 □□□	北極点を中心とし、北緯66度34分までの緯線の範囲を何というか。北半球のこの地域では夏至の日には太陽は沈まず、冬至の日は全く太陽は昇らない。	北極圏

★★★/☆☆☆☆☆☆

7 □□□	南極点を中心とし、南緯66度34分までの緯線の範囲を何というか。	南極圏

★★★/☆☆☆☆☆☆

8 □□□	北半球が夏の場合、高緯度地方にみられる日没から日の出までの薄明るい状態を何というか。北極圏では夏至になると1日中太陽が沈まない。	白夜

★★★/☆☆☆☆☆☆

9 □□□	北半球が冬の場合、高緯度地方に見られる白夜とは逆の状態を何というか。北極圏では冬至になると1日中太陽が姿を見せない。	極夜

★★★/☆☆☆☆☆☆

10 □□□	北半球で昼の時間が最も長い日を何というか。毎年6月21日ごろ、地球の自転軸の傾きにより、地球からみた見かけ上の太陽は、1年のうちで最も北、北回帰線上に位置する。	夏至

★★★/☆☆☆☆☆☆

11 □□□	北半球で夜の時間が最も長い日を何というか。毎年12月	冬至

22日ごろ、地球の自転軸の傾きにより、地球からみた見かけ上の太陽は、1年のうちで最も南、<u>南回帰線</u>上に位置する。	
★★★/☆☆☆☆☆☆☆ **12** ☐☐☐ 太陽が真東から昇り真西に沈み、昼と夜の長さが同じになる日を何というか。毎年3月21日ごろ、地球からみた見かけ上の太陽は<u>赤道</u>上にある。	春分の日
★★★/☆☆☆☆☆☆☆ **13** ☐☐☐ 上記12と同様、昼と夜の長さが同じになる9月22日ごろの日を何というか。地球からみた見かけ上の太陽は<u>赤道</u>上にある。	秋分の日
★★★/☆☆☆☆☆☆☆ **14** ☐☐☐ <u>地軸</u>の中点を通り、<u>地軸</u>に垂直な平面で地球を切ったと仮定した場合、その切断面と地表面とが交わる線を何というか。	赤道
★★★/☆☆☆☆☆☆☆ **15** ☐☐☐ 赤道面に平行な平面で地球を切ったと仮定した場合、その切断面と地表面とが交わる線を何というか。	緯線
★★★/☆☆☆☆☆☆☆ **16** ☐☐☐ 地球上の任意の1点と地球の中心を結ぶ線が赤道面との間でなす角度を何というか。赤道面を0度として南北それぞれ90度に分け、北を<u>北緯</u>、南を<u>南緯</u>と呼ぶ。	緯度
★★★/☆☆☆☆☆☆★ **17** ☐☐☐ 赤道の北側にあり、地軸の傾きと同じ23度26分の<u>緯線</u>を何というか。	北回帰線
★★★/☆☆☆☆☆☆☆ **18** ☐☐☐ 赤道の南側にあり、地軸の傾きと同じ23度26分の<u>緯線</u>を何というか。	南回帰線
★★★/☆☆☆☆☆☆☆ **19** ☐☐☐ 北極と南極を結んだ地軸を含む平面で地球を切ったと仮定した場合、その切断面と地表とが交わる線を何というか。	経線(子午線)
★☆☆/☆☆☆☆☆☆☆ **20** ☐☐☐ 経度0度を基線とし、基線と、地球上の任意の1点を通る経線(子午線)が、それぞれ赤道と交わってつくる2点と、地球の中心とを結んで得られる角度を何というか。赤道円周を東西180度に分け、東回りを<u>東経</u>、西回りを<u>西経</u>と呼ぶ。ほぼ180度線に沿って日付変更線が設置されている。	経度
★★☆/☆☆☆☆★★★ **21** ☐☐☐ 地球上で、地球の中心を挟んで正反対の地点を何というか。	対蹠点

★★★/☆☆☆☆☆☆☆		
22　□□□	地球上の海洋と陸地の面積比はほぼどのくらいか。	約7：3
★★★/☆☆☆☆☆☆☆		
23　□□□	地球を半球に分けた場合、パリ南西の<u>ナント</u>付近を中心として、陸地面積が最大になるように区分した半球を何というか。	陸半球
★★★/☆☆☆☆☆☆☆		
24　□□□	地球を半球に分けた場合、ナントの<u>対蹠点</u>にあたる南太平洋の<u>アンティポディーズ諸島</u>を中心として海洋面積が最大になるように区分した半球を何というか。	水半球
★★★/☆☆☆☆☆☆☆		
25　□□□	地球を<u>赤道</u>で区分した時の北側の半球を何というか。ユーラシア大陸、北アメリカ大陸、アフリカ大陸の北半分、南アメリカ大陸の一部を含む。緯度を示す場合には北緯を用いる。	北半球
★★★/☆☆☆☆☆☆☆		
26　□□□	地球を<u>赤道</u>で区分した時の南側の半球を何というか。オーストラリア大陸、南極大陸、アフリカ大陸の南半分、南アメリカ大陸の大部分を含む。緯度を示す場合には南緯を用いる。北半球とは季節が逆になる。	南半球
★★★/☆☆☆☆☆☆☆		
27　□□□	地球を経度で区分した時の東側の半球を何というか。<u>本初子午線</u>から東回りに東経180度までの範囲で、オーストラリア大陸とユーラシア大陸の大部分、アフリカ大陸の大部分が含まれる。経度を示す場合には東経を用いる。	東半球
★★★/☆☆☆☆☆☆☆		
28　□□□	地球を経度で区分した時の西側の半球を何というか。<u>本初子午線</u>から西回りに西経180度までの範囲で、南北両アメリカ大陸を挟み、太平洋と大西洋が広がる。経度を示す場合には西経を用いる。	西半球

■時差

★★★/☆☆☆☆☆☆☆		
1　□□□	世界各地の経度を測る基準となる経度0度の経線を何というか。以前はロンドンの<u>旧グリニッジ天文台</u>を通る経線が基準。	本初子午線
★★★/☆☆☆☆☆☆☆		
2　□□□	ロンドンの<u>旧グリニッジ天文台</u>付近を通る、<u>本初子午線</u>を基準として決められた時刻を何というか。	GMT（グリニッジ標準時）
★★★/☆☆☆☆☆☆☆		
3　□□□	<u>本初子午線</u>を基準として、一定範囲の時刻を等しくするために設定された、ほぼ15度ごとの経線を何というか。	標準時子午線

★★★/☆☆★★★★★		
4 □□□	兵庫県<u>明石</u>市を通り、GMTとの間に9時間の時差のある東経135度の経線を何というか。	日本標準時子午線
★★★/☆☆★★★★★		
5 □□□	より精度の高い原子時計をもとに、世界の標準時の基準として設定された時刻を何というか。	協定世界時(UTC)
★★★/☆☆☆☆☆★★		
6 □□□	地球上の各地方で用いる標準時が示す時刻の、地域相互間の差を何というか。一般的に経度15度ごとに1時間の時刻のずれが生ずる。	時差
★★★/☆☆☆☆☆★★		
7 □□□	太平洋上をほぼ180度の経線に沿い、この線を西にこえる時には1日を加え、東にこえる時には1日を減らすよう日付を変更することを決めた線を何というか。	日付変更線
★★★/☆☆☆☆☆★★		
8 □□□	中高緯度地方では夏の日中の時間が冬より長いため、太陽の出ている時間を有効に使って仕事や余暇を充実させようという目的で、時間を1時間進める制度を何というか。	サマータイム(サマータイム制度)

■地図投影法

★★★/☆☆☆★★★★		
1 □□□	球体である地球を、その表面に描いた<u>経線</u>・<u>緯線</u>を基準に、平らな紙などの平面に写しかえて示す方法を何というか。	地図投影法(地図の図法)
★★★/☆★★★★★★		
2 □□□	地球表面に接する円錐に地表の形を写し、これを平面に展開する図法を何というか。	円錐図法
★★★/★★★★★★★		
3 □□□	<u>円錐図法</u>の1つで、各経線上と基準となる緯線上の距離が正しく表わされる図法を何というか。プトレマイオス(トレミー)がその当時の世界地図に用いたことからトレミー図法ともいう。	正距円錐図法
★★★/★★★★★★★		
4 □□□	地球表面に接する円筒に地表の形を写し、これを平面の上に展開する図法を何というか。<u>メルカトル図法</u>・ミラー図法などがある。	円筒図法
★★★/☆☆★★★★★		
5 □□□	地球表面を平面に表現する場合、面積が正しく表わされる図法を一般に何というか。面積を正しく表わそうとすると、形にひずみがでやすい。	正積図法

★★★/☆☆☆★★★

6
□□□
緯線は等間隔の平行線で、経線はこれに直交する中央経線を除き正弦曲線をなす<u>正積図法</u>を何というか。ひずみの少ない低緯度地方を中心とした地方図に用いられる。

サンソン図法

★★★/☆☆☆☆★★

7
□□□
上記6の地図の、高緯度地方のひずみが大きいという欠点を補うため、中央経線以外の経線を楕円曲線とし、緯線間隔を調節することにより正積を得る図法を何というか。世界全図や、世界全体を範囲とした分布図に用いられる。

モルワイデ図法

★★★/☆☆☆★★★

8
□□□
南北それぞれ緯度40度44分を境として、高緯度地方を描く<u>モルワイデ図法</u>と、低緯度地方を描く<u>サンソン図法</u>を接合し、さらに中央経線を2〜3本設けて海洋部分で図を断裂し、大陸部分の形のひずみを少なくした正積図法を何というか。世界全体を範囲とした分布図としてよく利用される。

グード図法（ホモロサイン図法）

★★★/☆☆☆★★★

9
□□□
地球儀を平面に表現する場合、面積・距離・角度・方位をすべて正しく表現することは不可能である。これらのうち地球儀上の角度と地図上の<u>角度</u>の大きさが等しくなるように表わされた図法を何というか。

正角図法

★★★/☆☆☆★★★

10
□□□
オランダの地図学者が考案した正角図を何というか。円筒図法によって地図上では緯線と経線は直交する平行な直線として表わされる。図上のどの地点でも経線は正確に南北を示し、羅針盤を使う航海に「海図」として用いられる。船が羅針盤に頼って一定の方向へ航行を続けると、その航路は図上に直線として示される。経緯線が平行な直線で表わされるため面積と距離は高緯度ほど拡大して示される。

メルカトル図法

★★★/☆☆☆☆☆☆

11
□□□
<u>メルカトル図法</u>の地図上で直線で示されるような、地球上の1地点から他の地点へ行くのに、経線と絶えず一定の角度で交わりながら進む航路を何というか。

等角航路（等角コース）

★★★/☆☆★★★★

12
□□□
正角図法ではないが、高緯度地方が表現できない<u>メルカトル図法</u>の欠点を補うため、緯線間の拡大率を調節して高緯度地方や両極が表せるようにした図法を何というか。

ミラー図法

★★★/☆☆☆★★★

13
□□□
地球儀の表面を平面上に表現する場合、とくに<u>方位</u>の正しさに重点をおいて作成した地図を何というか。

方位図法

14 □□□ 地球上の1地点からみた、他の任意の1地点の位置関係を何というか。一般に東西南北の4方位を基準として用い、さらに8方位や16方位などに細分されることが多い。また「N35°W」などのように北を基準にして東回りの角度で表わすこともある。	方位

★★★／★★★★★★

15 □□□ 地図上の2点を結んだ直線がこの2点間の距離を正しく表わす図法を何というか。地球儀の表面は球面で地図は平面であるため、世界全体を表現するような小縮尺の地図では任意の2点間の距離を正しく表わすことは不可能である。そのため、赤道などの特定の経緯線沿いとか、図の中心と他の任意の点を結ぶ直線上などのように特定な条件に限定して用いられる。	正距図法

★★／☆☆☆☆☆☆

16 □□□ 図の中心から、他の任意の1点への距離と方位を正しく求めることができる図法を何というか。国連のマークは、北極を中心においてこの図法によって描いた世界地図を図案化したものである。	正距方位図法

★★／☆☆☆☆☆☆

17 □□□ 地球上の2地点間の最短航路を何というか。<u>正距方位図法</u>では図の中心から他の任意の1点の最短距離は直線で表現される。	大圏航路（大圏コース）

■地図の歴史

★★★／☆☆☆☆☆☆

1 □□□ 紀元前700年頃の作と考えられ、現存する最古の世界地図とされる、粘土板の上に円と直線を組み合わせてティグリス川・ユーフラテス川やペルシャ湾を描きだした地図を何というか。	バビロニアの世界地図

★★★／☆☆☆☆☆☆

2 □□□ 2世紀頃のギリシャの地理学者で、ヨーロッパ・北アフリカ・西アジア・インド・東南アジアを含めた当時のヨーロッパ人が知っていた世界の範囲を、経緯線入りの世界地図に描いた人は誰か。	プトレマイオス（トレミー）

★★★／☆☆☆☆☆☆

3 □□□ 科学的な世界観が否定された中世ヨーロッパで、キリスト教の聖地<u>エルサレム</u>を中心に、アジア・アフリカ・ヨーロッパを区分するT字型の水域と、円盤状の陸地を取り巻くオケアノス（大洋）を描いた地図を何というか。	ティーオー TOマップ

★★★/☆☆☆☆☆★★★	
4 □□□ 1492年に、現存する世界最古の<u>地球儀</u>をつくったドイツの地理学者は誰か。現在、この地球儀はドイツのニュルンベルク博物館に保存されている。	マルティン＝ベハイム

★★★/☆☆☆☆☆★★★	
5 □□□ 15世紀のイタリアの天文学者・地理学者で、地球球体説に基づく世界地図を作成し、<u>コロンブス</u>に西回り航海をする論拠を与えたのは誰か。	トスカネリ

★★★/☆☆☆☆★★★★	
6 □□□ アジア・アフリカ・ヨーロッパの旧大陸に対して、南アメリカ・北アメリカ・オーストラリアの諸大陸につけられた呼称を何というか。	新大陸

★★★/☆☆☆★★★★★	
7 □□□ スペイン女王イサベルの援助を得て西回りの航海を行ない、1492年、バハマ諸島のサンサルバドル島に到達したイタリアの航海者は誰か。	コロンブス

★★★/★★★★★★★★	
8 □□□ 1768年以降、数回におよぶ航海で太平洋をベーリング海峡からニュージーランドまで縦横に探検し、オーストラリアのイギリス領有に貢献したイギリスの航海者は誰か。	クック

★★★/☆★★★★★★★	
9 □□□ 1911年、南極点に初到達したノルウェーの探検家は誰か。	アムンゼン

★★★/☆☆☆★★★★★	
10 □□□ 1800～16年にかけて、幕府の命を受けて全国の沿岸を測量し、わが国最初の実測図である『大日本沿海輿地全図』を作成した、江戸時代後期の測量家は誰か。	伊能忠敬

❷ 地図の種類とその利用

用語集 p.008～012

■一般図と主題図

★★★/☆☆☆☆☆★★★	
1 □□□ 国土地理院発行の<u>地形図</u>などのように、一般に広く利用されることを意図して、地表の地形、土地利用、行政区画などを網羅的に表現している地図を何というか。	一般図

★★★/☆☆☆☆☆★★★	
2 □□□ わが国の主要地域(大都市周辺や平野など)を対象として、国土地理院が国土の開発・保全計画などのための基礎資料として作成している一般図で、2,500分の1および5,000分の1の<u>大縮尺</u>の地図を何というか。	国土基本図

★★★/☆☆☆☆☆★★★	
3 □□□ 地形の起伏を<u>等高線</u>で示し、土地利用や地表に分布する事物をできる限りくわしく表現した、国土地理院発行の	地形図

	一般図を何というか。	
★★★/☆☆☆☆☆☆☆ 4 □□□	土地利用図・地質図・植生分布図・道路図・航空図などのように、特定の目的のために特定の事象を意図的に取り上げて表現している地図を何というか。	主題図
★★★/☆☆☆☆☆☆☆ 5 □□□	図上に統計数値を彩色や濃淡、あるいは記号などで表現している地図を総称して何というか。	統計地図
★★★/☆☆☆☆☆☆☆ 6 □□□	ある特定の事象の広がりの様子や、数量の地域的な相違を地図上に表現した図を何というか。	分布図
★★★/☆☆☆☆☆☆☆ 7 □□□	人口や各種の生産量などを<u>点</u>で表現し、地図にその分布を示した地図を何というか。	ドットマップ
★★★/☆☆☆☆☆☆☆ 8 □□□	地図上に等しい形と等しい面積からなる網をかけ、1つ1つの網の目にあたる地域の情報を表示した地図を何というか。	メッシュマップ
★★/☆☆☆☆☆☆☆ 9 □□□	統計数値を幾つかの段階に区分し、それぞれを色や記号で表現して地図上にその分布を示した地図を何というか。	階級区分図
★★★/☆☆☆☆☆☆ 10 □□□	各地域の統計値を効果的に示すため、例えば国の大きさを統計数値の大きさによって変えるなど、本来の地図に手を加えて表現した地図を何というか。	カルトグラム(変形地図)
★★★/☆☆☆☆☆☆☆ 11 □□□	等高線図や等温線図のように、ある事象についての同じ値をもった点を連ねて、その分布の状況を示した地図を何というか。	等値線図
★★★/☆☆☆☆☆☆☆ 12 □□□	物資や人などの移動の量や方向を、矢印と<u>流線</u>で示した地図を何というか。	流線図
★★★/☆☆☆☆☆☆☆ 13 □□□	視覚に訴えるため、統計数値を円や正方形、あるいは図案化して示した地図を何というか。	図形表現図

■地形図の利用

★★★/☆☆☆☆☆☆☆ 1 □□□	地上の実距離と、地図上に縮小して示された距離との比を何というか。一般に1を分子とする分数の形で表現される。	縮尺
★★★/☆☆☆☆☆☆☆ 2 □□□	各種の実測図や5,000分の1 <u>国土基本図</u>など、比較的狭	大縮尺

い範囲の地物をくわしく表現するのに用いられる縮尺を何というか。

★★★/☆☆☆☆☆☆☆

3 □□□ 100万分の1あるいは1,000万分の1など、比較的広い範囲を1枚の地図にコンパクトに表現するのに用いられる縮尺を何というか。

小縮尺

★★★/☆☆☆☆☆☆☆

4 □□□ 国土についての様々な調査・測量を行ない、2万5,000分の1地形図をはじめとする各種の地図を作成・発行している国土交通省の付属機関を何というか。

国土地理院

★★☆/☆☆☆☆☆☆☆

5 □□□ 実測に基づいて作成された日本の全国土をカバーする地形図を何というか。現在はデジタル化され、電子国土基本図から作製されている。

2万5000分の1地形図

★★★/☆☆☆☆☆☆

6 □□□ 2万5000分の1地形図を編集することによって作成された日本の全国土をカバーする国土地理院発行の地形図を何というか。この図幅の一葉のなかに表現されるのは、経度15度、緯度10度の経緯線に囲まれた範囲である。

5万分の1地形図

★★★/☆☆☆☆☆☆

7 □□□ 1つの図葉中に都道府県程度の広さの地形・水系・交通路・集落などの概況を表現し、わが国全土を130図葉でカバーする国土地理院発行の小縮尺の地図を何というか。

20万分の1地勢図

★★★/☆☆☆☆☆☆

8 □□□ 三角測量を行なう際の位置を決めるわが国の基準点を何というか。

三角点

★★★/☆☆☆☆☆☆

9 □□□ わが国の主要道路沿いにほぼ2kmの間隔で設けられている、水準測量の基準点を何というか。

水準点

★★★/☆☆☆☆☆☆

10 □□□ 全球測位衛星システム(GNSS)の衛星から送信される電波を受信するわが国の基準点を何というか。

電子基準点

★★★/☆☆☆☆☆☆

11 □□□ 平均海面を基準面として決定された土地の高さを何というか。わが国では東京湾の平均海面を基準としている。

標高(海抜高度)

★★★/☆☆☆☆☆☆

12 □□□ 地表の起伏を表示するため、地表面上の高さの等しい点を連続的に連ねた等値線を何というか。

等高線

★★★/☆☆☆☆☆☆

13 □□□ 5万分の1の地形図では100m間隔、2万5000分の1地形図では50m間隔で記される、太い実線の等高線を何というか。

計曲線

★★★/☆☆★★★★ **14** □□□	<u>5万分の1の地形図</u>では20m間隔、<u>2万5000分の1地形図</u>では10m間隔で記される、細い実線の等高線を何というか。	主曲線 (しゅきょくせん)
★★★/☆☆★★★★★ **15** □□□	地図上で、山地を示す等高線の屈曲が低い方へ張りだしている場合、その最先端部を結んで描いた曲線を何というか。	尾根線
★★★/☆★★★★★★ **16** □□□	地図上で、谷を示す等高線の屈曲が山地の高い方へ張りだしている場合、その最先端部を結んで描いた曲線を何というか。	谷線

■様々な地図

★★★/☆☆★★★★★ **1** □□□	地表の起伏や分布する事物を、空中のある角度から眺めた状態で立体的に描いた地図を何というか。	鳥瞰図 (ちょうかんず)
★★★/☆★★★★★★ **2** □□□	岩石や堆積物の分布や配列を、時代別にあるいは前後関係がよくわかるように色別に表示し、<u>断層・褶曲・走向・傾斜</u>などの地質構造、化石の産地、鉱山や温泉などを記した主題図を何というか。	地質図
★★★/☆☆★★★★★ **3** □□□	海の浅深、海底の性状、暗礁・浅瀬などの所在地、および航海に必要な沿岸の自然物・人工物を記入し、船舶の安全な航行のために利用される主題図を何というか。<u>メルカトル図法</u>で描かれ、図中の2点間を結んだ直線は<u>等角航路(等角コース)</u>を示す。	海図
★★★/☆☆★★★★★ **4** □□□	地形図を山地・台地・低地・人工地形など地形分類に塗り分けて、防災対策や土地利用の計画策定に必要な土地の自然条件に関する資料を提供するためにつくられる地図を何というか。25000分の1の縮尺で提供されている。	土地条件図
★★★/☆★★★★★★ **5** □□□	地形の起伏をはっきりさせるため、等高線の間を一定間隔で塗り分けた地図を何というか。一般に低地から高地への変化を緑─黄─茶の色彩の段階的変化で表現する。	標高図
★★★/☆☆★★★★★ **6** □□□	駅名や乗換案内、運行する電車の種類などが記された電車を利用するのに便利な地図を何というか。	鉄道路線図
★★★/☆☆★★★★★ **7** □□□	自動車が走行するのに便利のよい、道路の種類や幅、信	道路地図

号、ガソリンスタンドなどを記した地図を何というか。

★★★/☆☆★★★★★★
8
□□□ 1軒ごとの住宅がわかるように家屋の形態や敷地の区画、番地や居住者を記した地図を何というか。　住宅地図

★★★/☆☆★★★★★★
9
□□□ 観光スポットや宿泊施設、交通手段などを強調して描いた地図を何というか。視覚に訴えるイラストマップの形式をとることが多い。　観光案内図

★★★/☆☆☆☆☆☆☆☆
10
□□□ 地震・火山活動・水害など、各種災害の被害予測と、災害発生時の避難経路などの緊急対応を示した地図を何というか。　ハザードマップ(防災地図)

❸ 地理情報システムとその活用　　**用語集** p.013〜014

★★★/☆☆☆☆☆☆☆☆
1
□□□ 地理空間情報などを用いてコンピュータ上で描き、スマートフォンやパソコンで表示する地図を一般に何というか。　デジタル地図

★★★/☆☆☆☆☆☆☆☆
2
□□□ 国土交通省が提供している国土に関する様々な情報を位置情報と組み合わせて整備したデータを何というか。行政区域、鉄道、道路、河川、地価公示、土地利用メッシュ、公共施設などがある。　国土数値情報

★★☆/☆☆☆☆☆☆☆☆
3
□□□ 標高・海岸線・行政界・土地利用など、メッシュ単位に数値化した様々な地図情報をもとに、コンピュータを用いて作成する地図を何というか。　数値地図

★☆☆/☆☆☆☆☆☆☆☆
4
□□□ 都市域では2500分の1相当以上、その他の地域では25000分の1相当以上の精度で我が国をカバーするデジタル化された地図(地図情報)を何というか。現在、25000分の1地形図にかわって我が国の地図の基盤となっている。　電子国土基本図

★★★/☆☆☆☆☆☆☆☆
5
□□□ 人工衛星による測定で明らかになった地球の形状をもとに、地球上の位置を緯度・経度で表わすための世界基準を何というか。　世界測地系

★★★/☆☆☆☆☆☆☆☆
6
□□□ 人工衛星から送信される信号を受信して自らの位置や進路を知る仕組みを総称して何というか。一般に4基以上の衛星からの信号を1台または2台の受信機で受信する。　全球測位衛星システム(GNSS)

★★★/☆☆☆☆☆☆		GPS(全地球測位システム)
7 ☐☐☐	人工衛星から信号を受けて、位置を確認する<u>全球測位衛星システム(GNSS)</u>の1つで、おもにアメリカ合衆国で使用されているシステムを何というか。<u>カーナビゲーションシステム</u>や全国に設置された電子基準点の位置の測定などに用いられている。	
★★★/☆☆☆☆☆★		Galileo(ガリレオ)
8 ☐☐☐	<u>ヨーロッパ</u>の全球測位衛星システムのことを何というか。	
★★★/☆☆☆☆☆★		GLONASS(グロナス)
9 ☐☐☐	<u>ロシア</u>の全球測位衛星システムのことを何というか。	
★★★/☆☆☆☆☆★		みちびき
10 ☐☐☐	日本の<u>衛星測位</u>システムで、準天頂衛星システムともよばれているものを何というか。アジア・オセアニア地域で利用でき、アメリカのGPS衛星と連携して位置の精度を高めている。	
★★★/☆☆☆☆☆★		カーナビゲーションシステム(カーナビゲーション)
11 ☐☐☐	詳細な道路情報を含む地理情報を内蔵し、<u>GNSS衛星</u>からの位置情報を受け、自動車の運転者に対して目的地までの経路を示すシステムを何というか。	
★★★/☆☆☆☆☆☆		ドローン
12 ☐☐☐	広義には遠隔操作によって飛行する無人航空機全般を指す言葉で、複数の回転翼を持つマルチコプターを何というか。<u>GNSS</u>からの位置情報を利用してルートを自動運転し、農薬散布などに活用されている。	
★★★/☆☆☆☆☆☆		地理情報システム(GIS)
13 ☐☐☐	コンピュータを用い、様々な位置と空間に関する情報を重ね合わせて地図上に表現し、分析して行政や地域研究、企業活動に役立たせるシステムを何というか。このシステムを利用して特定の情報に特化した地図などをつくることができる。	
★★★/☆☆☆☆☆★		地理空間情報
14 ☐☐☐	事物や統計数値などの属性情報に住所や経緯度などの<u>位置情報</u>を紐づけることでできる情報を何というか。	
★★★/☆☆☆☆☆★		地理空間活用推進基本法
15 ☐☐☐	地理空間情報の高度な活用推進のため、<u>地理情報システム</u>や衛星測位に関する施策の理念や基本事項を定めた法律を何というか。2007年に施行された。	
★★★/☆☆☆☆☆★		ビッグデータ
16 ☐☐☐	人間や一般的なソフトウェアが把握・分析できる能力を超えるほどの多量で多種にわたるデータを何というか。リアルタイムにデータを捉えることができ、交通渋滞な	

どの社会的課題や電力網などの社会インフラなどへの活用が期待されている。

★★★／☆☆☆☆☆☆☆

17
□□□ インターネット上で使用ができる地理情報システムのことを何というか。国土地理院の地理院地図のように、ベースマップとなる地図に地理空間情報を重ねて閲覧することができる。

WebGIS

★★★／☆☆☆☆☆☆☆☆

18
□□□ 国土地理院の電子国土基本図を基にして、パソコンやスマートフォンのブラウザ上で閲覧できる地図を何というか。

地理院地図

★★★／☆☆☆☆☆☆☆☆

19
□□□ 人工衛星や航空機から発する電磁波などを用いて、地球の環境や資源などを探査・調査する方法を何というか。

リモートセンシング
（遠隔探査）

第2章 **地域調査と地域**

❶ 地域調査

用語集 p.015

★★★/☆☆☆☆☆☆
1
□□□ あるテーマをもって特定地域を調査することを何という
か。調査対象地域を先に選び、その地域と特色を解明し
ていく方法と、テーマを先に設定し、そのテーマの解明
にふさわしい地域を選ぶ方法がある。

地域調査

★★★/☆☆☆☆★★★
2
□□□ 調査対象地域を、<u>古文書</u>、古地図、各種文献、統計資料
などを通じて調べ、<u>現地に行く前に</u>調査の目的や仮説を
絞り込んでいく調査を何というか。

事前調査

★★★/☆☆☆☆☆☆
3
□□□ <u>地域調査</u>の対象地域を訪れ、対象を観察し、アンケート
調査・聞き取り調査や資料収集などを行ない、現地での
情報を入手する調査方法を何というか。

フィールドワーク
（野外調査）

★★★/☆☆☆☆☆☆
4
□□□ <u>地域調査</u>の発表形式の１つで、模造紙などに調査内容を
コンパクトにまとめ、相互に発表しあう形式を何という
か。その場で質疑応答が行なわれるため、調査内容に対
する理解を深めやすい。

ポスターセッション

❷ 地理的環境

用語集 p.015〜016

★★★/☆☆☆☆☆☆
1
□□□ 地形・気候・水・植生・土壌など、人間の生活や生産活
動の基礎となる自然を総称して何というか。

自然環境

★★★/☆☆☆☆★★★
2
□□□ 地球を取り巻く大気の部分を何というか。地表からの高
度500〜1,000km、<u>対流圏・成層圏・電離圏</u>（熱圏）に分け
られる。

大気圏（気圏）

★★★/☆☆☆☆★★★
3
□□□ 地球上で水の占める部分を何というか。地球上の水の総
量約<u>14</u>億 km^3 といわれる。大部分が海水で97.4％、陸水
は2.6％。

水圏

★★★/☆☆☆☆☆☆
4
□□□ 地殻と呼ばれる地球の表層部分を何というか。上部マン
トルを覆うプレートと呼ばれる部分で、深さは数10km
〜200km におよび、ユーラシアプレートをはじめとす
るいくつかのブロックに分かれている。

岩石圏

□□□ 5

社会の諸制度・伝統・宗教・民族性・科学技術など、人間の活動がつくりだしてきた環境を何というか。

社会環境

❸ 地理の考え方と地域

用語集 p.016

★★★／☆☆☆☆☆☆

□□□ 1

世界や日本の各地で生起する自然現象や人々の営みに関連して、一定の共通性と広がりをもち、あるいは相互に因果関係があり、ほかと区別できる土地の範囲を何というか。

地域

★★★／★★★★★★★★

□□□ 2

砂漠地域、アラブ文化圏などのように、同じような性質をもった自然現象や人文現象が生起する地域を何というか。

等質地域

★★★／★★★★★★★★

□□□ 3

大都市圏における都心の CBD（中心業務地区）と郊外の通勤者住宅地域などのように、特定の役割をもった地域が機能的に結びついて形成する地域を何というか。

機能地域（結節地域）

★★★／★★★★★★★★

□□□ 4

複数の地域が集まり、それぞれの地域が特定の役割をもちながら、全体として1つの特色をつくりだす地域のまとまりを何というか。

地域構造

★★★／★★★★★★★★

□□□ 5

地域に生じる様々な自然現象や人々の営みについて、それぞれの事象の因果関係や地域的特色を、自然環境・文化・産業などの分野別に調べ、体系化する地理の分野を何というか。

系統地理

★★★／★★★★★★★★

□□□ 6

地域に生じる様々な自然現象や人々の営みについて、特定の地域における事象の因果関係を調べ、対象とする地域の特色を総合的に把握する地理の分野を何というか。

地誌

第1章

自然環境

❶ 地形

用語集 p.018〜038

■地形の形成

★★★/☆☆☆★★★		
1 □□□	造山運動、火山活動など、地球内部から作用し、大規模な地形を形成する力を何というか。	内的営力
★★★/☆☆☆★★★		
2 □□□	内的営力によって生じる、地殻を変形・変化させる活動を何というか。	地殻変動
★★★/☆☆☆★★★★		
3 □□□	地震や火山活動をともない、褶曲や断層により山地を形成する地殻運動を何というか。	造山運動
★★★/★★★★★★★		
4 □□□	広範囲にわたる地域が、長期にわたってゆるやかに隆起、または沈降する地殻運動を何というか。	造陸運動
★★★/☆☆☆★★★		
5 □□□	岩石の風化、河川や氷河による侵食など、地殻の外から作用し、地表の地形を変化させる力を何というか。	外的営力
★★★/☆☆☆★★★		
6 □□□	岩石が、大気・水・微生物や気温変化などの影響を受け、物理的・化学的に破壊・分解され、土壌になっていく過程を何というか。	風化
★★★/☆☆☆★★★		
7 □□□	地表が、流水・氷河・風・波などの外的営力により、削り下げられていく作用を何というか。	侵食
★★★/☆☆☆★★★		
8 □□□	河川や海洋などの侵食作用により地表の起伏が削りとられて形成された平野を何というか。	侵食平野
★★★/☆☆☆★★★		
9 □□□	風化・侵食を受けた岩石や土壌などを、別の場所に運ぶ河川・氷河・風・重力などの作用を何というか。	運搬
★★★/☆☆☆★★★		
10 □□□	河川・氷河・風・重力などにより運ばれた物質を、運ぶ力が衰えたところに置き去っていく作用を何というか。	堆積
★★★/★★★★★★★		
11 □□□	侵食作用によって、原地形（侵食される以前の地形）から幼年期・壮年期・老年期をへて準平原に至るまでを1つの周期として、地形が変化していくことを何というか。	侵食輪廻（地形の輪廻）
★★★/★★★★★★★		
12 □□□	長い間の侵食作用のために地表面の起伏が失われ、侵食	準平原

	基準面近くまで低下した波浪状の平坦な地形を何というか。	
★★☆/☆☆☆☆☆☆☆ **13** □□□	侵食により平坦化された地表面にとり残され、孤立した丘陵を何というか。	残丘(モナドノック)
★★☆/☆☆☆☆☆☆☆ **14** □□□	地層や岩体に刻まれた約46億年前に始まる地球の歴史を何というか。古い方から先カンブリア代・古生代・中生代・新生代に分けられ、現代は新生代・第四紀・完新世にあたる。	地質時代
★★★/☆☆☆☆☆☆☆ **15** □□□	地球の誕生(約46億年前)から古生代が始まる、約5.4億年前までの、地球上で最も古い地質時代を何というか。	先カンブリア時代
★★★/☆☆☆☆☆☆☆ **16** □□□	約5.4億年〜2.5億年前までの地質時代を何というか。この時代の前半には無脊椎海生動物が繁栄し、後半には陸上の動植物が繁栄するようになった。	古生代
★★★/☆☆☆☆☆☆☆ **17** □□□	約2.5億年〜6,500万年前までの地質時代を何というか。この時代は恐竜などの爬虫類の全盛時代で鳥類も出現した。	中生代
★★☆/☆☆☆☆☆☆☆ **18** □□□	約6,500万年前〜現在までの、地球上で最も新しい地質時代を何というか。ほぼ2300万年前と260万年前を境として、古い順に古第三紀、新第三紀、第四紀に区分する。生物の進化の面では哺乳類全盛の時代である。	新生代
★★★/☆☆☆☆☆☆☆ **19** □□□	新生代のうち、約2,300万年前から260万年前の時代を何というか。	新第三紀
★★★/☆☆☆☆☆☆☆ **20** □□□	新生代のうち、現在までの約260万年間を何というか。人類紀や氷河時代の名で呼ばれることがある。	第四紀
★★☆/☆☆☆☆☆☆☆ **21** □□□	新生代第四紀を2つに分けたとき、約260万年〜1万年前の間にあたる時代を何というか。この時代は氷河活動が盛んであった。	更新世
★★★/☆☆☆☆☆☆☆ **22** □□□	氷河が後退をはじめた約1万年前から現在に至る、新生代第四紀後半の時代を何というか。	完新世

■プレートと変動帯

★★★/☆☆☆☆☆☆☆		
1 □□□	古生代のはじめまで、地球上の大陸は<u>パンゲア</u>と呼ばれる大陸の集まりであったが、その後、次第に分裂して現在の水陸分布になったとする、大陸の配置に関する学説を何というか。	大陸移動説
★★★/☆☆☆☆☆☆☆		
2 □□□	大西洋をはさむ大陸両岸の海岸線の類似、両岸の植物化石・氷河遺跡の存在などから、両大陸は、1つであったものが離れたのだという、<u>大陸移動説</u>をとなえたドイツの気象・地球物理学者は誰か。	ウェゲナー
★★★/☆☆☆★★★★		
3 □□□	地表でも広くみられる岩石で構成されていて、<u>プレート</u>の上部にあたる地球表面の層を何というか。	地殻
★★☆/☆☆☆★★★★		
4 □□□	地球の中心核(コア)と<u>地殻</u>との間にあり、内部で発生する熱のため粘性化し、対流運動をおこして熱を外部に放出する物質を何というか。	マントル
★★★/☆☆☆☆☆☆☆		
5 □□□	十数枚の板状の物質として地球表面をおおい、<u>マントル</u>上部層と一体となって地球表面を移動し、<u>地殻変動</u>を引きおこす岩体を何というか。	プレート
★★★/☆☆☆☆☆☆☆		
6 □□□	<u>ユーラシアプレート</u>や<u>北アメリカプレート</u>など、主として大陸を構成するプレートを何というか。	大陸プレート
★★★/☆☆☆☆☆☆☆		
7 □□□	<u>太平洋プレート</u>や<u>フィリピン海プレート</u>など、主として海洋底を構成するプレートを何というか。	海洋プレート
★★★/☆☆☆☆☆☆☆		
8 □□□	大陸の分布や地殻変動を、<u>マントル</u>の対流による地球の表面を覆う板状のプレートの移動で説明する学説を何というか。	プレートテクトニクス
★★★/☆☆☆☆☆☆☆		
9 □□□	アラビア半島・インド半島・シベリア東部を除くユーラシア大陸とその周辺海域に広がる大陸プレートを何というか。	ユーラシアプレート
★★★/☆☆☆☆☆☆★		
10 □□□	北アメリカ大陸・グリーンランド・シベリア東部・カムチャツカ半島から<u>フォッサマグナ</u>以東の東北日本を含む大陸プレートを何というか。	北アメリカプレート
★★★/☆☆☆☆☆☆☆		
11 □□□	太平洋の大部分を含み、日本海溝付近で<u>ユーラシアプレ</u>	太平洋プレート

★★★／☆☆☆☆☆☆ **12** □□□ ─ートと接する海洋プレートを何というか。 南西諸島海溝とフィリピン海溝で<u>ユーラシアプレート</u>と接し、伊豆・小笠原海溝とマリアナ海溝で太平洋プレートと接し、ほぼ中央に沖ノ鳥島が位置する、比較的小規模な海洋プレートを何というか。	フィリピン海プレート
★★★／☆☆☆☆☆☆ **13** □□□ 地球表面を覆うプレートの境目を何というか。お互いに接する隣のプレートとの動きにより、<u>広がる</u>境界、<u>狭まる</u>境界、<u>ずれる</u>境界の3タイプがある。	プレート境界
★★★／☆☆☆☆★★ **14** □□□ プレートの境界のうち、2つの<u>プレート</u>が互いに離れて遠ざかる場所を何というか。	広がる境界
★★★／☆☆☆☆★★ **15** □□□ プレートの<u>広がる</u>境界にあたる大洋底に発達する細長い山脈状の海底地形を何というか。火山活動を伴いながら地球の内部からマグマが上昇し、新たな<u>海洋プレート</u>を形成する。	海嶺
★★★／☆☆☆☆☆☆ **16** □□□ 全海洋底の大部分を占める水深<u>4,000</u>～<u>6,000</u>m の比較的平坦な海底を何というか。	大洋底
★★★／☆☆☆☆★★ **17** □□□ <u>大陸棚</u>と<u>大洋底</u>との間にある比較的傾斜の急な海底を何というか。	大陸斜面
★★★／☆☆☆☆★★ **18** □□□ 奈良盆地や諏訪盆地などのように、ほぼ平行する2つの<u>断層崖</u>に挟まれて、相対的に陥没した凹地を何というか。	地溝
★★★／☆☆☆☆★★ **19** □□□ アフリカ大陸東部を南北に走る断層陥没地帯を何というか。マラウイ湖やヴィクトリア湖などの湖を形成し紅海に至る。この陥没地帯にはアフリカ大陸最高峰の<u>キリマンジャロ山</u>をはじめとする火山があり、地形を複雑にしている。	アフリカ大地溝帯（グレートリフトヴァレー）
★★★／☆☆☆☆★★ **20** □□□ <u>北アメリカプレート</u>・南アメリカプレートと<u>ユーラシアプレート</u>・アフリカプレートの境界に位置し、大西洋の中央部を南北にゆるいS字形を描いて走る広がる境界を何というか。	大西洋中央海嶺
★★★／☆☆☆☆★★ **21** □□□ 大西洋中央海嶺上に位置して陸地を<u>広がる境界</u>が通り、ギャオと呼ばれる割れ目がみられる。火山活動が盛んで、また、氷河も発達する島を何というか。	アイスランド島

★★★／☆☆☆☆★★★━━━ **22** □□□ プレートの境界のうち、一方のプレートが他方のプレートの下に沈み込んだり、プレート同士が衝突している場所を何というか。	狭まる境界
★★★／☆☆☆☆★★★━━━ **23** □□□ 大陸の縁辺部や<u>弧状列島</u>と平行して発達し、<u>狭まる境界</u>の沈み込み帯にあたる、水深6,000〜10,000mほどの細長い大洋底の凹地を何というか。	海溝
★★★／☆☆☆☆ ★★★━━━ **24** □□□ 世界最深地点がある北西太平洋の海溝を何というか。	マリアナ海溝
★★★／★★★★★★★━━━ **25** □□□ <u>マリアナ海溝</u>にある海面下<u>10,920</u>mの世界最深地点を何というか。	チャレンジャー海淵
★★★／☆☆☆☆☆★━━━ **26** □□□ 深さは6,000m未満、<u>海溝</u>よりも浅くて広い海底の窪地を何というか。窪地が<u>プレート境界</u>に位置するような場合には大規模な地震の震源となることもある。	トラフ
★★★／☆☆☆☆★★★━━━ **27** □□□ プレートの境界のうち、2つのプレートがすれ違う場所を何というか。カリフォルニア州の<u>サンアンドレアス</u>断層のような横ずれ断層を形成する。	ずれる境界
★★★／☆☆☆☆★★★━━━ **28** □□□ プレートの境界一帯では、地殻変動や火山活動が特に活発となる。この地域を何というか。	変動帯
★★★／☆☆☆☆★★━━━ **29** □□□ <u>変動帯</u>とは違い、大陸プレートの内部にあってプレート境界からの距離が遠く、地殻変動や火山活動が比較的おだやかな地域を何というか。	安定大陸（安定地域）
★★★／☆☆★★★★★━━━ **30** □□□ 堆積した地層や岩盤が水平方向に圧力を受けて波のように曲げられ変位することを何というか。	褶曲
★★★／★★★★★★★━━━ **31** □□□ <u>アルプス山脈</u>のように、地層が水平方向に圧力を受けて<u>褶曲</u>してできた山地を何というか。	褶曲山脈
★★★／★★★★★★★━━━ **32** □□□ 水平な地層が横からの圧力を受けて褶曲した際の、褶曲の谷にあたる部分を<u>向斜</u>というのに対し、尾根にあたる部分を何というか。この部分には原油が溜まりやすく、<u>ザグロス山脈</u>のように世界的な原油の産出地となっている。	背斜
★★★／☆☆☆☆★★★━━━ **33** □□□ <u>地殻変動</u>の影響で地層や岩石に割れ目が生じ、その割れ目に沿って一方あるいは両側の地層や岩石が垂直方向や	断層

水平方向に変位することを何というか。

■地震

★★★/☆☆☆☆☆☆☆

1
地殻内部の岩石が破壊され、その衝撃が波動となって大地を振動させる現象を何というか。<u>火山活動</u>に伴っておきる火山性の震動と、<u>断層活動</u>に伴っておきる地殻構造性の震動がある。

地震

★★★/☆☆☆☆☆☆☆

2
最近の<u>地質時代</u>に繰り返し活動し、今後も活動する可能性があると考えられている断層を何というか。地震予知や地震規模を知る上で役立つため、わが国では詳細な分布図がつくられている。

活断層

★★★/☆☆☆★★★★

3
<u>活断層</u>などによる陸域の浅いところを震源とする地震を何というか。規模が小さいにもかかわらず、震源直上の都市部に大きな被害を与えることがある。

直下型地震

★★☆/☆☆☆★★★★

4
プレート境界にある海溝の陸側の海底を震源とする地震を何というか。<u>海洋プレート</u>の下に沈みこんだ<u>大陸プレート</u>のひずみが解放されて発生する地震で、規模が大きい。海底地形が変形して、<u>津波</u>が発生することがある。

海溝型地震（プレート境界の地震）

★★★/☆☆☆☆★★★

5
ある地点における地震による地面の揺れの程度を表わす指標を何というか。地震計のみが感じる無感（0）から最も激しい段階（7）までに分け、（5）と（6）の段階をそれぞれ強・弱で2分割して10段階に区分した。

震度

★★★/☆☆☆☆☆★★

6
地震の最大振幅と周期・震央距離・<u>震源</u>の深さなどを公式にあてはめて決定する、地震のエネルギーの大きさを表わす指標を何というか。

マグニチュード

★★★/☆☆☆☆☆☆☆

7
地震動により地盤が流動化して地表に陥没や噴砂を生じ、建造物に大きな被害を与える現象を何というか。地中の水分が多い沖積低地や埋め立て地などで発生しやすい。

液状化現象

★★★/☆☆☆☆☆☆☆

8
地震や海底火山の噴火、地滑りなどに伴って生じる高波を何というか。海水が盛り上がるように押し寄せ、水圧や水流により被害を増大させる。湾頭に比べ湾奥の幅が狭い<u>リアス海岸</u>では海水遡上による害が生ずることが多い。

津波

★☆☆／☆☆☆☆☆☆☆

9 □□□ 1960(昭和35)年5月22日午後3時ごろ(現地時間)にチリ沖で発生したマグニチュード9.5の巨大地震による<u>津波</u>が太平洋をこえて日本を襲い多くの犠牲者をだした。この津波を何というか。　　チリ地震津波

★★★／☆☆☆★★★★

10 □□□ 2004年12月26日に発生した、インドネシア北西部、<u>スマトラ島</u>沖にあるインド洋海底のスンダ海溝を震源とするマグニチュード9.1の地震を何というか。　　スマトラ沖地震

■火山

★★★／☆☆☆☆☆☆☆

1 □□□ 地下にある溶融した灼熱状態の<u>溶岩</u>を何というか。　　マグマ

★★★／☆☆☆☆☆☆☆

2 □□□ 地下の<u>マグマ</u>や<u>火山ガス</u>が活動し地表につくる地形を何というか。噴火によって溶岩や砕屑物がつくる堆積地形だけでなく、爆発や陥没によってできる窪地などもある。　　火山(地形)

★☆☆／☆☆☆☆☆☆☆

3 □□□ 現在火山活動を続けている火山を含め、過去<u>1万年</u>以内に火山活動を行った歴史をもつ火山を何というか。　　活火山

★★★／☆☆☆★★★★

4 □□□ 北太平洋中央部、北西から南東に2,500kmにわたってのびる火山島の連なりを何というか。<u>プレート</u>は動いているが、噴出する<u>マグマ</u>の位置が変わらないため、火山島の形成年代は南東に向かうほど新しくなる。　　ハワイ諸島

★★☆／☆☆☆☆☆☆☆

5 □□□ <u>ハワイ諸島</u>のように、地下からマントルが上昇して、定常的にマグマが発生し火山活動が盛んな地点を何というか。　　ホットスポット

★★★／☆☆☆☆☆☆☆

6 □□□ <u>富士山</u>や<u>桜島</u>などのように、火山砂礫や火山灰、溶岩が交互に噴出・堆積し、火口が小さい割に裾野が広く、山頂に近いほど傾斜の急な火山を何というか。　　成層火山

★★☆／☆☆☆☆☆☆☆

7 □□□ 山梨・静岡県境にある日本最高峰、標高3,776mの<u>成層火山</u>を何というか。　　富士山

★★☆／☆☆☆☆☆☆☆

8 □□□ タンザニアとケニアの国境地帯に位置するアフリカの最高峰、5,895mの<u>成層火山</u>を何というか。　　キリマンジャロ山

★★★／☆☆☆☆☆☆☆

9 □□□ 北アルプスの<u>焼岳</u>、北海道の<u>昭和新山</u>のように、粘性の大きな溶岩が噴出・堆積して形成された、つり鐘を伏せ　　溶岩ドーム(溶岩円頂丘)

たような形の塊状火山を何というか。

★★★/★★★★★★★
10 □□□
ハワイ島の<u>キラウェア山</u>や<u>マウナロア山</u>のように、流動性の大きな溶岩が火口から噴出して形成された、楯を伏せたような偏平な形をした火山を何というか。

楯状火山

★★★/★★★★★★★
11 □□□
ハワイ島の南部、<u>マウナロア山</u>の東側に位置し、灼熱した溶岩をたたえた大規模な火口をもち、ゆるやかな噴火を繰り返す楯状火山を何というか。

キラウエア山

★★★/★★★★★★★
12 □□□
<u>溶岩</u>などを噴出せず、火口周囲には爆発性の噴火により形成された噴出物の低い丘があるだけの、大地に直接爆裂火口が形成されたようにみえる火山を何というか。秋田県男鹿半島の<u>一ノ目潟</u>がその例。

マール

★★★/★★★★★★★
13 □□□
インドの<u>デカン高原</u>のように、流動性の大きな溶岩が重なり合って形成された台地を何というか。

溶岩台地

★★★/☆☆☆★★★★
14 □□□
火口部の大爆発、または火山の中央部の沈下によって生じた、火山の山体に比べて著しく大きい円形または楕円形の火口状の凹地を何というか。

カルデラ

★★★/☆☆☆☆★★★
15 □□□
<u>熊本県</u>東部にある世界有数のカルデラをもつ火山を何というか。カルデラの大きさは東西約18km、南北約25km、カルデラ内部には成層火山、溶岩ドームなどが<u>中央火口丘</u>を形成する。

阿蘇山

★★★/☆☆☆☆★★★
16 □□□
<u>洞爺湖</u>・十和田湖・田沢湖などのように、火山体の陥没により生じた凹地に水をたたえた湖沼を何というか。

カルデラ湖

★★★/☆☆☆☆★★★
17 □□□
蔵王山の御釜・吾妻山の五色沼などのように、火山の噴火口に水をたたえた湖沼を何というか。

火口湖

■新期造山帯

★★★/☆☆☆★★★★
1 □□□
中生代末から新生代にかけての<u>造山運動</u>により生じた、起伏の大きい新しい山地が多く分布する地域を何というか。プレートの<u>狭まる境界</u>にほぼ一致し、地震・火山活動が活発である。

新期造山帯

★★★/☆☆☆★★★★
2 □□□
太平洋西岸のアリューシャン列島・千島列島・日本列島・フィリピン諸島・ニューギニア島・ニュージーラン

環太平洋造山帯

ドなどの弧状列島群や東岸のロッキー・アンデスの大山脈など、地震帯や火山帯を伴い、太平洋を取り巻く形で分布する<u>新期造山帯</u>を何というか。	
★★☆/☆☆☆☆☆☆☆☆ **3** ☐☐☐ 古生代のテチス海が隆起したアルプス山脈から<u>ヒマラヤ山脈</u>を経てインドネシアまで、ユーラシア大陸南縁部を東西に走る形で分布する<u>新期造山帯</u>を何というか。	アルプス＝ヒマラヤ造山帯
★★★/☆☆☆☆☆☆☆☆ **4** ☐☐☐ <u>日本列島</u>や千島列島・アリューシャン列島のように、<u>海洋プレート</u>が<u>大陸プレート</u>の下に沈み込むプレート境界に形成される、大洋上に弧を描いて配列する島々を何というか。	弧状列島

■環太平洋造山帯

★★★/☆☆☆☆☆☆☆☆ **1** ☐☐☐ <u>南アメリカ</u>大陸西部を南北に走り、海抜6,959mの<u>アコンカグア山</u>を最高峰とする山脈を何というか。アルゼンチンとチリの自然的国境となっている。山脈の中部にはアルティプラノと呼ばれる高原が広がり、チチカカ湖がある。	アンデス山脈
★★☆/☆☆☆☆☆☆☆☆ **2** ☐☐☐ 東・西・南のシエラマドレ山脈に囲まれ、メキシコの首都<u>メキシコシティ</u>をその域内にもつ、海抜1,500〜2,000mの半乾燥高原を何というか。	メキシコ高原
★★★/☆☆☆☆☆☆☆☆ **3** ☐☐☐ 北アメリカ大陸西部を北西から南東に走り、海抜4,398mの<u>エルバート山</u>を最高峰とする山脈を何というか。コロラド川やミズーリ川の源流域で、国立公園が多い。	ロッキー山脈
★★☆/☆☆☆☆☆☆☆☆ **4** ☐☐☐ アメリカ合衆国西部、セントラルヴァレーと<u>グレートベースン</u>（大盆地）の間を南北に走り、海抜4,418mのホイットニー山を最高峰とする山脈を何というか。	シエラネヴァダ山脈
★★★/☆☆☆☆☆☆☆☆ **5** ☐☐☐ アメリカ合衆国西部、<u>ロッキー山脈</u>の西側に広がる高原を何というか。水平に新生代第三紀の地層が堆積し、これをコロラド川が侵食したグランドキャニオンの大峡谷がある。	コロラド高原
★★☆/☆☆☆☆☆☆☆☆ **6** ☐☐☐ アラスカ半島からカムチャツカ半島にかけて、<u>ベーリング海</u>と<u>太平洋</u>を分ける形でのびる弧状列島を何というか。	アリューシャン列島

■アルプス=ヒマラヤ造山帯

★★★/☆☆☆☆☆
| 1 | インド・中国・ネパール・ブータンの国境地帯を東西に走り、海抜8,848mの<u>エヴェレスト山</u>（チョモランマ・サガルマータ）を最高峰とする山脈を何というか。インドプレートが<u>ユーラシアプレート</u>の下に沈み込むプレートの狭まる境界に位置する。 | ヒマラヤ山脈 |

★★★/☆☆☆☆☆
| 2 | <u>ヒマラヤ山脈</u>に位置する世界最高峰を何というか。海抜8,850m。現地のチベット語やネパール語による名称もある。 | エヴェレスト山（チョモランマ・サガルマータ） |

★★★/☆☆☆☆☆★
| 3 | 中国南西部、<u>ヒマラヤ山脈</u>と<u>クンルン（崑崙）山脈</u>の間に広がる平均海抜4,500mの大高原を何というか。高原ではヤクやヤギ・ヒツジの遊牧が行なわれ、チベット仏教の聖地<u>ラサ</u>がある。 | チベット高原 |

★★☆/☆☆☆☆★★
| 4 | カシミール地方と中国西部との<u>自然的国境</u>をなす山脈を何というか。この山脈は世界第二の高峰、海抜8,611mのゴッドウィンオースティン山（K2峰）をもつ。 | カラコルム山脈 |

★★★/☆☆☆☆★★
| 5 | 北を<u>エルブールズ山脈</u>、西南を<u>ザグロス山脈</u>に囲まれ、古くはペルシア帝国が栄えた高原を何というか。高原は乾燥気候を示し、<u>カナート</u>と呼ばれる地下水路が発達する。 | イラン高原 |

★★★/☆☆☆★★★
| 6 | 黒海とカスピ海の間を北西から南東に走り、アジアとヨーロッパの境界をなす山脈を何というか。山麓各地に原油を産出する。 | カフカス山脈 |

★★★/☆☆★★★★
| 7 | トルコの首都<u>アンカラ</u>や、特異な形態で知られるカッパドキアの遺跡をもつトルコ中央部の高原を何というか。 | アナトリア高原 |

★★★/☆☆☆★★★
| 8 | ポーランドとスロバキアの国境付近からウクライナ西部を経てルーマニア東部へ弧状をなして連なる山脈を何というか。内側に<u>ハンガリー盆地</u>を抱き、山脈沿いに石炭・石油・鉄鉱石を産出する。 | カルパティア山脈 |

★★★/☆☆☆☆☆★
| 9 | ヨーロッパ南部を東西に走り、北西ヨーロッパと南ヨーロッパを分ける山脈を何というか。 | アルプス山脈 |

★★★/☆☆☆☆☆★
| 10 | <u>フランス</u>と<u>スペイン</u>の国境地帯を走る山脈を何というか。 | ピレネー山脈 |

山地斜面では羊の移牧が行なわれ、谷では水力開発が進む。最高峰は海抜3,404mのアネト山。		
★★★/☆☆☆★★★ **11** □□□ アフリカ大陸北西岸を、<u>地中海</u>に沿いモロッコからチュニジアまで海岸に平行して走る山脈を何というか。北側は地中海性気候で、果樹栽培が盛ん。南側は乾燥し、遊牧民の活動地域となっている。	アトラス山脈

■古期造山帯

★★★/☆☆★★★★★ **1** □□□ 古生代の中期および後期の<u>造山運動</u>によって山脈を形成し、その後の侵食により緩やかな起伏を示すようになった古い山地が多く分布する地帯を何というか。	古期造山帯
★☆★/★★★★★★★ **2** □□□ イギリスのグレートブリテン島の中央部を南北に貫き、<u>ランカシャー</u>と<u>ヨークシャー</u>の工業地域を分ける山脈を何というか。	ペニン山脈
★★★/☆☆☆★★★★ **3** □□□ <u>キルナ</u>やイェリヴァレなどの鉄山があり、北西部の海岸沿いに<u>フィヨルド</u>が発達する、スカンディナヴィア半島の脊梁をなす山脈を何というか。ノルウェーとスウェーデンの自然的国境である。	スカンディナヴィア山脈
★★★/☆☆☆☆★★★ **4** □□□ ヨーロッパとアジアの自然的境界をなし、石炭・石油・鉄鉱石・銅・ニッケル・クロム・白金・金などの鉱産資源に富む山脈を何というか。山脈の南部にはロシアのウラル工業地域がある。	ウラル山脈
★★★/☆☆☆☆★★★ **5** □□□ 中国北西部、シンチヤンウイグル(新疆維吾爾)自治区からキルギスに連なる山脈を何というか。新期造山帯の活動の影響を受けて再び隆起した山脈で、ジュンガル盆地とタリム盆地・トゥルファン盆地を分ける。	テンシャン(天山)山脈
★★★/☆☆☆☆★★★ **6** □□□ <u>南アフリカ共和国</u>の東南部を、海岸に平行して走る山脈を何というか。南東貿易風の風上にあたる東側は湿潤で、風下の西側は乾燥する。北部は石炭を産出する。	ドラケンスバーグ山脈
★★★/☆☆☆☆★★★ **7** □□□ アメリカ合衆国東部を、北東から南西に走る山脈を何というか。西麓には<u>アパラチア炭田</u>が広がり、東麓には滝線都市が並ぶ。	アパラチア山脈
★★★/☆☆☆★★★★ **8** □□□ オーストラリア東部を海岸に平行して走り、西側の乾燥	グレートディヴァイ

地域と東側の湿潤地域を分ける山脈を何というか。北部にはモウラ炭田があり、南部では水資源開発のスノーウィマウンテンズ計画が行なわれた。

ディング（大分水嶺）山脈

■安定陸塊

★★★/☆☆☆☆☆☆★

1 □□□ 地球上で最も早く陸化し、古生代以降は緩やかな隆起・沈降を行うだけで、造山運動を受けていない地域を何というか。

安定陸塊

★★★/☆☆☆☆☆★

2 □□□ 北アメリカ北部やバルト海周辺などのように、安定陸塊のうち、先カンブリア時代にできた古い岩石が露出している平坦地を何というか。

楯状地

★★★/☆☆☆★★★★

3 □□□ アフリカ大陸、アラビア半島などのように、海面下に沈降した楯状地を土台として古生代以降の地層が水平に堆積し、その後陸地となった地域を何というか。

卓状地

★★★/☆★★★★★★★

4 □□□ 古生代から中生代にかけて1つの大陸を形成し、その後アフリカ・南アメリカ・オーストラリア・南極大陸・インド・アラビア半島などに分離した古大陸を何というか。

ゴンドワナ大陸

★★★/☆☆★★★★★★

5 □□□ ウラル山脈とヴェルホヤンスク山脈の間に位置し、古生代・中生代の地層が水平に堆積した、西シベリア低地と中央シベリア高原を含む卓状地を何というか。

シベリア卓状地

★★★/☆☆★★★★★★

6 □□□ ポーランドからウラル山脈の西側に位置し、東ヨーロッパ平原を含む卓状地を何というか。

ロシア卓状地

★★★/☆☆★★★★★★

7 □□□ 北アメリカのセントローレンス川からハドソン湾一帯にかけて広がる楯状地を何というか。

カナダ楯状地（ローレンシア楯状地）

★★★/☆☆★★★★★★

8 □□□ バルト海を中心とし、ノルウェー南部からスウェーデン・フィンランドおよびロシア北西部にかけて広がる楯状地を何というか。

バルト楯状地

★★★/★★★★★★★★

9 □□□ 中生代を中心にゴンドワナ大陸とローラシア大陸にはさまれて存在したとされる浅い海で、大規模な沈降地域として地層を厚く堆積した。中生代末からは隆起がはじまり、ヒマラヤなどの大山脈を形成する基盤となった海を何というか。

テチス海

★★★ / ★★★★★★	
10 ☐☐☐ 東ヨーロッパ平原・北アメリカ中央平原・西シベリア低地などのように、水平に堆積した古い地層が激しい地殻運動を受けることなく平坦な地層のまま侵食された平野を何というか。	構造平野
★★★ / ★★★★★★	
11 ☐☐☐ 北ドイツからオランダにかけて広がる構造平野を何というか。地表面は氷河性の堆積物におおわれ、ヴェーザー川・エルベ川・オーデル川などの河川が北流する。	北ドイツ平原
★★★ / ☆☆☆★★★	
12 ☐☐☐ ウラル山脈以西、ヨーロッパロシアの大部分を占める平野を何というか。緩やかな波状を示す丘陵が広がり、北半分は氷河性の堆積物におおわれる。	東ヨーロッパ平原
★★★ / ☆☆☆★★★	
13 ☐☐☐ 北アメリカ大陸中央部、アパラチア山脈とロッキー山脈の間に広がる構造平野を何というか。ミシシッピ川流域を中心としてプレーリーと呼ぶ温帯草原が南北に帯状に広がる。	中央平原(北アメリカ中央平原)
★★★ / ☆☆☆★★★	
14 ☐☐☐ ギアナ高地とブラジル高原の間に広がるアマゾン川流域の大平原を何というか。広大な熱帯雨林(セルバ)に覆われる。	アマゾン盆地
★★★ / ☆☆☆★★★	
15 ☐☐☐ 赤道直下に位置し熱帯雨林に覆われる、アフリカ中央部コンゴ川流域の盆地を何というか。	コンゴ盆地
★★★ / ☆☆☆★★★	
16 ☐☐☐ 緩傾斜した硬軟互層の差別侵食により形成された急崖と緩斜面からなる丘陵を何というか。パリ盆地やロンドン盆地などがその例。	ケスタ

■河川の地形

★★★ / ☆☆☆★★★	
1 ☐☐☐ 河川や湖沼、海洋の運搬・堆積作用により形成された平野を何というか。	堆積平野
★★★ / ☆☆☆★★★	
2 ☐☐☐ 堆積平野のうち、扇状地や氾濫原、三角州のように河川が土砂を堆積させて形成された平野を何というか。	沖積平野
★★★ / ☆☆☆★★★	
3 ☐☐☐ 傾斜の急な山地では、河川の侵食などによってV字型の断面になる谷を何というか。	V字谷
★★★ / ☆☆☆★★★	
4 ☐☐☐ 河川の上流部で、谷の両側が侵食されて谷底が広がった	谷底平野

り、運搬された土砂が谷を堆積したりして形成される谷間の平地を何というか。

★★★／☆☆☆☆☆☆

5
□□□ 河川の中流部で山地を刻む急流が平野にでる際、流速を減じて運搬力が衰えることにより、谷の出口を頂点としてつくる扇状の堆積地形を何というか。

| 扇状地 |

★★☆／☆☆☆☆☆☆☆☆

6
□□□ 扇状地など透水性の高い地層の上を流れる河川水が、地下に浸透してつくった地下水流を何というか。

| 伏流（伏流水） |

★★★／☆☆☆☆☆☆

7
□□□ 山地を刻んできた河川が、砂礫の堆積を開始する、扇状地の最上流部にあたる部分を何というか。

| 扇頂 |

★★★／☆☆☆☆☆☆☆

8
□□□ 厚く堆積した砂礫層のため水が地下にしみこみやすく、日本では伝統的に畑や果樹園などに利用されている扇状地の中央部を何というか。

| 扇央 |

★★★／☆☆☆☆☆☆

9
□□□ 伏流した水が湧きだして泉をつくり、この水を利用して古くから集落が立地し、水田が開かれている扇状地の末端部を何というか。

| 扇端 |

★★★／☆☆☆☆☆☆

10
□□□ 扇状地などでみられ、平常時は流水が伏流して河床が露出し、降水量の多いときだけ流水をみる河川を何というか。

| 水無川（末無川） |

★★★／☆☆☆☆☆☆☆☆

11
□□□ 中国の黄河（ホワンホー）中下流部やわが国の近江盆地の草津川・野洲川などのように、堆積作用が盛んなため、堤防内の河床が周辺の土地より高くなってしまった河川を何というか。

| 天井川 |

★★★／☆☆☆☆☆☆

12
□□□ 河川の中・下流部で、自然堤防や後背湿地などを含む河川の氾濫により形成された低平な地形で、堤防建設などの人工的改変を受ける以前は、洪水時に河川の氾濫を受けてきた地形を何というか。

| 氾濫原 |

★★★／☆☆☆☆☆☆

13
□□□ 氾濫原上を河川がＳ字状に曲がりくねって流れることを何というか。

| 蛇行 |

★★★／☆☆☆☆☆☆

14
□□□ 河川が屈曲の度をこすと、やがて湾曲部が取り残されて河川は短流するようになる。このときに取り残された河跡湖を何というか。

| 三日月湖 |

★★★／☆☆☆☆☆☆

15
□□□ 洪水の際に河道からあふれた河水が、流速を減じ土砂を

| 自然堤防 |

	堆積することにより生じた、<u>河道</u>沿いの微高地を何というか。	
★★★/☆☆☆☆☆☆☆ **16** □□□	洪水の際に河道からあふれた河水が、<u>自然堤防</u>の背後に滞溜して形成された水はけの悪い低湿地を何というか。	後背湿地
★★☆/☆☆☆☆☆☆☆ **17** □□□	中下流部が蛇行をなし、<u>三日月湖</u>や<u>後背湿地</u>が各所にみられる北海道最長の河川を何というか。	石狩川
★★★/☆☆☆☆☆☆☆ **18** □□□	河川が海または湖にそそぐところで流速を減じ、運搬してきた土砂を堆積して生じた低平な土地を何というか。	三角州（デルタ）
★★☆/★★★★★★★ **19** □□□	<u>ナイル川</u>やニジェール川、岩木川などの河口部のように、比較的波静かな水域に形成される半円状の<u>三角州</u>を何というか。	円弧状三角州
★★☆/★★★★★★★ **20** □□□	<u>ミシシッピ川</u>などの河口部のように、河川が運搬した土砂によって形成された陸地が海にのびて鳥の足のような形状をした三角州を何というか。土砂の運搬量の多い河川が波のおだやかな海にそそぐときにつくる。	鳥趾状三角州
★★★/☆☆☆☆☆☆☆ **21** □□□	周囲を崖や斜面に囲まれ、低地よりも高いところにある平坦な土地を何というか。	台地
★★★/☆☆☆☆☆☆☆ **22** □□□	多摩川中流の武蔵野台地や利根川上流の沼田盆地などにみられる、河川の流路に沿って発達した階段状の地形を何というか。	河岸段丘
★★★/☆☆☆☆☆☆★ **23** □□□	河岸段丘や海岸段丘にみられる階段状の地形の平坦面にあたる部分を何というか。	段丘面
★★★/☆☆☆☆☆☆★ **24** □□□	河岸段丘や海岸段丘にみられる階段状の地形の斜面にあたる部分を何というか。	段丘崖

■海岸の地形

★★★/☆☆☆☆☆★★ **1** □□□	陸地の<u>沈降</u>、または海面の<u>上昇</u>により陸地だったところが海面下に沈むことを何というか。	沈水
★★★/☆☆☆☆☆☆☆ **2** □□□	<u>スペイン</u>北西部、カンタブリカ山脈が大西洋に接するガリシア地方の湾の呼称に語源をもち、起伏に富んだ陸地が沈降して岬と入江が連続してのこぎり歯状に出入りす	リアス海岸

る海岸を何というか。

★★★/☆☆☆☆☆★★★ **3** □□□	三重県の<u>志摩半島</u>にあり、リアス海岸のおだやかな入江での海苔や<u>真珠</u>の養殖が有名な湾は何というか。	英虞湾
★★★/☆☆☆☆☆☆★★★ **4** □□□	青森県、岩手県、宮城県にまたがり、<u>東北地方太平洋沖地震</u>が起きた際には<u>津波</u>の被害を受けて、現在も復興が進められている海岸を何というか。	三陸海岸
★★★/☆☆☆☆☆☆★★★ **5** □□□	海水面の上昇や陸地の沈降により、リアス海岸のようにかつての陸地の谷が<u>沈水</u>してできた湾を何というか。	おぼれ谷
★★★/☆☆☆☆☆☆★★★ **6** □□□	<u>エーゲ海</u>などのように、多くの島々が点在する海域を何というか。連続していた陸地が沈水によって分離して形成した。	多島海
★★★/★★★★★★★★★ **7** □□□	イギリスの<u>テムズ川</u>や南アメリカ大陸の<u>ラプラタ川</u>の河口のように、大河川の河口部が沈水して生じた<u>ラッパ</u>状に開いた入り江を何というか。	エスチュアリー（三角江）
★★★/☆☆☆☆☆☆★★★ **8** □□□	<u>スカンディナヴィア半島</u>・<u>南アメリカ大陸南端</u>・アラスカなどにみられる、<u>氷河</u>が刻んだ深い谷に海水が浸入してできた、両側を絶壁で囲まれた狭長な湾を何というか。	フィヨルド
★★★/☆☆☆☆☆☆★★★ **9** □□□	陸地の<u>隆起</u>、または海面の<u>低下</u>により海面下にあった土地が水面上に現れることを何というか。	離水
★★★/☆☆☆☆☆☆★★★ **10** □□□	アメリカ合衆国の大西洋岸、メキシコ湾岸、わが国の<u>九十九里平野</u>・宮崎平野などのように、浅く平らな海底が<u>離水</u>してできた平野を何というか。	海岸平野
★★★/☆☆☆☆☆☆★★★ **11** □□□	室戸岬などのように海岸線に沿ってできた階段状の地形を何というか。<u>段丘崖</u>はもとの海食崖にあたり、海食崖の下の平坦な面が水面上に現れると<u>段丘面</u>となる。	海岸段丘
★★★/☆☆☆☆☆☆★★★ **12** □□□	<u>九十九里平野</u>や<u>鳥取平野</u>などのように、砂浜が発達する海岸を何というか。一般に遠浅で、<u>砂州</u>・<u>砂嘴</u>・<u>浜堤</u>などの地形がみられる。	砂浜海岸
★★★/☆☆☆☆☆☆★★★ **13** □□□	北海道の<u>野付崎</u>・駿河湾の<u>三保松原</u>などのように、<u>沿岸流</u>によって運ばれた砂礫が堆積してつくる、陸地から海に突き出した地形を何というか。	砂嘴

★★★/☆☆☆☆★★★ **14** □□□	鳥取県の弓ヶ浜や京都府の<u>天橋立</u>などのように、入江を ふさぐように土砂が細長く堆積した地形を何というか。	砂州
★★☆/☆☆☆★★★★ **15** □□□	<u>九十九里平野</u>にみられるように、かつて波により海岸に 打ち上げられた砂礫がつくる、海岸線に沿って土砂が列 状に堆積する地形を何というか。	浜堤
★★★/☆☆☆☆★★★ **16** □□□	福岡県の志賀島、和歌山県の潮岬、北海道の<u>函館山</u>のよ うに、<u>砂州（陸繋砂州）</u>によって陸地と連結した島を何と いうか。	陸繋島
★★★/☆☆☆☆★★★ **17** □□□	<u>函館</u>の市街地が広がる土地のように、陸地と<u>陸繋島</u>をつ なぐ砂州を何というか。	トンボロ（陸繋砂州）
★★★/☆☆☆☆★★★ **18** □□□	北海道の<u>サロマ湖</u>や石川県の河北潟などのように、<u>砂州</u> などの発達によって入江がふさがれてできた湖を何とい うか。	ラグーン（潟湖）
★★★/☆☆☆★★★★ **19** □□□	<u>干潮</u>時に姿を現わし、多様な生物を育む砂泥質の遠浅の 海岸を何というか。	干潟
★★★/☆☆☆☆★★★ **20** □□□	<u>三陸海岸</u>や<u>伊豆半島</u>の海岸のように基盤の岩石が露出す る海岸を何というか。山地が海岸に迫り平地に乏しい反 面、海岸線は変化に富み小さな港湾が発達する。	岩石海岸
★★☆/☆☆☆★★★★ **21** □□□	波や<u>沿岸流</u>などによって陸地が侵食され、海岸線が後退 していくことを何というか。	海岸侵食
★★★/☆☆☆☆★★★ **22** □□□	<u>波</u>の侵食によってできる海岸の崖を何というか。波が当 たる部分がえぐり取られ、上部の岩石が崩落して切り立 った崖となる。	海食崖
★★★/☆☆★★★★★ **23** □□□	石灰質の骨格をもつ腔腸動物を何というか。暖かくきれ いな浅海で生育し海底などに着生して岩礁をつくるもの、 水深の深い海で生息して宝石として珍重されるものがあ る。	サンゴ
★★★/☆☆☆☆☆★★ **24** □□□	暖かくきれいな浅海において、サンゴ虫の遺骸や分泌物 が固まってできた石灰質の岩礁を何というか。	サンゴ礁
★★★/☆☆☆☆★★★ **25** □□□	島や大陸の海岸に接して海岸線を取り巻くように海中の 浅いところに発達したサンゴ礁を何というか。	裾礁

★★★／☆☆☆☆☆☆☆

26
☐☐☐ オーストラリアの<u>グレートバリアリーフ</u>のように、陸地との間に<u>礁湖</u>と呼ばれる海面を隔てて、その沖合に防波堤状に連なるサンゴ礁を何というか。 | 堡礁 <ruby>ほ<rt></rt></ruby><ruby>しょう<rt></rt></ruby>

★★★／☆☆☆☆☆☆☆

27
☐☐☐ 島が海面下に没し、サンゴ礁だけが以前の島の海岸線をかたどって環状に発達したものを何というか。 | 環礁 <ruby>かんしょう<rt></rt></ruby>

★★★／☆☆☆☆☆☆☆

28
☐☐☐ 陸地とサンゴ礁の間に、あるいはサンゴ礁に取り巻かれてつくられた波静かな水面を何というか。 | 礁湖

■氷河地形

★★★／☆☆☆☆☆☆☆

1
☐☐☐ 降雪が夏でも融けずに残り、年々厚みと密度を増していくと自重でより低い方に流動する。この流動する氷塊を何というか。 | 氷河

★★★／☆☆☆☆☆☆☆

2
☐☐☐ 気候が寒冷化して中高緯度の地域を中心に氷河が広く発達した時期を何というか。この時期には高緯度地域では<u>氷床</u>が広がり、日本では海水面の低下がみられた。 | 氷期

★★★／☆☆☆☆☆☆☆

3
☐☐☐ <u>氷期</u>と次の<u>氷期</u>の間の、比較的温暖で氷河が後退する時期を何というか。この時期には高緯度地域では<u>氷床</u>が縮小し、日本では海水面の上昇がみられた。 | 間氷期

★★★／☆☆☆☆☆☆☆

4
☐☐☐ <u>最終氷期</u>には北アメリカ大陸北部やヨーロッパ北西部にも形成され、現在は<u>グリーンランド</u>や<u>南極大陸</u>にみられる、大陸の表面を覆う広大な氷河を何というか。 | 大陸氷河（氷床）

★★★／☆☆☆☆☆☆☆

5
☐☐☐ <u>ヒマラヤ山脈</u>や<u>アルプス山脈</u>など、山岳地帯に発達する氷河を何というか。 | 山岳氷河

★★☆／☆☆☆☆☆☆☆

6
☐☐☐ 谷を刻んで流れる<u>山岳氷河</u>を何というか。侵食によって<u>U字型</u>の侵食谷をつくる。 | 谷氷河

★★☆／☆☆☆☆☆☆☆

7
☐☐☐ 氷河は氷自体および氷の中に取り込まれた岩屑によって、氷河の基底と側壁を激しく侵食する。このような氷河の移動や、氷の凍結・融解に伴う岩石の破砕によって行なわれる侵食作用を何というか。 | 氷食作用

★★★／☆☆☆☆☆☆☆

8
☐☐☐ 北アルプスの穂高連峰に囲まれた涸沢上流のように、氷河が斜面をスプーンでえぐったように削ってできた地形 | カール（圏谷）

を何というか。

★★★/☆☆☆★★★		
9 □□□	アルプス山脈の<u>マッターホルン</u>のように、斜面を氷河により3方向以上から削り取られて鋭くとがった形をした地形を何というか。	ホルン
★★★/☆☆☆★★★		
10 □□□	<u>谷氷河</u>が後退した後にみられる、谷底が広く谷壁が急傾斜をなす氷河によって侵食された谷を何というか。この谷に海水が浸入すると<u>フィヨルド</u>になる。	U字谷
★★★/☆☆☆★★★		
11 □□□	氷河が運搬した岩屑・砂礫・粘土などが、氷河の側面や底面および末端に堆積してつくる高まりを何というか。	モレーン
★★★/☆☆☆★★★		
12 □□□	<u>五大湖</u>をはじめとする北アメリカ大陸の北部・東部、北ヨーロッパ、スイスなどに多く分布する、氷河の侵食や堆積によって生じた凹地に水をたたえた湖沼を何というか。	氷河湖

■乾燥地形

★★★/☆☆☆★★★		
1 □□□	小粒の砂や岩屑が風で運び去られ、基盤の岩石や礫が広く露出した砂漠を何というか。砂漠の全面積の約9割を占める。礫に覆われているものを、<u>礫砂漠</u>と区別して呼ぶことがある。	岩石砂漠
★★★/☆☆☆★★★		
2 □□□	風で運搬された砂が厚く堆積し、<u>砂丘</u>を形成する砂漠を何というか。<u>タクラマカン砂漠</u>や<u>サハラ砂漠</u>・アラビア半島の砂漠などの一部にみられるが、世界全体の砂漠面積に占める割合は小さい。	砂砂漠
★★★/☆☆☆★★★		
3 □□□	砂が<u>風</u>によって運ばれて堆積することによって高まりとなった地形を何というか。海岸や<u>サハラ砂漠</u>などの砂漠に見られる。	砂丘
★★☆/☆☆☆★★★		
4 □□□	アラル海の<u>アムダリア川</u>と<u>シルダリア川</u>、中国のタリム川などのように、海洋への出口をもたない乾燥地域の河川を何というか。	内陸河川
★★★/☆☆☆★★★		
5 □□□	乾燥地域において、一時的な豪雨のときにだけ流水があり、ふだんは涸れている谷を何というか。	ワジ(涸れ谷)
★★★/☆☆☆★★★		
6 □□□	砂漠のなかで、泉や河川水、地下水路などを利用して<u>灌</u>	オアシス

漑農業が行なわれ、集落が形成されている場所を何という か。	
★★★/☆☆☆☆☆★★★ — **7** □□□ ナイル川やティグリス川・ユーフラテス川などのように、 湿潤地域に源を発し、乾燥地域を潤す河川を何というか。	外来河川
★★★/☆☆☆★★★ — **8** □□□ 水平に堆積した硬軟互層の差別侵食により形成された地 形で、侵食に強い硬い地層が上部の平坦面をつくり、そ の下の軟らかい地層が侵食され急崖をつくることにより できたテーブル状の地形を何というか。	メサ
★★★/☆☆☆☆☆★★★ — **9** □□□ メサの侵食が進み、頂部に侵食に強い地層を頂く、より 小規模で孤立した地形を何というか。	ビュート

■カルスト地形

★★★/☆☆☆☆☆★★★ — **1** □□□ 有孔虫やサンゴなどの石灰質の殻が堆積してできたセメ ントの原料になる岩石を何というか。	石灰岩
★★★/☆☆☆☆★★★★ — **2** □□□ 石灰岩が二酸化炭素を含んだ水によって溶かされるよう に、水が岩石を化学的に溶解する作用を何というか。	溶食
★★★/☆☆☆☆☆★★★ — **3** □□□ スロベニア西部の地名に語源をもつ、二酸化炭素を含む 水による石灰岩の溶食地形を一般に何というか。	カルスト地形
★★★/☆☆☆☆☆★★★ — **4** □□□ 石灰岩の割れ目に浸透した雨水が、石灰岩を溶かしてつ くったすりばち状の地形を何というか。	ドリーネ
★★★/☆☆☆☆★★★★ — **5** □□□ 上記4のすりばち状の凹地が、幾つか合わさってできた 凹地を何というか。	ウバーレ
★★★/☆☆☆☆★★★★ — **6** □□□ 上記4や5の凹地がさらに大規模になり、凹地の中に耕 地や集落があるほどに発達したものを何というか。	ポリエ(溶食盆地)
★★★/☆☆☆☆☆★★★ — **7** □□□ 熱帯など高温多湿の気候下でみられる地形で、中国のコ イリン(桂林)の景観のように石灰岩が岩塔のようにそび え立っている地形を何というか。	タワーカルスト
★★★/☆☆☆☆☆★★★ — **8** □□□ 山口県の秋吉台や福岡県の平尾台などにみられる、地下 水の溶食により生じた地下の洞穴を何というか。洞穴の 天井には鍾乳石、床には石筍ができる。	鍾乳洞

❷ 気候

■気候要素と気候因子

★★★／☆☆☆★★★★
1
□□□ 地球を取り巻く大気圏内でおこる自然現象のうち、気温・降水・風や高気圧・低気圧・前線・台風などのように、とくに天気に関係ある現象を何というか。

気象

★★★／☆☆☆★★★★
2
□□□ ある地域における、大気現象の長年にわたる平均的な総合状態を何というか。

気候

★★★／☆☆☆★★★★
3
□□□ 気温・降水量・風のほか、湿度・日照時間・蒸発散量・雲量など、気候を構成する個々の大気現象をまとめて何というか。

気候要素

★★★／☆☆☆★★★★
4
□□□ 緯度・標高・海陸分布・地形・海流・海洋からの距離など、大気現象の地域差をつくる要因となるものをまとめて何というか。

気候因子

★★☆／☆☆☆★★★★
5
□□□ 直交座標の横軸に月平均降水量を、縦軸に月平均気温を目盛り、各月の気温と降水量の平均値の相関を示す12の点を月の順に結んで得られるグラフを何というか。グラフの縦幅は気温の年較差の大小を表わし、横軸が長い場合は降水量の年変動が大きいことを示す。

ハイサーグラフ

★★☆／☆☆☆★★★★
6
□□□ 直交座標の縦軸に気温と降水量を、横軸に12カ月をとり、各月の降水量と平均気温を棒グラフと折れ線グラフで表わした図を何というか。

雨温図

★☆☆／★☆★★★★★
7
□□□ 雲の分布や地表面の温度などを測定する、気象観測のための人工衛星を何というか。わが国では、静止衛星「ひまわり」からの衛星画像が気象観測に用いられている。

気象衛星

■気温と降水

★★★／☆☆☆☆☆☆
1
□□□ ある地点における1年間の最暖月と最寒月の平均気温の差を何というか。一般に高緯度地方は低緯度地方よりも、大陸性気候地域は海洋性気候地域よりも、中緯度地方の大陸東岸は西岸よりも、その差が大きい。

(気温の)年較差

★★★／☆☆☆☆☆☆
2
□□□ 1日のうちの最高気温と最低気温の差を何というか。一般に大陸性気候地域で大きく、海洋性気候地域で小さい。

(気温の)日較差

★★★/☆☆☆☆☆☆☆

| 3 □□□ | 標高が増すことにより、気温が低下する割合を何というか。一般に海抜高度が1,000m増すごとに5～6℃前後低下するが、この値は大気中の湿度により変化する。 | 気温の遞減率 |

★★★/☆☆☆☆☆☆☆

| 4 □□□ | 地球上の<u>年平均気温</u>の最も高い点を連ねた線を何というか。低緯度地方では海上よりも陸上の方が高温となり、北半球の方が陸地面積が広いため、赤道よりやや北側に位置する。 | 熱赤道 |

★★★/☆☆☆☆☆☆☆

| 5 □□□ | 赤道付近の<u>熱帯収束帯（赤道低圧帯）</u>など、大気の流れがぶつかり合って上昇気流が発生することでもたらされる降雨を何というか。 | 収束性降雨 |

★★★/☆☆☆☆☆☆☆

| 6 □□□ | 夏の夕立や熱帯地方における<u>スコール</u>時の大雨など、日中の強い日射によって生じる<u>上昇気流</u>によりもたらされる降雨を何というか。 | 対流性降雨 |

★★★/☆☆☆☆☆☆☆

| 7 □□□ | 大気の流れが山脈などにさえぎられたとき、その風上側に生じる<u>上昇気流</u>によりもたらされる降雨を何というか。 | 地形性降雨 |

★★★/☆☆☆☆☆☆☆

| 8 □□□ | <u>温暖前線</u>や<u>寒冷前線</u>など、暖かい気団が冷たい気団の背面に沿って上昇するとき、あるいは冷たい気団が暖かい気団の下に入り込んで暖かい気団を押し上げたときにもたらされる降雨を何というか。 | 前線性降雨 |

■大気大循環

★★★/☆☆☆☆☆☆☆

| 1 □□□ | 太陽熱で温められた空気が上昇し、上空で冷やされて下降する対流により、さまざまな気象現象がおこる<u>大気圏</u>の最も下層の部分を何というか。上限の高さは熱帯で16km、寒帯で8kmほど。 | 対流圏 |

★★★/☆☆☆☆☆☆☆

| 2 □□□ | 空気が薄いため、対流が生じず大気が安定している<u>対流圏</u>の上部の大気圏を何というか。上限の高さは約50km。高さ約20kmまでの下部の気温は－45～－75℃で、垂直方向にはほぼ等温である。約20kmをこえると昇温し、上限で約0℃となる。 | 成層圏 |

★★★/☆☆☆☆☆☆☆

| 3 □□□ | 0 地表が受ける大気の圧力を何というか。測定に用いる単位はヘクトパスカル（hpa）、地表の平均圧力は1013hpa。大気の圧力は上空に行くほど低くなる。 | 気圧 |

★★/☆☆☆☆☆★★ **4** □□□	周囲より相対的に気圧の低いところを何というか。北半球では反時計回りに、南半球では時計回りに周りから大気が吹き込むため、上昇気流が発達し悪天候になることが多い。	低気圧(低圧帯)
★★/☆☆☆☆☆★★ **5** □□□	周囲より相対的に気圧が高いところを何というか。北半球では時計回りに、南半球では反時計回りに周りに大気を吹きだし、上空の大気が下降気流となって降りてくるため、晴天に恵まれることが多い。	高気圧(高圧帯)
★★/☆☆☆☆☆★★ **6** □□□	地表から上空に向かう大気の流れを何というか。大気は上空で冷やされ、雲や降水の原因となるので、この気流が発生する場所は低気圧となり、悪天候となりやすい。	上昇気流
★★/☆☆☆☆☆★★ **7** □□□	上空から地表に向かう大気の流れを何というか。この気流が発生する場所は高気圧となり、好天となりやすい。	下降気流
★★/☆☆☆☆☆★★ **8** □□□	大陸や海洋など広い範囲を覆い、ほぼ一様な気温や湿度をもつ大気の塊を何というか。	気団
★★★/☆☆☆★★★★ **9** □□□	温度・湿度・密度などが異なる2つの気団が接触した場合、両気団の地表における境目を何というか。	前線
★★/☆☆★★★★★ **10** □□□	寒冷な気団が暖かい気団に向かって接触した場合の境目となる前線を何というか。日本付近では夏はオホーツク海北部まで北上し、冬は南方海上まで南下する。	寒帯前線
★★★/☆☆☆☆☆★★ **11** □□□	地球上の気温や気圧の差によって生じる大規模な大気の対流運動を何というか。この流れによって地球を取り巻く4つの気圧帯と、気圧帯に挟まれた風系が生じる。	大気の大循環
★★★/☆☆☆☆☆★★ **12** □□□	赤道を挟んで、南北緯度10度付近に形成される低圧帯を何というか。太陽の直射を受けて上昇気流が盛んになり、スコールと呼ばれる降雨を伴う激しい突風をもたらす。赤道低圧帯ともいう。	熱帯収束帯
★★★/☆☆☆☆☆★★ **13** □□□	南北両半球の、回帰線付近から緯度30度付近にかけて形成される高圧帯を何というか。赤道付近で上昇した大気が緯度20〜30度付近で下降することによって形成され、貿易風と偏西風の吹きだす地域となっている。降水量が少なく乾燥が著しい。	亜熱帯(中緯度)高圧帯

★★★ / ☆☆☆★★★★★		
14 □□□	<u>亜熱帯高圧帯</u>と、両極地方に発達する高圧帯に挟まれて形成される、緯度60度付近の低圧帯を何というか。	亜寒帯(高緯度)低圧帯
★★★ / ☆☆☆☆☆★★★		
15 □□□	南北両極地方は年中低温のため、安定した高圧帯を形成する。この高圧帯を何というか。	極高圧帯

■風系

★★★ / ☆★★★★★★★		
1 □□□	1年中ほぼ同じ方向に吹く風を何というか。	恒常風
★★★ / ☆☆★★★★★★		
2 □□□	<u>亜熱帯高圧帯</u>から赤道低圧帯に向けて吹く<u>恒常風</u>を何というか。北半球では<u>北東</u>の風、南半球では<u>南東</u>の風となる。	貿易風
★★★ / ☆☆☆★★★★☆		
3 □□□	<u>亜熱帯高圧帯</u>から亜寒帯低圧帯に向けて吹く<u>恒常風</u>を何というか。地球の自転に伴う偏向力の影響を受けてほぼ西風となる。	偏西風
★★★ / ☆☆☆☆★★★★		
4 □□□	中緯度地方の対流圏と成層圏の境界付近を吹く<u>偏西風</u>の一部で、冬は平均秒速40〜100mにも達する強い気流を何というか。	ジェット気流
★★★ / ☆☆☆☆☆★★★		
5 □□□	<u>極高圧帯</u>から亜寒帯低圧帯に向けて吹く<u>恒常風</u>を何というか。地球の自転に伴う偏向力の影響を受けて東寄りの風となる。	極偏東風
★★★ / ☆☆☆☆☆★★★		
6 □□□	夏は大洋上の<u>高圧帯</u>から大陸内部の<u>低圧帯</u>へ、冬は大陸内部の<u>高圧帯</u>から大洋上の<u>低圧帯</u>へと吹く、夏と冬とで方向が逆となる風を何というか。	季節風(モンスーン)
★★☆ / ☆☆☆☆☆★★★		
7 □□□	熱帯あるいは亜熱帯の大洋上に発生し、温帯地方を襲う移動性低気圧を何というか。発生の初期は<u>貿易風</u>に流されて西進するが、<u>偏西風</u>の地域に達すると転向して東方に進む。強風と豪雨を伴い、通過地域に大きな被害を与える。	熱帯低気圧
★★★ / ☆☆☆☆☆★★★		
8 □□□	北太平洋の熱帯海域で発生し、東アジアを襲う<u>熱帯低気圧</u>を何というか。夏の終わりから秋にかけて日本に上陸するものがあり、多くの被害を与える。	台風
★★★ / ☆☆☆☆☆★★★		
9 □□□	アラビア海やベンガル湾で発生し、南アジアを襲う<u>熱帯</u>	サイクロン

<u>低気圧</u>を何というか。南半球のインド洋に発生し、モーリシャス島やマダガスカル島を襲う<u>熱帯低気圧</u>や南西太平洋で発生しオーストラリア北東部を襲う<u>熱帯低気圧</u>にも同様の名がついている。

★★★／☆☆☆☆☆☆ **10** □□□	カリブ海に発生して、西インド諸島からメキシコ湾岸の諸地方を襲う<u>熱帯低気圧</u>を何というか。8月から9月にかけて最も多く発生する。	ハリケーン
★★★／☆☆☆☆☆☆ **11** □□□	各地方において、最もひんぱんに吹く風を何というか。	卓越風
★★★／☆☆☆☆☆☆ **12** □□□	夜間に陸地が冷えて大気の密度が増し、相対的に低圧部になった海上に向けて陸地から吹く風を何というか。	陸風
★★★／☆☆☆☆☆☆ **13** □□□	日中の強い日射によって陸地が温まり、相対的に低圧部になった陸地に向けて海上から吹く風を何というか。	海風
★★★／☆☆☆☆☆☆ **14** □□□	日本の「<u>おろし</u>」や{だし}、ヨーロッパの<u>フェーン</u>などのように、特定の地域で吹く強い風を何というか。	局地風
★★☆／☆☆☆☆☆☆ **15** □□□	冬にディナルアルプス山脈からアドリア海に吹きおろす冷たく乾いた風を何というか。	ボラ
★★★／☆☆☆☆☆☆ **16** □□□	アメリカ合衆国北部、カナダ、南極地方に吹く地吹雪を伴う寒冷な強風を何というか。	ブリザード
★★☆／☆☆☆☆☆☆ **17** □□□	群馬県では冬になると北西から南東方向へ<u>北西季節風</u>が吹く。特に<u>赤城山</u>から吹き下りる風のことを何というか。	赤城おろし
★★★／☆☆☆☆☆☆ **18** □□□	風が山地をこえる際に湿度を下げ、高温で乾燥した風となって吹きおろす、その風を何というか。ヨーロッパのアルプス地方特有の呼称であったが、現在は同様な成因の気象現象に対する一般名称としても用いられる。	フェーン

■ 気候の地域差

★★★／☆☆☆☆☆☆ **1** □□□	海から離れた大陸内部に典型的に発達する、気温の<u>日較差</u>や<u>年較差</u>が大きく、降水量が少なくて湿度の低い気候を何というか。	大陸性気候
★★★／☆☆☆☆☆☆ **2** □□□	大洋上の島嶼や、海洋からの偏西風が年中吹く中緯度地方の大陸西岸に典型的に発達する、気温の<u>日較差</u>や<u>年較</u>	海洋性気候

差が小さく、降水量が多く湿度が比較的高い気候を何というか。

★★★/☆☆☆☆☆☆☆

3
□□□ 中・高緯度の大陸の東海岸に発達する、冬は寒く乾燥し、夏はむし暑い、気温の<u>年較差</u>が大きい気候を総称して何というか。

東岸気候

★★★/☆☆☆☆☆☆☆☆

4
□□□ 中・高緯度の大陸の西海岸に発達する、冬は温暖で、夏は冷涼な気温の<u>年較差</u>の小さい気候を総称して何というか。

西岸気候

■異常気象

★★★/☆☆☆☆☆☆☆

1
□□□ 一般に、ある地域においてこれまでの経験から大きく外れた気象現象のことを何というか。気象庁では、ある場所やある時期において30年に1回以下で起こる現象を指す。

異常気象

★★★/☆☆☆☆☆☆☆

2
□□□ 南アメリカ大陸の太平洋岸から赤道海域にかけて、海水温の高い状態が長く続く現象のことを何というか。何らかの原因で貿易風が弱まると、南アメリカ大陸太平洋沖で起こる深層からの<u>湧昇流</u>も弱まって海水温が高くなる。

エルニーニョ現象

★★★/☆☆☆☆☆☆☆

3
□□□ 上記2とは反対に、南アメリカ大陸の太平洋岸から赤道海域にかけて、海水温の低い状態が長く続く現象を何というか。

ラニーニャ現象

■気候区分

★★★/☆☆☆☆☆☆☆

1
□□□ 地球上の<u>植生</u>分布にあわせて気温や降水量の等値線を選び、大小のアルファベット記号を組み合わせて世界の主要気候区を設定したドイツの気候学者は誰か。

ケッペン

2
□□□ 次の説明にあてはまる<u>ケッペン</u>の気候記号をアルファベット大文字で記しなさい。

★★★/☆☆☆☆☆☆

a. 最寒月平均気温<u>18</u>℃以上。

a. A

★★★/☆☆☆☆☆☆

b. 最寒月平均気温<u>18</u>℃未満、－<u>3</u>℃以上。

b. C

★★★/☆☆☆☆☆☆

c. 最寒月平均気温－<u>3</u>℃未満で、最暖月平均気温<u>10</u>℃

c. D

以上。

★★★/☆☆☆☆☆☆☆ d. 最暖月平均気温10℃未満。	**d.** E
★★★/☆☆☆☆☆☆☆ e. 最暖月平均気温 0 ℃以上、10℃未満。	**e.** ET
★★★/☆☆☆☆☆☆☆ f. 最暖月平均気温 0 ℃未満。	**f.** EF
★★★/☆☆☆☆☆☆☆ g. ある地方の年平均気温が t ℃のとき、その地方の年降水量 R cm が次式(ア)〜(ウ)によって求められた数値 r (乾燥限界値)未満。 (ア)夏に多雨な地方(夏の最多雨月降水量が冬の最少雨月降水量の10倍以上の地方) r = 20(t ＋14) (イ)冬に多雨な地方(冬の最多雨月降水量が夏の最少雨月降水量の 3 倍以上の地方) r = 20t (ウ)年中平均的に降雨のある地方 r = 20(t ＋ 7)	**g.** B
★★★/☆☆☆☆☆☆☆ h. 上記 g の公式にあてはめて年降水量が乾燥限界の 2分の 1 以上の場合。	**h.** BS
★★★/☆☆☆☆☆☆☆ i. 上記 g の公式にあてはめて年降水量が乾燥限界の 2分の 1 未満の場合。	**i.** BW

3
□□□ 次の説明にあてはまるケッペンの気候記号を、アルファベット小文字で記しなさい。

★★★/☆☆☆☆☆☆☆ a. 最暖月平均気温22℃以上。	**a.** a
★★★/☆☆☆☆☆☆☆ b. 最暖月平均気温22℃未満で、少なくとも 4 カ月は月平均気温が10℃以上。	**b.** b
★★★/☆☆☆☆☆☆☆ c. 月平均気温10℃以上の月が 4 カ月未満で、最寒月平均気温が－38℃以上。	**c.** c
★★★/☆☆☆☆☆☆☆ d. 月平均気温10℃以上の月が 4 カ月未満で、最寒月平均気温が－38℃未満。	**d.** d
★★★/☆☆☆☆☆☆☆ e. 1 年中降雨がみられ著しい乾季がない。	**e.** f
★★★/☆☆☆☆☆☆☆ f. 冬に多雨で夏に乾季がある。	**f.** s
★★★/☆☆☆☆☆☆☆ g. 夏に多雨で冬に乾季がある。	**g.** w
★★★/☆☆☆☆★ ★ ★ h. 上記 e と g の中間を表す記号。	**h.** m

4
□□□　次の気候区名を気候記号の組み合わせによって答えよ。

★★★／☆☆☆☆☆☆
　　a.　**熱帯雨林**気候　　　　　　　　　　　　　　　　　　**a.** Af

★★★／☆☆☆☆☆☆
　　b.　**サバナ**気候　　　　　　　　　　　　　　　　　　　**b.** Aw

★★★／☆☆☆☆☆☆
　　c.　**砂漠**気候　　　　　　　　　　　　　　　　　　　　**c.** BW

★★★／☆☆☆☆☆☆
　　d.　**ステップ**気候　　　　　　　　　　　　　　　　　　**d.** BS

★★★／☆☆☆☆☆☆
　　e.　**温暖湿潤**気候　　　　　　　　　　　　　　　　　　**e.** Cfa

★★★／☆☆☆☆☆☆
　　f.　**西岸海洋性**気候　　　　　　　　　　　　　　　　　**f.** Cfb

★★★／☆☆☆☆☆☆
　　g.　**地中海性**気候　　　　　　　　　　　　　　　　　　**g.** Cs

★★★／☆☆☆☆☆☆
　　h.　**温暖冬季少雨**気候（温帯冬季少雨気候、温帯夏雨気　　**h.** Cw
　　候）

★★★／☆☆☆☆☆☆
　　i.　**亜寒帯（冷帯）湿潤**気候　　　　　　　　　　　　　**i.** Df

★★★／☆☆☆☆☆☆
　　j.　**亜寒帯（冷帯）冬季少雨**気候（亜寒帯（冷帯）夏雨気候）　**j.** Dw

★★★／☆☆☆☆☆☆
　　k.　**ツンドラ**気候　　　　　　　　　　　　　　　　　　**k.** ET

★★★／☆☆☆☆☆☆
　　l.　**氷雪**気候　　　　　　　　　　　　　　　　　　　　**l.** EF

★★★／☆☆☆☆☆☆

5
□□□ 次の気候区分図を参照して、図の凡例の(a)～(j)のそれぞ
れにあたる気候区の気候記号を答えよ。

(a) Af
(b) Aw
(c) BW
(d) BS
(e) Cfa
(f) Cfb
(g) Cs
(h) Cw
(i) Df
(j) Dw

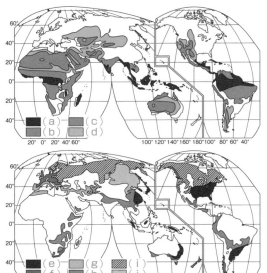

6
□□□ 次の説明にあてはまるケッペンの気候区分の修正による
気候名を答えよ。

★★★／☆☆☆☆☆★★

a. 低緯度地方の高山帯の ET・EF → H の記号で表わす。

a. 高山気候

★★★／☆☆☆☆☆★★

b. Af と Aw の中間の気候→ Am の記号で表わす。

b. 弱い乾季のある
熱帯雨林気候（熱帯
モンスーン気候）

★★★／☆☆☆☆☆☆

7
□□□ ケッペンの気候区分の A・C・D の気候は、年降水量が
蒸発量を上回るか、最暖月平均気温が10℃を上回る地域
である。このような気候は植生分布からみて何というか。

樹林気候（樹木気候）

★★★／☆☆☆☆☆☆

8
□□□ ケッペンの気候区分の B・E の気候は、年降水量が蒸発
量を下回るか、最暖月平均気温が10℃を下回る地域であ
る。このような気候は植生分布からみて何というか。

無樹林気候（無樹木
気候）

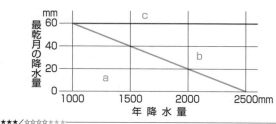

★★★/☆☆☆☆☆★★★

9 □□□ ケッペンはA気候を、その年降水量と最乾月の降水量を もとに、Af、Am、Awの3つの気候に区分している。両 者の関係を示した次の図のa・b・cのそれぞれにあては まる気候型を、記号で答えよ。Amのmは、Af、Awの 両気候の中間の気候を意味する。

a.	Aw
b.	Am
c.	Af

■熱帯

★★★/☆☆☆☆☆☆

1 □□□ ケッペンの気候区分に従うと、月平均気温が18℃以上と 年中高温な気候帯を何というか。

熱帯(A)

★★★/☆☆☆☆☆☆

2 □□□ コンゴ川流域やアマゾン川流域、東南アジアの一部など、 赤道に沿う地域に分布し、1年中高温多雨で植物がよく 繁茂する、気温の日較差が年較差より大きい気候を何と いうか。

熱帯雨林気候(Af)

★★★/☆☆☆☆☆★★

3 □□□ 熱帯雨林気候地域において、日中の強い日射によって定 期的にもたらされる対流性降雨を伴った突風を何という か。

スコール

★★★/☆☆★★★★★

4 □□□ その地域特有な自然環境の中で病原体がつくられ、流行 を繰り返す病気を何というか。特に年中高温で湿度の高 い熱帯雨林気候地域に多い。

風土病

★★★/☆☆☆☆☆★★

5 □□□ アマゾン川流域・コンゴ川流域・パプアニューギニアな どに多くみられ、ハマダラ蚊の媒介により伝染し、発熱 を繰り返す熱病を何というか。

マラリア

★★★/☆☆☆☆☆☆

6 □□□ 熱帯雨林気候と中緯度の乾燥気候の間に発達し、明瞭な 雨季と乾季があって長草草原と疎林の卓越する気候を何 というか。

サバナ気候(Aw)

★★★/☆☆☆☆☆★

7 □□□ 熱帯雨林気候とサバナ気候の間に分布し、1年は雨季と

弱い乾季のある熱帯

弱い乾季に分かれ、熱帯林が繁茂する気候を何というか。アジアではモンスーンの影響が強い地域に分布するため<u>熱帯モンスーン気候</u>と呼ぶことがある。東南アジアから南アジアにかけて典型的に分布する。 | 雨林気候(Am)

★☆☆☆/☆☆☆★★★☆

8
□□□ 熱帯と温帯の間の気候帯を何というか。一般に緯度20度〜30度あたり、亜熱帯高圧帯や貿易風の影響を受ける地域をさすことが多い。 | 亜熱帯

■乾燥帯

★★★/☆☆☆☆☆☆☆

1
□□□ ケッペンの気候区分では、年間の蒸発量が、年間の降水量を上回る気候帯を何というか。 | 乾燥帯(B)

★☆☆/☆☆☆★★★☆

2
□□□ 乾燥気候と湿潤気候の境界を何というか。r = 20(t + a)の計算式を用い、r の値が年降水量を上回れば乾燥気候、下回れば湿潤気候である。計算式の r は乾燥限界を示す年降水量(mm)。t は年平均気温(℃)、a は定数(年中多雨な地域は 7 、冬少雨地域は14、夏少雨地域は 0)を挿入する。 | 乾燥限界

★★★/☆☆☆☆☆☆☆

3
□□□ <u>亜熱帯高圧帯</u>の卓越する地域、大陸の内部、大山脈の風下側など、一般に年降水量が250mm 以下で植物被覆がみられず、気温の<u>日較差</u>が極端に大きく、岩石の風化作用の激しい気候を何というか。 | 砂漠気候(BW)

★★★/☆☆☆☆☆☆☆

4
□□□ 沖合を<u>寒流</u>が流れているため水蒸気の供給が不十分な大陸の西岸に形成される砂漠を何というか。 | 海岸砂漠

5
□□□ 次の説明にあてはまる砂漠の名称を答えよ。

★★★/☆☆☆☆☆☆☆

a. <u>アフリカ大陸</u>北部を占める世界最大の砂漠。「不毛の土地」を意味するが中央部のタッシリナジェールには岩絵が残され、約 1 万年から 4,000年前までは湿潤期であったことがわかっている。 | a. サハラ砂漠

★★★/☆☆★★★★★★

b. エジプトのナイル川からリビア東部に広がる砂漠。砂丘が連なる<u>砂砂漠</u>で、オアシスが点在する。 | b. リビア砂漠

★★★/☆☆☆☆☆★★★

c. 南アフリカ共和国の北部から北はボツワナ、西はナミビア、東はジンバブエの西端にかけて広がる砂漠。部分的にステップがあり、コイ人・サン人らが生活する。 | c. カラハリ砂漠

★★★/☆☆☆☆☆☆ 　d. アフリカ南部、ナミビアの大西洋沿岸の<u>海岸砂漠</u>。寒流の<u>ベンゲラ海流</u>が沖合を流れている影響が大きい。	**d.** ナミブ砂漠
★★★/☆☆☆☆☆☆ 　e. オーストラリア北西部の砂漠で、西部にピルバラ地区の<u>鉄鉱石</u>産地をもち、砂漠内の各地に塩分の濃い沼沢地がある。	**e.** グレートサンディー砂漠
★★★/☆☆☆☆☆☆ 　f. オーストラリア南西部の砂漠で、南にはナラボー(ナラーバー)平原が広がり、カルグーリー・クルガーディなどの金鉱都市がある。	**f.** グレートヴィクトリア砂漠
★★☆/☆☆☆☆☆☆ 　g. チリとペルーの国境付近から南に細長くのびるアンデス山脈西側の<u>海岸砂漠</u>。寒流の<u>ペルー海流</u>が沖合を流れている影響が大きい。北部にチュキカマタ銅山がある。	**g.** アタカマ砂漠
★★★/☆☆☆☆☆☆ 　h. <u>アラビア半島</u>北部の砂漠。地名はアラビア語で「乾ききって荒れ果てた土地」を意味する。標高約1,000mの高原地帯で砂丘が連なり、周辺は<u>ベドウィン</u>の遊牧地となっている。	**h.** ネフド(ナフード)砂漠
★★★/☆☆☆☆☆☆ 　i. <u>アラビア半島</u>南部の砂漠。地名はアラビア語で「空白の地域」を意味する。北東部のペルシア湾沿岸地方は大油田地域となっている。	**i.** ルブアルハリ(ルブアルハーリー)砂漠
★★★/☆☆☆☆☆☆ 　j. インド北西部からパキスタン東部にかけて広がる砂漠。インディラ・ガンジー運河による<u>灌漑農業</u>が行なわれ、近年は石油の開発も進められている。	**j.** 大インド砂漠(タール砂漠)
★★★/☆☆☆☆☆☆ 　k. 中国北西部、<u>タリム盆地</u>の大部分を占める砂漠。北部のテンシャン(天山)、南部のクンルン(崑崙)両山脈の山麓にはオアシスが多く、これらを結んで<u>シルクロード</u>が通じていた。	**k.** タクラマカン砂漠
★★★/☆☆☆☆☆☆ 　l. 中国北部からモンゴル南部にかけて広がる砂漠。周辺部では羊や馬の遊牧が行なわれてきた。	**l.** ゴビ砂漠
★★☆/☆☆☆☆☆☆ 　m. 中央アジアのウズベキスタン北部の砂漠。西を<u>アムダリア川</u>、東を<u>シルダリア川</u>が流れる。旧ソ連時代の自然改造計画により両河川から取水して灌漑し、綿花の大増産を図ったが、河川の水量が減少し、両河川が流れ込む<u>アラル海</u>の面積は大幅に縮小した。	**m.** キジルクーム砂漠

★★★/☆☆☆☆☆☆☆☆

n. 中央アジアのトルクメニスタンの砂漠。アムダリア川から分水した<u>カラクーム運河</u>がのび、綿花栽培が行なわれる。

n. カラクーム砂漠

★★★/☆☆☆☆☆☆☆☆

6
□□□ 砂漠気候の周辺に分布し、降雨が少ないため樹木が生育せず<u>短草草原</u>となる気候を何というか。遊牧や企業的牧畜が行なわれ、一部には商業的な小麦栽培地域もみられる。

ステップ気候(BS)

★★★/☆☆☆☆☆☆☆☆

7
□□□ 中央アジアのカザフスタンに広がるステップ地帯を何というか。ステップとはこの地域の短草草原の名称。

カザフステップ

■温帯

★★★/☆☆☆☆☆☆

1
□□□ <u>熱帯</u>と<u>亜寒帯</u>の間に位置し、ケッペンの気候区分では最寒月の平均気温が－3℃以上18℃未満、温和で適度な降水に恵まれた気候帯を何というか。

温帯(C)

★★★/☆☆☆☆☆☆

2
□□□ 大陸東岸の内陸部やサバナ気候地域の内陸側に分布し、夏季の雨量が冬季の<u>10</u>倍以上になる温帯気候を何というか。中国の華中内陸部、華南・エチオピア高原、アフリカ南部の台地、メキシコ高原、ブラジル高原南部などがおもな分布地。

温暖冬季少雨気候
(温帯冬季少雨気候)
(Cw)

★★★/☆☆☆☆☆☆

3
□□□ 中緯度の大陸西岸に発達する、夏季は<u>亜熱帯高圧帯</u>の支配下で乾燥し、冬季は<u>亜寒帯低圧帯</u>の支配下に入り、偏西風の影響をうけて比較的雨が多い温暖な気候を何というか。ブドウやオリーブなどの果樹栽培が盛ん。地中海沿岸・カリフォルニア・チリ中部・オーストラリア南西部・アフリカ南西部などに分布する。

地中海性気候(Cs)

★★★/☆☆☆☆☆☆

4
□□□ 主に中緯度の大陸<u>東岸</u>に分布し、気温の<u>年較差</u>が比較的大きく、1年間を通して降雨に恵まれる温帯気候を何というか。最暖月の平均気温が<u>22</u>℃をこえ、モンスーンの影響を強く受ける地域では稲作が盛んである。北海道の一部を除く日本の大部分、中国の長江流域、アメリカ合衆国東部、アルゼンチンの湿潤パンパ、オーストラリア東岸などに分布する。

温暖湿潤気候(Cfa)

★★★/☆☆☆☆☆☆

5
□□□ <u>偏西風</u>と<u>暖流</u>の影響を受けるため、気温の<u>年較差</u>が少な

西岸海洋性気候

く降水量も年間を通して安定している大陸西岸に発達する海洋性気候を何というか。西ヨーロッパの大部分がこの気候で、ブナの森が広く分布するためブナ気候とも呼ぶ。 | (Cfb・Cfc)

■亜寒帯（冷帯）

★★★/☆☆☆☆☆☆☆☆

1 □□□ 温帯と寒帯の間の気候帯を何というか。ケッペンの気候区分では、最暖月平均気温10℃以上。最寒月平均気温－3℃未満の範囲。長く寒冷な冬と短い夏があり、気温の年較差が大きい。ユーラシア大陸北アメリカ西大陸の北部に分布し、南半球の陸上には分布しない。 | 亜寒帯（冷帯）(D)

★★★/☆☆☆☆☆☆☆☆

2 □□□ ユーラシア大陸北西部や北アメリカ大陸北半部に広がる亜寒帯（冷帯）気候を何というか。1年間を通して比較的降雨に恵まれ、とくに冬に多量の降雪をみる。南部には広葉樹の混合林、北部には針葉樹の大森林が広がる。 | 亜寒帯（冷帯）湿潤気候(Df)

★★★/☆☆☆☆☆☆☆☆

3 □□□ バイカル湖以東のシベリア、中国東北地区および華北に分布する亜寒帯（冷帯）気候を何というか。夏はモンスーンの影響を受けて比較的雨量が多く、冬は東シベリアに発生する高気圧とそこから吹きだす季節風のため乾燥し、気温の年較差も著しく大きい。南部には広葉樹の混合林、北部には針葉樹の大森林が広がる。 | 亜寒帯（冷帯）冬季少雨気候(Dw)

★★☆/☆☆☆☆☆☆☆☆

4 □□□ 地球上における最寒地点を何というか。北半球では亜寒帯（冷帯）冬季少雨気候のヴェルホヤンスクで1892年に、オイミャコンでは1933年に－67.8℃を、その後1993年に氷雪気候のグリーンランドで－69.6℃を記録した。南半球では、氷雪気候の南極大陸にあるロシアのヴォストーク基地で1983年に－89.2℃を記録した。 | 寒極

★★★/☆☆☆☆☆☆☆☆

5 □□□ 2年以上にわたって温度が0℃以下となっている土地を何というか。北半球の約20％に広がっているといわれており、夏には表面の一部が融けているところもある。 | 永久凍土

■寒帯・高山気候

★★★/☆☆☆☆☆☆☆☆

1 □□□ 両極の周辺に広がる寒冷な気候帯を何というか。ケッペンの気候区分では最暖月の平均気温が10℃に満たない地 | 寒帯(E)

域をさす。

★★★/☆☆☆☆☆☆☆ □□□ [2]	北極海沿岸地方の、ほとんど氷に閉ざされ、夏の短い間 だけ表面が溶けて地衣類や蘚苔類が生育する、最暖月の 平均気温10℃未満、0℃以上の気候を何というか。	ツンドラ気候(ET)
★★★/☆☆☆☆☆☆☆ □□□ [3]	グリーンランド内陸部や南極大陸など、1年中氷雪に覆 われ最暖月の平均気温が0℃未満の寒帯気候を何という か。	氷雪気候(EF)
★★★/☆☆☆★☆☆☆ □□□ [4]	一般に温帯で海抜2,000m以上、熱帯で海抜3,000m以上 の高地で、気温の垂直的変化により、同緯度の低地より も低温を示す気候を何というか。	高山気候(H)

❸ 生態系・植生・土壌

用語集 p.049〜054

■植生

★★★/☆☆☆☆☆☆☆ □□□ [1]	ある地域における、太陽エネルギー・水・空気・土壌な どの自然環境のもとで、生物が営む物質循環システムを 何というか。	生態系(エコシステム)
★★★/☆☆☆☆☆☆☆ □□□ [2]	地表を覆って生育する植物集団の状態を何というか。地 表には地形、気候、土壌の影響を受け、それぞれの地域 の特色を反映した植物集団が分布し、それぞれの地域の 自然環境の特色を判断する指標となる。	植生

■熱帯の植生

★★★/☆☆☆☆☆☆☆ □□□ [1]	熱帯雨林や熱帯雨緑林を含めた、熱帯地方の森林を総称 して何というか。	熱帯林
★★★/☆☆☆☆☆☆☆ □□□ [2]	熱帯の多雨地域に発達する、多様な樹種からなる常緑広 葉の森林を何というか。多くの生き物を育み「遺伝子の 宝庫」と呼ばれる。	熱帯雨林
★★★/☆☆☆☆★★★☆ □□□ [3]	アマゾン川流域で、常緑広葉樹が多層の樹林をつくり、 「緑の魔境」として知られた熱帯雨林を何というか。近年 は開発が進み、自然破壊が問題になっている。	セルバ
★★☆/☆★★★★★★★ □□□ [4]	東南アジアやアフリカの熱帯雨林を何というか。常緑樹 に落葉樹が混じり太陽光が地面まで届くため、しだ、つ	ジャングル

た、竹類が繁茂し、歩行も困難なほどに植物が密生する。

★★★／☆☆☆☆☆★★━━━━

5
□□□　熱帯地域の潮の満ち引きがある海岸や、海水の流入・遡上する河口部など<u>海水</u>と<u>淡水</u>が入り混じるところに生育する植物群の総称を何というか。波の侵食から海岸を守り、幼魚の生育場所になるなど生態系の保全に果たす役割は大きい。 | マングローブ

★★★／☆☆☆☆☆★━━━━━━

6
□□□　熱帯地域の<u>雨季</u>と<u>乾季</u>とがはっきりした地方にみられる、疎林を含む熱帯長草草原を一般に何というか。 | サバナ

★★☆／☆☆★★★★★━━━━

7
□□□　徳利状の幹をもつ高木で、樹冠部は横へと枝葉を大きく広げるアフリカの<u>サバナ</u>地域の代表的樹木を何というか。乾季には落葉するが、大量の水を貯え乾燥に耐える。葉と果肉は食用になり実からは油がとれる。 | バオバブ

★★★／☆☆☆☆★★★━━━━

8
□□□　ベネズエラ・コロンビアの<u>オリノコ川</u>流域に広がるサバナ型熱帯草原を何というか。食肉牛の放牧地として利用されている。 | リャノ

★★★／☆☆☆☆☆★★━━━━

9
□□□　<u>ブラジル高原</u>に広がる、イネ科の草本類と疎林からなる熱帯長草草原を何というか。近年は農業開発が進んでいる。 | カンポ、セラード

★★☆／☆★★★★★★━━━━

10
□□□　<u>パラグアイ川</u>流域の熱帯長草草原を何というか。ケブラチョやマテ茶を産し、牛や羊の放牧が行われる。 | グランチャコ

■乾燥帯の植生

★★★／☆☆☆☆☆★★━━━━

1
□□□　乾燥気候下の、樹木のない短草草原を一般に何というか。 | ステップ

★★★／☆☆☆☆☆★★━━━━

2
□□□　北アメリカの<u>ロッキー山脈</u>の東側、西経100度付近までに広がるステップ気候の平原を何というか。 | グレートプレーンズ

■温帯の植生

★★★／☆☆★★★★★━━━━

1
□□□　温帯気候地域に分布する森林を何というか。常緑広葉樹林、落葉広葉樹と針葉樹の混合林からなる。 | 温帯林

★★★／☆☆☆☆☆★★━━━━

2
□□□　熱帯から温帯にかけて多く分布する、1年間を通して緑色の広い葉をつけている樹木を何というか。 | 常緑広葉樹

★★★/☆☆☆☆★★★★		
3 ☐☐☐ 温帯南部の気温が高く降水量も多い地方に分布する、カシ・ツバキ・シイ・クスなど、クチン質の光沢のある葉をもつ<u>常緑広葉樹</u>を何というか。		照葉樹(照葉樹林)
★★★/☆☆☆★★★★		
4 ☐☐☐ 地中海地方の月桂樹・<u>オリーブ</u>・コルクガシやオーストラリアの<u>ユーカリ</u>などのように、夏の乾燥に耐えるための、硬く厚い葉をもつ常緑樹を何というか。		硬葉樹
★★☆/☆☆☆☆☆☆☆		
5 ☐☐☐ クリ・ケヤキ・ブナ・カエデなど、冬季に<u>落葉</u>して水分の蒸発を防ぐ広葉樹を何というか。		落葉広葉樹
★★★/☆☆☆☆★★★★		
6 ☐☐☐ アメリカ合衆国の中部から西部およびカナダの一部にかけて分布し、現在は世界的な農業地帯となっている広大な<u>長草草原</u>を何というか。		プレーリー
★★★/☆☆☆☆★★★★		
7 ☐☐☐ <u>アルゼンチン</u>のブエノスアイレスを中心に広がる、総面積約60万 km 2 (関東平野の30倍)の草原を何というか。年降水量約550mm を境に、湿潤な草原(<u>湿潤パンパ</u>)と乾燥した草原(<u>乾燥パンパ</u>)とに区分され、混合農業・小麦栽培・家畜の放牧が行われる。		パンパ
★★★/☆☆☆☆☆☆☆		
8 ☐☐☐ <u>ハンガリー盆地</u>に広がるドナウ川の支流ティサ川流域の草原を何というか。ヨーロッパの穀倉の1つで、小麦やトウモロコシが栽培される。		プスタ

■亜寒帯(冷帯)・寒帯の植生

★★★/☆☆☆☆☆☆☆		
1 ☐☐☐ ユーラシア大陸北部や北アメリカ大陸北部に分布する、混合林および<u>針葉樹林</u>からなる森林を何というか。		亜寒帯林(冷帯林)
★★★/☆☆☆☆☆☆☆		
2 ☐☐☐ 温帯から亜寒帯(冷帯)にかけて分布する、マツ・スギ・ヒノキ・モミ・トウヒなど、細長い葉をもつ樹木を何というか。		針葉樹
★★★/☆☆☆☆☆☆☆		
3 ☐☐☐ ユーラシア大陸や<u>北アメリカ</u>大陸の北緯50〜70度付近に分布する、亜寒帯(冷帯)の針葉樹林を何というか。		タイガ
★★★/☆☆☆☆☆☆☆		
4 ☐☐☐ 夏季に<u>永久凍土</u>の表面の一部が溶けて湿地となり、<u>地衣類</u>・<u>蘚苔類</u>・小低木が生育する植生地域を何というか。		ツンドラ

■土壌

★★★/☆☆☆★★★

| 1 □□□ | 母岩が崩壊・風化してきた物質に動・植物の遺体などの有機物が混じってできた地殻の最表層を何というか。多くの微生物や植物の生育に必要な栄養分を含み、地球上の生態系保持に欠くことができない物質である。 | 土壌 |

★★★/★★★★★★★

| 2 □□□ | 気候や植生の影響を強く受けて生成され、<u>気候帯</u>および<u>植生帯</u>に沿って帯状の分布を示す土壌を総称して何というか。 | 成帯土壌 |

★★★/★★★★★★★

| 3 □□□ | 地形や<u>母岩</u>、地下水の影響を強く受けて生成され、その分布が限定される土壌を総称して何というか。 | 間帯土壌 |

■成帯土壌

★★★/☆★★★★★★

| 1 □□□ | 高温湿潤な<u>熱帯</u>や<u>亜熱帯地方</u>に分布する、酸性で赤色の成帯土壌を総称して何というか。 | 赤色土 |

★★★/☆☆★★★★★

| 2 □□□ | 赤色土の1つで、湿潤高温下の激しい風化作用により形成された、煉瓦のように硬い表層と、鉄とアルミニウムの水酸化化合物を大量に含む成分からなる土壌を何というか。 | ラトソル |

★★★/☆☆★★★★★

| 3 □□□ | 温帯の<u>落葉広葉樹林</u>下で主に発達し、表層は腐植を含み暗黒色、下層は厚く褐色または黄褐色を示す、肥沃な土壌を何というか。 | 褐色森林土 |

★★★/☆☆★★★★★

| 4 □□□ | 低温のため有機物の分解が進まず、化学成分が溶脱され、漂白されて灰白色を示す、主として<u>タイガ</u>地帯に生成する酸性土壌を何というか。 | ポドゾル |

★★☆/☆☆★★★★★

| 5 □□□ | 高地や寒冷地において、低湿地や沼沢地の水草や藻類が十分に分解されないままに堆積し、炭化したものを何というか。暗褐色の土塊状を示し、燃料や土壌改良剤として農業や園芸原料に用いられる。 | 泥炭 |

★★★/☆★★★★★★

| 6 □□□ | 高緯度地方や高山に分布する土壌で、<u>蘚苔類</u>・<u>地衣類</u>が分解不十分なまま堆積した土壌を何というか。水分の蒸発と地下への浸透がおさえられるため、過湿状態におかれている。 | ツンドラ土 |

★★★/☆☆★★★★ **7** □□□	半乾燥の<u>長草草原</u>地域に分布する、黒色で腐植を多く含んだ成帯土壌を総称して何というか。	黒色土
★★★/☆★★★★★ **8** □□□	ウクライナから西シベリアにかけて、典型的に発達する肥沃な腐植土を何というか。ロシア語で<u>黒色土</u>を意味する名称で呼ばれ、小麦の大産地で世界の穀倉地帯を形成している。	チェルノーゼム
★★★/★★★★★★★ **9** □□□	北アメリカの<u>プレーリー</u>と呼ばれる長草草原地域に分布し、小麦やトウモロコシの大産地となっている、黒色で肥沃な腐植土を何というか。	プレーリー土
★★★/★★★★★★★ **10** □□□	<u>アルゼンチン</u>の温帯草原に発達する、火山灰・粘土・細砂などの風成堆積物を母材とする土壌を何というか。肥沃な腐植土で小麦やトウモロコシの大産地を形成している。	パンパ土
★★★/☆★★★★★★ **11** □□□	暗褐色の腐植層の下に明褐色の下層をもつ、<u>ステップ地域</u>の土壌を何というか。農耕地としての利用は進んでいるが、降水量の変動が著しい地域であるため、十分な灌漑施設を必要とする。	栗色土
★★★/☆★★★★★★ **12** □□□	植物被覆がほとんどない、<u>砂漠</u>に分布する土壌を何というか。腐植層を欠き、まれに塩類皮殻をつくる。	砂漠土

■間帯土壌

★★★/★★★★★★★ **1** □□□	地中海沿岸地方の石灰岩地帯に分布し、表層に薄い腐植層をもち、下層は赤色または赤褐色を示す<u>石灰岩</u>が風化した土壌を何というか。	テラロッサ
★★★/☆★★★★★★ **2** □□□	ブラジルのサンパウロ州やパラナ州に分布し、肥沃でコーヒー栽培に適し、コーヒー土とも呼ばれる、<u>玄武岩</u>や輝緑岩が風化して生じた暗紫色の土壌を何というか。	テラローシャ
★★★/☆★★★★★★ **3** □□□	肥沃で<u>綿花</u>の栽培に適し、黒色綿花土とも呼ばれインドの<u>デカン</u>高原に分布する、玄武岩の風化により生じた黒色土を何というか。	レグール
★★★/★★★★★★★ **4** □□□	細かい砂や粘土からなり、砂漠や大陸氷河の末端から風で飛ばされて堆積した土壌で、東ヨーロッパのポーラン	レス(黄土)

ドからハンガリーにかけて、またウクライナ西部・ロッキー山脈東麓・パンパ西辺・中国華北地方に分布する黄褐色の土壌を何というか。

★☆☆／★★★★★★★★★

5 火山灰を母材とし、腐植が多く集積するため表層が黒色または黒に近い色をした土壌を何というか。日本では国土の約3割を覆っている土壌であるが、世界的な分布面積は狭い。 | 黒ボク土

★★★／☆☆☆☆☆☆

6 姶良火山の火砕流に成因をもつものと考えられ、南九州の鹿児島湾の周囲に広く分布する、灰白色の火山性土壌を何というか。 | シラス

④ 海洋と陸水　　　　　用語集 p.054〜061

■大洋と付属海

★★★／☆☆☆☆☆☆☆☆

1 ユーラシア・オーストラリア・南北アメリカの各大陸の間に広がる世界最大の海洋を何というか。 | 太平洋

★★★／☆☆☆☆☆☆☆☆

2 ユーラシア・アフリカ・南北アメリカの各大陸と最大の島グリーンランドの間に広がる世界第2の面積をもつ海洋を何というか。 | 大西洋

★★★／☆☆☆☆☆☆☆☆

3 ユーラシア・オーストラリア・アフリカ・南極大陸の各大陸の間に広がる世界第3の面積をもつ海洋を何というか。 | インド洋

★★★／☆☆☆☆☆★★★

4 南極大陸周辺の海域を何というか。太平洋・大西洋・インド洋の南方海域をさし、これら海洋との間に明確な区分はない。 | 南極海

★★★／★★★★★★★★★

5 太平洋・大西洋・インド洋を総称して何というか。 | 三大洋

★☆☆／★★★★★★★★★

6 大陸・列島・半島などに囲まれた大洋の周辺海域を何というか。大洋に対する位置によって地中海と縁海（沿海）に分けられる。 | 付属海

★★★／☆☆☆☆☆☆☆☆

7 ユーラシア大陸・アフリカ大陸に囲まれた海を何というか。面積251万 km²、西はジブラルタル海峡で大西洋と、東はボスポラス海峡とダーダネルス海峡で黒海と、南はスエズ運河を介して紅海・インド洋とつながる。 | 地中海（ヨーロッパ地中海）

8 □□□	ユーラシア大陸・北アメリカ大陸・グリーンランド島に囲まれた海洋を何というか。大部分が海氷により閉ざされているが、<u>地球温暖化</u>の影響で氷結期間が短くなっており、ホッキョクグマなどの生物の絶滅が危惧される反面、新たな航路の開設も検討されている。	北極海

9 □□□	ヨーロッパ大陸とトルコに囲まれた地中海の<u>付属海</u>を何というか。ウクライナ、ロシア、トルコ、モルドバ、ルーマニア、ブルガリア、ジョージアなどの国々に囲まれ、<u>ダーダネルス海峡</u>、<u>ボスポラス海峡</u>を介して地中海に、ケルチ海峡を介してアゾフ海につながる。	黒海

10 □□□	アフリカ大陸北東部とアラビア半島との間の細長い海洋を何というか。<u>アフリカ大地溝帯</u>の一角を形成する海域で、南はマンダブ海峡を介して<u>アラビア海</u>に、北はスエズ運河を介して<u>地中海</u>につながり、海上交通の要衝となっている。	紅海

11 □□□	ユーラン(ユトランド)半島とスカンディナヴィア半島に囲まれた地中海を何というか。湾奥は<u>ボスニア湾</u>とフィンランド湾に分かれ、西はカテガット海峡とスカゲラック海峡を介して北海とつながる。	バルト海

12 □□□	北と東は<u>西インド諸島</u>・南は南アメリカ大陸・西は中央アメリカに囲まれた海域を何というか。メキシコ湾を含めアメリカ地中海と呼ばれることもある。	カリブ海

13 □□□	ロシア北東岸・カムチャツカ半島・千島列島・サハリン(樺太)・北海道に囲まれた縁海を何というか。冬は流氷が多く、長期間氷に閉ざされるが、プランクトンに恵まれ好漁場となっている。	オホーツク海

14 □□□	ロシアのプリモルスキー(沿海州)・朝鮮半島・日本列島・サハリン(樺太)に囲まれた縁海を何というか。大和堆、武蔵堆などのバンク(浅堆)があり好漁場となっている。	日本海

15 □□□	中国・朝鮮半島・日本の九州や南西諸島・台湾などに囲まれた縁海を何というか。大陸棚が広がり好漁場となっている。海底資源も豊富で、<u>尖閣諸島</u>と周辺海域では海底ガス田の領有などをめぐり日本と中国が対立している。	東シナ海

★★★/☆☆☆☆☆☆☆ 16 □□□	台湾・フィリピン諸島、カリマンタン(ボルネオ)島、マレー半島、インドシナ半島に囲まれた縁海を何というか。<u>南沙群島</u>(南沙諸島、スプラトリー諸島)周辺の大陸棚では石油資源が確認されたことから、中国・台湾・ベトナム・フィリピン・マレーシア・ブルネイが領有を主張している。	南シナ海
★★★/☆☆☆☆☆☆☆ 17 □□□	インド洋北西部に位置し、インド半島・アラビア半島・ソマリア半島に囲まれた海域を何というか。アデン湾を介して紅海・スエズ運河・地中海に、オマーン湾を介してペルシア湾に連絡し、海上輸送のメインルートとなっている。	アラビア海
★★★/☆☆☆☆☆☆☆ 18 □□□	アフリカ大陸西部、<u>大西洋</u>にのぞむ大きな湾を何というか。沿岸にギニア・シエラレオネ・リベリア・コートジボワール・ガーナ・トーゴ・ベナン・ナイジェリア・カメルーンなどの国々が並ぶ。	ギニア湾
★★★/☆☆☆☆☆☆☆ 19 □□□	大西洋北東部、グレートブリテン島・オランダ・デンマーク・ノルウェーなどに囲まれた海域を何というか。大部分が大陸棚上にあり、<u>ドッガーバンク</u>やグレートフィッシャーバンクなどの浅堆が発達、好漁場となっている。また、海底油田やガス田があり、イギリスやノルウェーなどの国が採掘を行っている。	北海
★★★/☆☆★★★★★ 20 □□□	<u>イタリア半島</u>と<u>バルカン半島</u>に囲まれた海域を何というか。クロアチア沿岸は複雑な地形をもつ沈水海岸。	アドリア海
★★★/☆☆★★★★★ 21 □□□	地中海東部、ギリシャとトルコとの間に広がる海域を何というか。多くの島が散在する<u>多島海</u>で、古代文明の史跡も多く、観光地として知られる。	エーゲ海

■海流

★★★/☆☆☆☆★★★ 1 □□□	ほぼ一定の流路と方向をもつ大規模な海水の流れを何というか。表層の流れは、<u>北半球</u>では時計回り、<u>南半球</u>では反時計回りである。	海流
★★★/★★★★★★★ 2 □□□	表層を流れる<u>海流</u>の主な原因で、長い期間にわたり一定の方向に吹く風によって生じる海水の流れを何というか。	表層流(吹送流)

★★★/☆☆☆☆★★ **3** ☐☐☐	低緯度地方から高緯度地方に向かって流れる海流を何というか。周辺の海域よりも水温が高く、大気を温めて水蒸気を供給し、沿岸地方に温暖で湿潤な気候をもたらす。<u>寒流</u>に比べてプランクトンの量が少なく、透明度が高い。	暖流
★★★/☆☆☆☆★★ **4** ☐☐☐	高緯度地方から低緯度地方に向かって流れる海流を何というか。大気を冷やすため水蒸気が発生しにくく、沿岸地方は冷涼で乾燥した気候になる。海面が冷やされるので海水の対流が盛んとなり、プランクトンが豊富で好漁場が形成される。	寒流
★★★/☆☆☆☆★★ **5** ☐☐☐	長期間にわたり一定方向に流れる<u>海流</u>とは異なり、月や太陽の引力の影響により、ほぼ6時間ごとに方向を変える海水の周期的な流れを何というか。	潮流
★★★/☆☆☆☆★★ **6** ☐☐☐	海岸近くの海水の流れを何というか。ほぼ海岸に並行して流れ、多量の砂を運搬して、様々な砂の堆積地形をつくることがある一方、侵食が進み砂浜が失われたり海食崖をつくることもある。	沿岸流
★★★/☆☆☆☆★★ **7** ☐☐☐	<u>北東貿易風</u>の影響を強く受け、主として赤道の北を西流し、一部は日本付近を流れる黒潮となる暖流を何というか。	北赤道海流
★★★/☆☆☆☆★★ **8** ☐☐☐	<u>南東貿易風</u>の影響を強く受け、主として赤道の南を西流する暖流を何というか。	南赤道海流
★★★/☆☆☆☆★★ **9** ☐☐☐	赤道付近を西へ向かう<u>北赤道海流</u>と<u>南赤道海流</u>により生じた海水の移動を補うため、両海流の間を東へ向かう暖流を何というか。	赤道反流
★★★/☆☆☆☆★★ **10** ☐☐☐	メキシコ湾から北アメリカ大陸東岸を北上し、その延長はヨーロッパの気候に大きな影響を与える大規模な暖流を何というか。	メキシコ湾流
★★★/☆☆☆☆★★ **11** ☐☐☐	<u>メキシコ湾流</u>の延長上、北大西洋の中緯度以北を南西から北東に向かい、ヨーロッパの北西岸を流れる暖流を何というか。東グリーンランド海流との間に<u>潮境（潮目）</u>を生じ、好漁場を形成する。この暖流が流れるノルウェー沿岸の北緯約71度地点に世界最北の不凍港<u>ハンメルフェスト</u>がある。	北大西洋海流

★★★／☆☆☆☆☆		
12 ☐☐☐	30mに及ぶ透明度と黒味がかった濃い藍色をもち、かつおやまぐろを回遊させながら日本列島東岸を北上する暖流を何というか。<u>千島海流</u>との間に潮境(潮目)を生じ、好漁場を形成する。	日本海流(黒潮)
★★☆／☆☆☆☆☆		
13 ☐☐☐	アフリカ大陸とマダガスカル島の間を通り、アフリカ南端のアガラス岬付近に達する暖流を何というか。	モザンビーク(アガラス)海流
★★★／☆☆☆☆☆		
14 ☐☐☐	<u>ブラジル</u>東岸を南下し、ブエノスアイレス沖合にまで達する暖流を何というか。	ブラジル海流
★★☆／☆☆☆☆☆		
15 ☐☐☐	イベリア半島西岸から、アフリカ北西のカナリア諸島を経て、<u>赤道</u>へ向かう湧昇性の寒流を何というか。	カナリア海流
★★☆／☆☆☆☆☆		
16 ☐☐☐	北西大西洋のグリーンランド西方海域から北アメリカ大陸北東岸を南下する寒流を何というか。<u>メキシコ湾流</u>との間に潮境(潮目)を生じ、プランクトンに富む好漁場となる一方、氷山や流氷をともない海霧が発生することが多い。	ラブラドル海流
★★★／☆☆☆☆☆		
17 ☐☐☐	千島列島・北海道・東北日本の太平洋岸を南下する寒流を何というか。不透明な緑色をした海水はプランクトンに富み、好漁場を形成する。	千島海流(親潮)
★★★／☆☆☆☆☆		
18 ☐☐☐	北アメリカ大陸西岸を南下し、西岸地方に夏は涼しく冬は暖かい気候をもたらす湧昇流性の寒流を何というか。	カリフォルニア海流
★★★／☆☆☆☆☆		
19 ☐☐☐	南アメリカ大陸西岸を北上する湧昇流性の寒流を何というか。プランクトンに富み<u>アンチョビー</u>の漁獲が多い。沿岸は年間を通し低温で降雨が少ないため、海岸砂漠の<u>アタカマ砂漠</u>を形成する。	ペルー(フンボルト)海流
★★★／☆☆☆☆☆		
20 ☐☐☐	アフリカ大陸の南西部を北上する湧昇流性の寒流を何というか。沿岸は年間を通して低温で降雨が少ないため、海岸砂漠の<u>ナミブ砂漠</u>を形成する。	ベンゲラ海流
★★☆／☆☆☆☆☆		
21 ☐☐☐	<u>南極大陸</u>の周囲を西から東に向かって一周する海流を何というか。地球の自転により発生する海流で、太平洋とインド洋では南緯50度付近、大西洋では南緯60度付近を流れる。	西風海流
★★☆／☆☆☆☆☆		
22 ☐☐☐	水温や塩分など海水の濃度の違いによって深海におよぶ	深層流

海水の流れを何というか。	
★★/☆☆☆☆☆☆☆ 23 □□□ 表層流による<u>風成循環</u>と深層流による<u>熱塩循環</u>によって、大洋全体またはすべての大洋をめぐる地球規模の海水の循環を何というか。	海洋の大循環
★★/☆☆☆☆☆☆☆ 24 □□□ 表層の海水が主に<u>風</u>の影響を受けて循環することを何というか。	風成循環
★★/☆☆☆☆☆☆☆ 25 □□□ 深層の海水が主に<u>水温</u>や塩分など海水の<u>濃度</u>の違いによって循環することを何というか。	熱塩循環

■陸水

★★★/☆☆☆☆☆☆☆ 1 □□□ 河川水・湖沼水・<u>地下水</u>・土壌水・<u>氷河</u>・氷雪水などのように、陸上に存在する水を総称して何というか。地球上の水の総量約14億 km³の2.6 %ほどを占める。陸水の76.4%が氷河、地下水が23%。	陸水
★★★/☆☆☆☆☆☆☆ 2 □□□ <u>陸水</u>のうち地表面より下部にある水を何というか。	地下水
★★/☆☆☆☆☆☆☆ 3 □□□ 生活用水・農業用水・工業用水・水力発電用の水など、人が資源として活用できる水を何というか。	水資源
★★★/☆☆☆☆☆☆☆ 4 □□□ <u>水資源</u>としてよく利用する塩分濃度0.5‰(パーミル)未満の水を何というか。	淡水
★★★/☆☆☆☆☆☆☆ 5 □□□ カルシウムイオンやマグネシウムイオンなどミネラルの含有量が多い水を何というか。ヨーロッパの水に多い。	硬水
★★★/☆☆☆☆☆☆☆ 6 □□□ カルシウムイオンやマグネシウムイオンなどミネラルの含有量が少ない水を何というか。日本の水道水の多くはこの水で、口当たりが軽く石鹸や洗剤の泡立ちがよいとされる。	軟水

■地表水

★★/☆☆☆☆☆☆☆ 1 □□□ <u>カスピ海</u>・グレートソルト湖・<u>死海</u>などのように、乾燥気候下での蒸発量が著しく多いため塩分濃度の高い内陸地方の湖沼を何というか。	塩湖
★★★/☆☆☆☆☆☆☆ 2 □□□ 塩分濃度0.5‰以下の、塩分をほとんど含まない湖沼を	淡水湖

何というか。

★★☆/☆☆☆☆☆☆☆

3 □□□
河川水と海水が接触したり、混合したりして淡水と海水の漸移帯となっている地域を何というか。塩分濃度が0.5‰から30‰までの水域のことをさす。

汽水域

★★★/☆☆☆☆☆☆☆

4 □□□
ロシア・トルクメニスタン・カザフスタン・アゼルバイジャン・イランに囲まれた塩湖で面積世界最大の湖を何というか。西岸には<u>バクー油田</u>がある。

カスピ海

★★☆/☆☆☆☆☆☆☆

5 □□□
中央アジア、カザフスタン共和国東南部の三日月型の内陸湖を何というか。イリ川が流入する西部は淡水、東部は塩水。近年は灌漑のための取水により河川の流入量が減少、湖水面積の縮小が心配されている。

バルハシ湖

★★★/☆☆☆☆☆☆☆

6 □□□
シベリア中南部にある透明度の高い世界<u>最深</u>の湖を何というか。海抜456m、深度は−1,141m、透明度40m。淡水の<u>断層湖</u>で、アンガラ川の源流をなす。

バイカル湖

★★☆/☆☆☆☆☆☆☆

7 □□□
ケニア、ウガンダ、タンザニアに囲まれたアフリカ最大の湖を何というか。面積6.9万km²、<u>ナイル川（白ナイル川）</u>の源流部をなす。

ヴィクトリア湖

★★☆/☆☆☆☆☆☆☆

8 □□□
アフリカ南東部の<u>アフリカ大地溝帯</u>に位置し、タンザニア、ブルンジ、ザンビア、コンゴ民主共和国に囲まれた狭長な湖を何というか。

タンガニーカ湖

★★★/☆☆☆☆☆☆☆

9 □□□
赤道付近に位置する<u>ヴィクトリア湖</u>に流入する河川を水源とし、アフリカ大陸北東部を流れて地中海にそそぐ世界最長の河川を何というか。長さは約6,700km、スーダンの首都<u>ハルツーム</u>で本流の白ナイル川とエチオピアのタナ湖を水源とする支流の青ナイル川が合流する。

ナイル川

★★★/☆☆☆☆☆☆☆

10 □□□
<u>カラコルム山脈</u>に源を発し、パキスタン東部を流れアラビア海にそそぐ河川を何というか。中・下流域では古代インダス文明が栄えた。

インダス川

★★★/☆☆☆☆☆☆★

11 □□□
<u>アルタイ山脈</u>に源を発し、西シベリア低地の中央部を流れカラ海にそそぐ大河を何というか。上流部にはクズネツク工業地域、中流には<u>チュメニ油田</u>がある。木材運搬路としても有名。

オビ川

12 ☐☐☐	バイカル湖の西にあるバイカル山脈に源を発し、シベリア東部、ヤクート自治共和国の中央部を流れ、ラプテフ海にそそぐ大河を何というか。流域にはレナ炭田やヤクート油田があり森林資源にも恵まれている。	レナ川

■地下水

1 ☐☐☐	地下を構成する地層のうち、礫や砂などの粗粒の物質からなり、隙間に地下水を含んでいる地層を何というか。	帯水層（透水層）
2 ☐☐☐	地下を構成する地層のうち、粘土や粘板岩、花崗岩や結晶片岩などの細粒で緻密な岩石や物質からなり、容易に水を浸透させない地層を何というか。	不透水層
3 ☐☐☐	地表に最も近い帯水層中に滞留し、浅井戸で汲み上げることができ、段丘崖や扇状地の末端などから地表に湧出する地下水を何というか。	自由地下水
4 ☐☐☐	帯水層の間に部分的に挟まれた不透水層の上に形成される局地的な地下水を何というか。	宙水
5 ☐☐☐	扇状地の末端、台地の周辺、火山山麓など、地表に湧出する地下水を何というか。	湧水
6 ☐☐☐	湧出時の水温が25℃以上あり、硫黄や重炭酸ソーダなどの溶解物質を一定量以上含む湧水を何というか。	温泉
7 ☐☐☐	不透水層に挟まれた帯水層中にあり、大気圧よりも大きい圧力を受けている地下水を何というか。	被圧地下水
8 ☐☐☐	不透水層を掘り抜いて、その下にある被圧地下水層に通じている井戸を何というか。	掘り抜き井戸（鑽井）
9 ☐☐☐	オーストラリア東部、グレートディヴァイディング山脈の西に位置し、帯水層が盆地構造の不透水層に挟まれ、被圧地下水となっている内陸盆地を何というか。	グレートアーテジアン（大鑽井）盆地

■日本の地形

★★★/☆☆☆☆☆★★★――

1
□□□ 日本列島や千島列島・アリューシャン列島のように、海洋プレートが大陸プレートの下に沈み込む境界に形成される、大洋上に弧を描いて配列する島々を何というか。

弧状列島（島弧）

★★★/☆☆☆☆☆★★★――

2
□□□ ユーラシアプレートと北アメリカプレートの境界にあたり、本州中央部をほぼ南北に縦断する地溝帯を何というか。

フォッサマグナ

★★★/☆☆☆☆☆★★★――

3
□□□ フォッサマグナの西縁にあたり、新潟県糸魚川市から姫川の谷、松本盆地、諏訪盆地を経て、富士川の支流である早川に沿って静岡市までのびる大断層線を何というか。

糸魚川・静岡構造線

★★★/★★★★★★★★――

4
□□□ フォッサマグナで2分された日本列島の島々や山脈の連なりのうち、東側にあたる北海道からフォッサマグナ以北の地体構造（島弧）を何というか。

東北日本弧

★★★/☆★★★★★★★――

5
□□□ フォッサマグナの北東側を千島列島・北海道・東北・関東・中部へのびる火山の連なりを何というか。この地域には、那須・鳥海・富士・乗鞍・白山などの火山が含まれる。

東日本火山帯

★★★/★★★★★★★★――

6
□□□ フォッサマグナで2分された日本列島の島々や山脈の連なりのうち、西側にあたるフォッサマグナ以西から九州の地体構造（島弧）を何というか。

西南日本弧

★★★/☆★★★★★★★――

7
□□□ 中国地方の日本海側から九州を経て西南諸島へと延びる火山の連なりを何というか。この地域には大山・阿蘇・霧島・桜島などの火山が含まれる。

西日本火山帯

★★★/☆☆☆☆☆★★★――

8
□□□ 東日本火山帯と西日本火山帯のそれぞれについて、火山帯の東縁をつないでできる線を何というか。この線より東側には火山がなく、火山前線とも呼ばれる。

火山フロント

★★★/☆☆☆☆☆★★★――

9
□□□ 関東から四国にかけて1,000km以上の長さをもち、西南日本弧を内帯と外帯に二分する質の境界線を何というか。

中央構造線（メディアンライン）

★★★/☆☆☆★★★★★――

10
□□□ わが国の地体構造のうち、糸魚川・静岡構造線の西、中

内帯（西南日本内帯）

<u>央構造線</u>以北の地域を何というか。この地域は花崗岩が広く分布し、西に中国・筑紫の山地、東に木曽・飛騨の山脈をもち、京都・奈良・近江などの盆地と地塁山地が発達する。

★★★/☆☆☆☆☆★★

11
わが国の地体構造のうち、糸魚川・静岡構造線の西、<u>中央構造線</u>以南の地域を何というか。この地域は、古生代・中生代の古い地層が南から北に帯状に配列し、九州・四国・紀伊の諸山地や赤石山脈が連なる。 | 外帯（西南日本外帯）

★★★/☆☆☆☆☆★★

12
日本列島東側の海底を列島に沿う形で南北に走り、<u>太平洋プレート</u>が<u>北アメリカプレート</u>の下に沈み込む位置にある海溝を何というか。2011（平成23）年3月11日の<u>東北地方太平洋沖地震</u>の震源はこの海溝の大陸プレート側にあたる。 | 日本海溝

★★★/☆☆☆☆☆★★

13
伊豆諸島や小笠原諸島にそって南北に走り、<u>太平洋プレート</u>が<u>フィリピン海プレート</u>に沈み込む位置にある海溝を何というか。 | 伊豆・小笠原海溝

★★★/☆☆☆☆☆★★

14
日本海溝から相模湾にかけてのびる海底の浅い溝を何というか。フィリピン海プレート・太平洋プレート・北アメリカプレート・ユーラシアプレートの境界にあたる地震多発地帯で、1923（大正12）年の関東大地震の震源域に含まれる。 | 相模トラフ

★★★/☆☆☆☆☆★★

15
紀伊半島南東沖から四国の南沖にかけてのびる海底の浅い溝を何というか。フィリピン海プレートがユーラシアプレートの下に沈み込む位置にあたり、東海・東南海・南海の3つの地震が連動する大規模な地震や津波の発生が危惧されている。 | 南海トラフ

★★★/☆☆☆☆☆★

16
日本の中部地方に位置する<u>飛騨・木曽・赤石</u>の三山脈を総称して何というか。 | 日本アルプス

★★★/☆☆☆☆☆★★

17
関東地方の中央部に広がる日本最大の平野を何というか。<u>武蔵野・相模原・下総・常総</u>などの台地と<u>利根川</u>や荒川などの周辺に広がる低地が分布する。 | 関東平野

★★★/☆☆☆☆☆★★

18
<u>木曽川</u>・長良川・揖斐川の木曽三川の下流部に広がる平野を何というか。古くから洪水による水害が多く、集落を守る<u>輪中</u>が発達している。 | 濃尾平野

★★★/☆☆☆☆☆★ 19 □□□ 群馬県と新潟県の県境付近を源とし、<u>関東平野</u>をぬけて千葉県の銚子市と茨城県の神栖市で海に注ぐ河川を何というか。河川の長さは全国2位で流域面積の広さは全国1位。かつては東京湾に河口があったが、江戸時代の瀬替えにより太平洋へ注いでいる。	利根川
★★☆/☆☆☆☆★★★ 20 □□□ 飛彈山脈南部を源とし、長野県・岐阜県・愛知県を通り、三重県の北東端付近で伊勢湾に注ぐ河川を何というか。下流部には<u>濃尾平野</u>が広がる。	木曽川

■日本の気候

★★☆/☆☆☆☆★★★ 1 □□□ 秋から冬にかけてシベリアに滞留し、低温で乾燥した<u>季節風</u>を吹きだし、日本の冬を支配する寒帯性大陸気団を何というか。この気団から吹きだす風は日本海を通過する際に水蒸気の供給を受け、<u>日本海</u>側に多量の雪をもたらす。	シベリア気団
★★☆/☆☆☆☆★★★ 2 □□□ 日本の南方洋上に出現し、主として<u>夏季</u>に発達する高温多湿な熱帯性海洋性気団を何というか。	小笠原気団（太平洋気団）
★★☆/☆☆☆☆★★★ 3 □□□ 6月～9月にオホーツク海や千島列島沖付近に出現し、梅雨季および秋に<u>小笠原気団</u>との間に梅雨前線や秋雨前線をつくる、寒冷湿潤な海洋性気団を何というか。	オホーツク海気団
★★★/☆☆☆☆★★★ 4 □□□ 中国の長江（揚子江）付近に出現し、主として春と秋に移動性高気圧として日本に暖かく乾燥した晴天をもたらす大陸性気団を何というか。	揚子江気団
★★★/☆☆☆☆★★★ 5 □□□ 初夏から秋にかけて、東北地方や北海道にオホーツク海気団から吹きだす冷涼湿潤な北東風で、稲作などに被害を与え、冷害の原因となる<u>局地風</u>を何というか。	やませ
★★★/☆☆☆☆★★★ 6 □□□ 6月上旬から7月上旬にかけて、<u>小笠原気団</u>と<u>オホーツク海気団</u>との間に生じる前線が日本列島の南部に停滞することによりもたらされる長雨を何というか。	梅雨
★★★/☆☆☆☆★★★ 7 □□□ 夏に北海道最北部まで北上した<u>小笠原気団</u>と<u>オホーツク海気団</u>との間の前線が、秋に再び南下することによりもたらされる長雨を何というか。	秋霖（秋雨）

★★☆/☆☆★★★★★ **8** □□□ 発達した雨雲(積乱雲)が、列をなして数時間ほどの短期間にほぼ同じ場所を通過または停滞することで作り出される線状に伸びる強い降水域を何というか。不明な点が多く、発生を予想するのが難しいとされている。	線状降水帯
★☆☆/☆☆★★★★★ **9** □□□ 局地的に短時間で降る大雨のことを何というか。一部のメディアや報道で使われている用語で、気象庁の天気予報などではこの用語は使用せず、局地的豪雨や<u>集中豪雨</u>などの用語に置き換えられている。	ゲリラ豪雨
★★☆/☆☆★★★★★ **10** □□□ 最高気温が35℃を超えた日のことを何というか。30℃を超えた場合は<u>真夏日</u>、25℃では<u>夏日</u>といわれる。	猛暑日

■自然災害

★★★/☆☆☆☆★★★ **1** □□□ 非日常的な自然現象によって発生する災害を何というか。地震・津波災害、火山災害、集中豪雨・豪雪・洪水・暴風などの気象災害、地すべり・土石流などの土砂災害などがある。	自然災害

■地震・津波災害

★★★/☆☆★★★★★ **1** □□□ 1923(大正12)年<u>9月1日</u>に発生した<u>大正関東地震</u>による地震災害を何というか。震源は相模湾・神奈川県東部・房総半島南部を含む相模トラフ沿いの広い範囲。マグニチュード7.9、死者行方不明者は約10万5,000人、日本史上最悪の自然災害。	関東大震災
★★★/☆☆☆★★★★★ **2** □□□ 1933(昭和8)年3月3日の深夜に発生、<u>三陸地方</u>を中心に津波による多くの犠牲者が生じた地震を何というか。大津波による被害が大きく死者1,522人、行方不明者1,542人に達した。	昭和三陸地震
★★★/☆☆★★★★★ **3** □□□ 1995(平成7)年1月17日の未明に発生し、神戸市を中心に淡路島・兵庫県南部に大きな被害を与えた、淡路島北部を震源とするマグニチュード7.2の地震を何というか。災害名は<u>阪神・淡路大震災</u>である。	兵庫県南部地震
★★☆/☆★★★★★★★ **4** □□□ 2004(平成16)年10月23日の夕方に発生し、<u>新潟県中越地方</u>を震源とするマグニチュード6.8の地震を何というか。	新潟県中越地震

兵庫県南部地震以来の最大震度7を観測し、川口町・山古志村(現在は長岡市)や小千谷市で震度6強以上を記録した。

★★★／☆☆☆☆☆☆☆
5
☐☐☐ 2011(平成23)年3月11日に東北地方で発生したマグニチュード9.0の巨大地震を何というか。巨大津波が太平洋沿岸を襲い、震災による犠牲者は約19,000人に達した。福島第一原子力発電所では核燃料がメルトダウンする深刻な事故がおきた。災害名は東日本大震災である。 | 東北地方太平洋沖地震

★★★／☆☆☆☆☆★★
6
☐☐☐ 2016(平成28)年4月14日夜(マグニチュード6.5)と同年4月16日未明(マグニチュード7.3)の2回にわたり最大震度7を観測し、熊本県を中心に大きな被害を与えた地震を何というか。 | 熊本地震

★★★／☆☆☆☆☆★★
7
☐☐☐ 2018年(平成30)年9月6日の未明に発生し、北海道で観測史上初の最大震度7を観測した、胆振地方を震源とする地震を何というか。地震の揺れによる液状化現象で道路の隆起や陥没が各地に見られ、発電所の緊急停止によって電力会社管内の全域が停電となるブラックアウトがおこるなど、多くの被害に見舞われた。 | 北海道胆振東部地震

★★★／☆☆☆☆☆☆☆
8
☐☐☐ 南海トラフの東端、駿河湾から遠州灘にかけた駿河トラフを起源として、将来おきると予想される海溝型地震を何というか。 | 東海地震

★★☆／☆☆☆☆★★★
9
☐☐☐ 南海トラフのうち、遠州灘から紀伊半島沖を起源として100〜200年周期で発生すると予想される海溝型地震を何というか。 | 東南海地震

★★☆／☆☆☆☆★★★
10
☐☐☐ 南海トラフのうち、紀伊半島沖から四国沖を起源として、100〜150年周期で発生すると予想される海溝型地震を何というか。宝永地震(1707年)は、遠州灘から四国沖が震源域となって大きな被害を与えた。 | 南海地震

★★★／☆☆☆☆☆☆☆
11
☐☐☐ 地震発生後に沿岸の埋立地や旧河道の地域を中心にみられる、地面の変形、住宅の傾き、マンホールの浮き上がりや地中の水道管の破裂などの被害の原因となっている現象を何というか。 | 液状化現象

■火山災害

★★★/☆☆☆☆☆	
1 □□□ 地下にある溶融した灼熱状態の<u>溶岩</u>を何というか。	マグマ
★★★/☆☆☆☆☆ **2** □□□ 火山活動により地表に放出される気体成分を何というか。亜硫酸ガス、硫化水素などを含む。	火山ガス
★★★/☆☆☆☆☆ **3** □□□ 火山活動により地表に放出される直径2mm以下の細粒を何というか。粉砕された軽石などもこの分類に含まれる。	火山灰
★★☆/☆☆☆☆☆ **4** □□□ 爆発的な噴火によって、火山の火口から吹き飛ばされる岩石を総称して何というか。	噴石
★★★/☆☆☆☆★ **5** □□□ 地表に噴出した<u>マグマ</u>を何というか。その粘性はマグマに含まれる化学的な成分により異なる。	溶岩
★★☆/☆☆☆☆★ **6** □□□ 火口から噴出して地表を流れている<u>溶岩</u>や、流れて冷え固まったもののことを何というか。	溶岩流
★★★/☆☆☆☆☆ **7** □□□ 噴火に際して、空気や<u>火山ガス</u>などの気体と<u>火山灰</u>・軽石・火山岩塊などの<u>火山砕屑物</u>が混ざりあい、地表面を高速で流れ下る現象を何というか。1991年の雲仙普賢岳噴火の際に多くの犠牲者をだし、家屋等にも被害がでた。	火砕流
★★★/☆☆★★★★ **8** □□□ 火山噴出物や火山本体の崩壊により、岩塊や土砂が水を含んで急速に流下する現象を何というか。1888(明治21)年の磐梯山の噴火の際には、川をせき止め、窪地をつくり、山麓に多くの湖沼ができた。	火山泥流
★★☆/☆☆★★★★ **9** □□□ 1991年6月、20世紀最大といわれる巨大噴火をおこしたフィリピン、ルソン島の<u>成層火山</u>を何というか。噴火時の噴煙は上空35kmに達し、<u>火山灰</u>や火砕流によって大きな被害がでた。	ピナトゥボ山
★★★/☆☆★★★★ **10** □□□ 鹿児島湾(錦江湾)北部に位置する火山島を何というか。主峰の御岳は標高1,117m。たびたび噴火を繰り返し被害を与えてきたが、1914(大正3)年の噴火では大量の<u>溶岩</u>が流出し、大隅半島と陸続きとなった。	桜島
★★★/☆☆★★★★ **11** □□□ 鹿児島・宮崎両県にまたがり、韓国岳、高千穂峰など20をこえる火山が密集している火山群を何というか。その	霧島山

中の1つである<u>新燃岳</u>は、近年も噴火を繰り返し、周辺に降灰をもたらした。

★★★/☆☆☆☆☆☆☆★

12
□□□ 長崎県<u>島原半島</u>に位置する雲仙火山群の1つで、1990（平成2）年11月から始まった噴火活動により、山頂付近に<u>溶岩ドーム</u>を形成し、<u>火砕流</u>による被害をだした火山を何というか。

雲仙普賢岳（ふげん）

★★★/☆☆☆☆☆☆☆★

13
□□□ 2014（平成26）年9月に<u>水蒸気爆発</u>をおこし、登山者に多くの犠牲をだし、日本では第二次世界大戦後最大の火山災害となった長野・岐阜県境の火山を何というか。

御嶽山（おんたけ）

★★★/☆☆☆☆☆☆☆★

14
□□□ <u>長野県</u>と<u>群馬県</u>の県境に位置する標高2,568mの<u>活火山</u>を何というか。1783（天明3）年の噴火の際には大規模な泥流が発生し、約2,000人の死者をだした。

浅間山

★★★/☆☆☆☆☆☆☆★

15
□□□ 神奈川県西部と静岡県境にまたがり<u>カルデラ</u>をもつ火山を何というか。最高峰は<u>中央火口丘</u>の神山で標高1,438m。<u>カルデラ</u>内には芦ノ湖や仙石原、周辺には多数の温泉があり、観光地として発展している。

箱根山

★★★/☆☆★★★★★★

16
□□□ 活火山の<u>三原山</u>がある伊豆諸島最大の島を何というか。水深300〜400mほどの海底からそびえる活火山の陸上部分であり、しばしば噴火を繰り返す。1986（昭和61）年の噴火では溶岩や噴石が発生して全島民が1カ月ほど避難を余儀なくされた。

大島（伊豆大島）

★★★/☆☆☆☆☆☆☆★

17
□□□ 活火山の<u>雄山</u>を中心に噴火を繰り返す伊豆諸島の島を何というか。水深300〜400mの海底からそびえる火山島の陸上部分である。2000（平成12）年の噴火では火砕流や噴石により、全島民が4年5カ月に及ぶ避難生活を余儀なくされた。

三宅島

★★★/☆☆☆☆☆☆☆★

18
□□□ 福島県<u>猪苗代湖</u>の北にある活火山を何というか。標高1816mの<u>成層火山</u>。1888（明治21）年に大規模な水蒸気爆発をおこし山体が崩壊、岩屑なだれや<u>火山泥流</u>により北麓の集落が埋没、477人の犠牲者をだし、桧原湖・小野川湖・秋元湖・五色沼などの湖沼群が生じた。

磐梯山

★★☆/☆☆☆☆☆☆☆★

19
□□□ 北海道、<u>洞爺湖</u>の南東に位置する標高733mの活火山を何というか。活動的な火山で、2000（平成12）年にも火山弾の噴出や降灰により大きな被害をだした。山麓には溶

有珠山

岩円頂丘の昭和新山がある。

★★★/☆☆☆☆★★★
| 20 | 2015年5月29日に大規模な噴火があった、屋久島の西方に位置する大隅諸島の島を何というか。この噴火では噴煙が地上10000メートルに達し、全島民が屋久島に避難した。 | 口永良部島 |

■風水害

★★✓/☆☆☆☆☆★★★
| 1 | 大雨・大雪・洪水・干ばつ・冷害・台風・落雷など気象現象に伴って発生する災害を何というか。 | 気象災害 |

★★✓/☆☆☆☆★★★
| 2 | アメリカ合衆国の中央平原やオーストラリア南部に発生する巨大な竜巻を何というか。爆発的な破壊力を発揮し、農作物や家屋に大きな被害をあたえる。 | 竜巻（トルネード） |

★★★/☆☆☆★★★
| 3 | 雨が平年よりも少ないことなどで長期間にわたり水不足状態が続き、農作物に発育不良や枯死が生じる災害を何というか。 | 干ばつ（干害） |

★★★/☆☆☆★★★
| 4 | 農作物の生育期にあたる夏季の異常低温によって、農作物に発育不良や枯死が生じる災害を何というか。わが国では北海道や東北地方などで発生しやすい。 | 冷害 |

★★★/☆☆☆★★★
| 5 | 降雪によって引きおこされる災害を何というか。積雪による雪崩や交通障害、雪道の運転または歩行による事故がおこる。 | 雪害 |

★★✓/☆☆☆☆★★★
| 6 | 台風や集中豪雨などにより、河川や海水面の水位が上昇することで発生する災害を何というか。河川の氾濫や高潮などによることが多い。 | 水害 |

★★★/☆☆☆★★★
| 7 | 排水施設の能力をこえる大雨が降って、側溝やマンホールから水があふれだし浸水することを何というか。また、本流の河川に対して、支流の河川の水位が上がって水があふれ出すことをさす場合もある。 | 内水氾濫 |

★★★/☆☆☆★★★
| 8 | 大雨が降って河川の水が堤防からあふれたり、堤防が決壊して河川の水が流れ込んで浸水することを何というか。 | 外水氾濫 |

★★★/☆☆☆★★★
| 9 | 狭い地域に短時間で大量に降る雨を何というか。台風の接近や上陸、寒冷前線や線状降水帯の通過、梅雨の末期 | 集中豪雨 |

などに発生しやすく、1時間あたりの雨量が100mmを
こえるような雨が観測されたこともある。

★★★／☆☆☆☆☆☆☆

| 10 ☐☐☐ | 河川の水位や水量が異常に上昇して河川から水があふれ出る現象を何というか。 | 洪水 |

★★★／☆☆☆☆☆☆☆

| 11 ☐☐☐ | 土砂の崩落や流下に伴って発生する災害を何というか。<u>集中豪雨</u>や地震、火山活動などに伴っておきる<u>土石流</u>、<u>崖崩れ</u>、<u>地すべり</u>などにより発生する。 | 土砂災害 |

★★★／☆☆☆☆☆☆☆

| 12 ☐☐☐ | <u>集中豪雨</u>や地震などにより、傾斜地の地盤がゆるんで斜面が崩壊し、重力によって斜面の下方に向かって崩れ落ちる現象を何というか。 | 崖くずれ |

★★★／☆☆☆☆☆☆☆

| 13 ☐☐☐ | 泥・砂・礫・岩塊などが水と一体となって高速で流下する現象を何というか。<u>集中豪雨</u>や雪解けが急速に進んだ場合などに発生し、山麓の集落や農地に大きな被害を与える。 | 土石流 |

★☆☆／☆☆☆☆☆☆☆

| 14 ☐☐☐ | 山腹や斜面を構成する土地の一部がそのまま徐々に下方へすべりだす現象を何というか。水を含みやすい新第三紀地層の山地、断層破砕帯、温泉地などで発生することが多い。最近では地震によって急速にすべりだすこともある。 | 地すべり |

★★★／☆☆☆★★★★

| 15 ☐☐☐ | 地表がコンクリート建造物やアスファルト道路などに覆われ、地面が雨水を吸収できないことから発生する、都市特有の水害のことを何というか。集中豪雨などで、都市内部の中小河川の洪水や、側溝・マンホールなどから排水があふれだす。 | 都市型水害 |

★★★／☆☆☆☆☆☆☆

| 16 ☐☐☐ | <u>台風</u>などの強い低気圧により海面が上昇したり、暴風で海水が海岸に吹き寄せられたりして生じる高波を何というか。2018（平成30）年には関西国際空港が高潮によって浸水した。 | 高潮 |

■災害への対応と防災

★★★／☆☆☆★★★★

| 1 ☐☐☐ | <u>武田信玄</u>が甲府盆地の<u>治水</u>対策のために建設したことで知られる、非連続堤防を何というか。 | かすみ堤（霞堤） |

★☆☆／☆☆☆★★★★

| 2 ☐☐☐ | <u>土砂災害</u>を防止するために山間部の渓流沿いなどに設置 | 砂防ダム |

された小規模なダムを何というか。

★★★／☆☆★★★★★

| 3 □□□ | 水害を防止するために洪水の水を一時的に貯留する池を何というか。 | 遊水地 |

★★★／☆☆★★★★★

| 4 □□□ | 大都市の水害を軽減することを目的に洪水の水を一時的に蓄えるため、市街地の地下に建設された貯留施設を何というか。 | 地下調整池 |

★★★／☆☆☆★★★★

| 5 □□□ | 仕事や旅行などの外出時に、自然災害に遭遇して交通機関が停止し、歩いて自宅まで帰ることもできない人を何というか。 | 帰宅困難者 |

★★★／☆☆☆★★★★

| 6 □□□ | 生活をするうえで欠かすことのできない電気・水道・ガスといったインフラのことを何というか。ICTや物流の発達に伴い、電話やインターネット設備、物資を輸送するための道路なども含まれる。 | ライフライン |

★★★／☆☆☆★★★★

| 7 □□□ | 災害がおこることを前提にして、国や地方公共団体、企業や個人などが「いつ」「誰が」「どのように」災害に対して行動していくのかを時間軸で整理してあらかじめ計画したものを何というか。 | タイムライン |

★★★／☆☆☆☆★★★

| 8 □□□ | 自然災害の発生を防ぐことは困難であるが、その被害を最小限に抑えることができるように私たちが普段から備えていくことを何というか。 | 減災 |

★★★／☆☆☆☆★★★

| 9 □□□ | 自然災害が発生した際に、自分の身は自分で守ることを何というか。 | 自助 |

★★★／☆☆☆☆★★★

| 10 □□□ | 自然災害が発生した際に、近所に住む人々または地域を構成する人々どうしで助け合っていくことを何というか。 | 共助 |

★★★／☆☆☆☆★★★

| 11 □□□ | 自然災害が発生した際に、国や地方公共団体などが対策に取り組むことを何というか。警察や消防、自衛隊などによる救命・救護活動などもこれにあたる。 | 公助 |

❻ 環境問題

用語集 p.74〜82

■世界の環境問題

★★★／☆☆☆☆☆★★

| 1 □□□ | 二酸化炭素など温室効果ガスの濃度の増大など、人為的 | 地球温暖化 |

な原因で地球全体の気温が上昇していくことを何というか。このような気温の上昇は、海水面の上昇や気候帯の変動による<u>生態系</u>への影響など、地球環境に深刻な問題をもたらす。

★★★/☆☆☆☆☆☆

2
□□□
化石燃料の燃焼に伴う<u>二酸化炭素</u>・<u>メタン</u>・フロンなどの濃度の増大などにより、熱の放散が妨げられ、気温が上昇する現象を何というか。

温室効果

★★★/☆☆☆☆☆☆

3
□□□
二酸化炭素・メタン・フロン・対流圏のオゾンなど、地球温暖化の原因となる物質を総称して何というか。

温室効果ガス

★★★/☆☆☆☆☆★

4
□□□
地球温暖化防止のため、温室効果ガスの発生量を削減し、気候変動に伴う悪影響を防止するための国連の条約を何というか。1992年の国連総会で採択、地球温暖化防止条約ともいう。

気候変動枠組条約

★★★/☆☆☆☆☆☆

5
□□□
<u>気候変動枠組条約</u>に実効性をもたせるため、温室効果ガスの具体的な削減目標を定めた1997年に開催されたCOP 3 ともよばれる会議を何というか。

気候変動枠組条約第
3 回締約国会議

★★★/☆☆☆☆☆☆

6
□□□
<u>気候変動枠組条約第 3 回締約国会議</u>で定めた温室効果ガス削減の取り決めを何というか。削減目標を達成するために排出量を売買するなどの京都メカニズムも取り入れたが、中国などの発展途上国に削減義務はなく、アメリカ合衆国が離脱を表明するなどの混乱もあり、目標達成はできていない。

京都議定書

★★★/☆☆☆☆☆☆

7
□□□
<u>京都議定書</u>に代わる地球温暖化対策の枠組みとして、2015年の<u>COP21</u>で合意された国際協定を何というか。協定は、温室効果ガスの排出量を実質ゼロにすること、つまり、<u>脱炭素社会</u>をめざすことにより、産業革命以前からの気温上昇を 2℃未満に抑えることを目標にしている。

パリ協定

★★★/☆☆☆☆☆☆

8
□□□
<u>二酸化炭素</u>の排出量と吸収量・除去量を均衡にしてバランスをとることにより、二酸化炭素の排出量を全体としてゼロにする考え方を何というか。

カーボンニュートラル

★★★/☆☆☆☆★★

9
□□□
国連環境計画(UNEP)と世界気象機関(WMO)が設立した、気候変動の影響や最新の科学的知見を集約して評価・助言をする国際機関を何というか。

IPCC(気候変動に関する政府間パネル)

★★★/☆☆☆☆☆☆☆ 10 □□□ 気候変動への備えに対して、<u>温室効果ガス</u>を削減して気候変動そのものを抑えていく考え方を何というか。	緩和	
★★★/☆☆☆☆☆☆☆ 11 □□□ 気候変動への備えに対して、現在起きているあるいは起こりうる影響を最小限に抑え、新たな気候条件に合わせてよりよい生活ができるようにする考え方を何というか。	適応	
★★★/☆☆☆☆☆☆ 12 □□□ おもに工場から排出される煤塵、自動車の排気ガス中に含まれる一酸化炭素や<u>硫黄酸化物・窒素酸化物</u>などにより、人間の生活が脅かされるほどに大気が汚されることを何というか。	大気汚染	
★★★/☆☆☆☆☆☆ 13 □□□ 石炭や石油に含まれる硫黄分が、燃焼に際して酸化した物質を何というか。主として工場や火力発電所の排煙中に含まれる大気汚染の主因で、<u>酸性雨</u>の原因となる。わが国では排煙脱硫技術が確立され、被害は減少している。	硫黄酸化物	
★★★/☆☆☆☆☆☆ 14 □□□ 自動車・ビル・工場などから排出される排気ガスなどに含まれる大気汚染の主役の1つで、<u>光化学スモッグ</u>の原因にもなる物質を何というか。主要発生源が移動性であることなどから排出規制対策は遅れている。	窒素酸化物	
★★★/☆☆☆☆☆☆ 15 □□□ 大気中に浮遊している浮遊性微粒子のうち、直径が2.5 μm（マイクロメートル）以下の超微粒子を何というか。肺の奥まで入り込み呼吸器系統の疾病を引き起こす。	PM 2.5	
★★★/☆☆☆☆☆☆ 16 □□□ 煤煙や排気ガスに含まれる塵が、<u>霧</u>と混じり合って地表を覆う大気汚染現象を何というか。	スモッグ	
★★★/☆☆☆☆☆☆ 17 □□□ 工場や自動車の排気ガス中の炭化水素と<u>窒素酸化物</u>が紫外線に反応してできる、オキシダントという汚染物質を含むスモッグを何というか。目の痛み・のどの痛みなどの粘膜刺激症状をおこす。	光化学スモッグ	
★★★/☆☆☆☆☆☆ 18 □□□ 硫黄酸化物や窒素酸化物などの大気汚染物質によって発生する、酸性の強い雨を何というか。この雨が原因となって、湖沼の生態系の破壊・森林の枯死・青銅の彫像や大理石建造物の溶解などの被害が生じている。	酸性雨	
★★★/☆☆☆☆☆☆ 19 □□□ 広義では酸性雨に含まれる、酸性の霧のことを何というか。<u>酸性雨</u>よりも酸性が強いことが多い。	酸性霧	

★★★/☆☆☆★★★ **20** □□□	ヨーロッパの酸性雨を防止するため、国連・ヨーロッパ経済委員会が1979年に締結した国際条約を何というか。その後、ヘルシンキ議定書やソフィア議定書で、硫黄酸化物や窒素酸化物の削減目標を定めた。	長距離越境大気汚染条約
★★★/☆☆☆☆☆★★ **21** □□□	海洋に排出・投棄された物質による海水の汚染を何というか。油田やタンカーなどからの原油流出、自然界では分解されないプラスチック製品の漂流、原子力発電所の事故による汚染水の流出など様々な原因がある。	海洋汚染
★★★/☆☆☆★★★★ **22** □□□	一般に、直径5mm以下の微小なプラスチック粒子のことを何というか。プラスチックは自然界では分解されず、微小であるために回収することが難しい。海に生息する生物や人体に悪い影響を与える。	マイクロプラスチック
★★☆/☆☆★★★★★ **23** □□□	人間の活動により、湖沼水や海水に含まれる窒素化合物やリンなどの栄養物質が増加していく現象を何というか。	富栄養化
★★☆/☆☆★★★★★ **24** □□□	富栄養化の進んだ内湾や内海などでみられる、植物プランクトンの異常発生を何というか。プランクトンが死んで、海底に堆積し分解されると、海水中の酸素を多く消費して無酸素状態となり、養殖魚類に多くの被害を与える。	赤潮
★★★/☆☆☆☆☆★★ **25** □□□	高度約25km付近の成層圏に集まり、人体に有害な太陽からの紫外線の大部分を吸収する酸素の同素体O3が集中している大気層を何というか。	オゾン層
★★☆/☆☆☆★★★★ **26** □□□	オゾン層破壊の深刻な実態を示す、南極上空のオゾン層が薄くなった部分を何というか。	オゾンホール
★★★/☆☆☆☆★★★ **27** □□□	冷蔵庫やエアコンの冷媒・エアゾール製品の噴霧剤・電子機器の洗浄用などに用いられてきた、オゾン層破壊の原因とされるガスを何というか。	フロン
★★☆/☆★★★★★★ **28** □□□	国連環境計画(UNEP)が中心となって取りまとめたオゾン層の保護に関する国際条約を何というか。1985年に採択され、1987年発効している。	ウィーン条約
★★★/☆★★★★★★ **29** □□□	オゾン層の保護を決めたウィーン条約を具体化するため、フロンなどの規制・削減スケジュールを定めた国際条約を何というか。1987年採択。この条約の発効によりオゾ	モントリオール議定書

ン層破壊物質の生産と消費に関する規制は大きく進展した。	
★★☆/☆☆☆★★★★★ **30** □□□ 人類の活動範囲が拡大することに伴う森林の減少を何というか。温帯林は歴史的に早くからその多くを失い、近年は<u>熱帯林</u>の開発が問題となっている。現在、開発は<u>冷帯林</u>にもひろがっており、その減少も心配されている。	森林破壊
★★★/☆☆☆★★★★★ **31** □□□ 先進国の木材輸入・農業開発・鉱産資源開発・人口増大に伴う薪炭採取や焼畑の増大などによる、<u>熱帯</u>地域の森林破壊を何というか。多様な<u>生物資源</u>の宝庫である森林が破壊されることによって、野生生物種の絶滅・地球規模の気候変動などの影響が生じる。	熱帯林破壊
★★★/☆☆☆★★★★★ **32** □□□ <u>焼畑</u>農業地域において、森林の回復を待たずに火入れを行なうなど、地力を低下させる耕地の過剰な利用を何というか。	過耕作
★★★/☆☆☆★★★★★ **33** □□□ 牧草など飼料の成長・生産を上回る過剰な放牧を何というか。この状態が続くと<u>牧草</u>の再生産が追いつかず、<u>砂漠化</u>を引きおこす。	過放牧
★★★/☆☆☆★★★★★ **34** □□□ 乾燥地域や半乾燥地域で、<u>過耕作</u>や<u>過放牧</u>、降水量の減少、灌漑に伴う塩害などにより、植生が失われ不毛な土地に変わっていくことを何というか。	砂漠化
★☆☆/☆★★★★★★★ **35** □□□ 国連が主催した砂漠化を食い止めるための国際会議を何というか。1977年、ケニアのナイロビで開催され「砂漠化防止行動計画」を採択、砂漠化に対する緊急の抑止策を実施するとともに、砂漠の緑化を進めるための特別基金の要請を決めた。	砂漠化防止会議
★★☆/☆☆★★★★★★ **36** □□□ 砂漠化の深刻な影響を受けている国（特にアフリカの国）の砂漠化に対処するための国連条約を何というか。	砂漠化対処条約
★☆☆/☆★★★★★★★ **37** □□□ 灌漑農地の塩類集積現象を何というか。乾燥地域では、灌漑を行なうことでそれまで蓄積されていた土壌中の塩分が毛細管現象により吸い上げられて地表に蓄積し、農耕を不可能にする場合がある。	土壌の塩性化（土壌の塩類化）
★★★/☆☆☆★★★★★ **38** □□□ 土壌が雨や風などによって流されたり飛散したりして失われることを何というか。肥沃な土壌が失われて地力が	土壌侵食

低下してしまう。

■日本の主な公害

★★★/☆☆★★★★★

1
□□□ 事業活動などによって、自然のバランスが破壊され、人間の生命や健康に関わるような被害が広範囲にわたって生じることを何というか。日本では1960年代以降、工業生産の急増や人口の都市集中を背景に激化し、大きな社会問題となった。

公害

★★★/★★★★★★★

2
□□□ 栃木県足尾町(現・日光市)で発生した鉱毒事件を何というか。銅の精錬所の排煙が山の木を枯らして水害をもたらし、鉱毒を含んだ水と土砂が渡良瀬川下流域の農村に被害を与え、わが国の公害の原点ともいわれた。

足尾銅山鉱毒事件

★★★/☆★★★★★★

3
□□□ 熊本県南西部の水俣湾沿岸で発生した、有機水銀中毒症を何というか。化学工場の排水中に含まれた有機水銀が食物連鎖で魚介類に濃縮され、それを食べた沿岸住民に中枢神経疾患の症状が現われ、多くの被害者をだした。

水俣病(熊本水俣病)

★★★/★★★★★★★

4
□□□ 新潟県阿賀野川下流域で発生した、有機水銀中毒症を何というか。中流域の鹿瀬町(現・阿賀町)にある化学工場の排水中に含まれた有機水銀が食物連鎖で魚介類に濃縮され、それを食べた人々に多くの被害者をだした。

新潟水俣病

★★★/☆★★★★★★

5
□□□ 富山県中北部婦中町(現・富山市)を中心とした神通川流域で発生した、カドミウム中毒症を何というか。岐阜県北部の神岡鉱山から流出した未処理水中のカドミウムが水田に蓄積され、その米を食べた人々の間に骨軟化症などの症状をもつ多くの被害者をだした。病名は、患者が「痛い痛い」と泣き叫ぶことから名づけられた。

イタイイタイ病

★★★/★★★★★★★

6
□□□ 三重県四日市市とその周辺で発生した、大気汚染による公害病を何というか。石油化学コンビナートの排煙に含まれる亜硫酸ガスにより、多くの呼吸器障害の被害者をだした。

四日市ぜんそく

★★★/★★★★★★★

7
□□□ 3〜6に記した公害をあわせて何というか。いずれも裁判により有害物質が特定され被害を受けた原告側が勝訴した。しかしその後も公害病の認定をめぐって控訴が続き、多くの課題を残している。

四大公害病

★★☆/★★★★★★★★ **8** □□□ 公害事件の多発を受けて1967年に制定された、公害の定義、事業者・国の責務、環境基準について規定した法律を何というか。この法律により、公害の種類として、<u>大気汚染</u>・<u>水質汚濁</u>・土壌汚染・地盤沈下・騒音・振動・悪臭の7種類があげられ、「<u>典型7公害</u>」と呼ばれた。	公害対策基本法
★★☆/★★★★★★★★ **9** □□□ 1992年の<u>環境と開発に関する国際連合会議</u>で合意された「環境と開発に関するリオ宣言」を前提に、公害対策基本法を引き継いで成立した、わが国の環境行政の基本をなす法律を何というか。	環境基本法

■ 環境保全と国際的な取組み

★★★/☆☆☆★★★★ **1** □□□ ある地域における、太陽エネルギー・水・空気・土壌などの自然環境のもとで、生物が営む物質循環システムを何というか。	生態系(エコシステム)
★★★/☆☆☆★★★★ **2** □□□ ペットボトルや空き缶、自動車や家電製品の部品の再利用やゴミの燃料化などを積極的に推進し、資源の有効利用と廃棄物発生の抑制をめざす社会を何というか。	循環型社会
★★★/☆☆★★★★★ **3** □□□ 環境破壊の進行を食い止め、人々の健康や生活を守るために必要な環境を維持することを何というか。その手段としては、環境の悪化を防ぐための法律の整備、環境アセスメント、<u>自然災害</u>の発生を防止するための治山・治水事業、緑化運動、自然保護活動など、様々な取り組みがある。	環境保全
★★★/☆☆★★★★★ **4** □□□ 人間生活と関わりあうことでつくり上げられた、人里に隣接した森林を何というか。人間が手を加えることにより守られた自然で、薪炭や肥料、山菜や木の実などを供給して人々の生活を支えてきた。	里山
★★★/☆☆★★★★★ **5** □□□ 樹木を育てながら樹間で農作物の栽培や家畜の飼育を行なう農林業を何というか。インドネシアやブラジルの<u>熱帯林</u>地域にその例がある。土壌流失を防いだり、家畜の排せつ物が肥料になるなど、より持続的な土地利用が可能になる。	アグロフォレストリー
★★★/☆☆☆☆☆★★ **6** □□□ 生物が長い歴史の中で分化・分岐を重ねて生みだされて	生物多様性

きた様々な生物の種・生態系・遺伝子の総体を何というか。

★★★/☆☆☆☆☆		
7 □□□	生物多様性の保全と継続的な利用、<u>遺伝子資源</u>から生まれる利益を公平に配分することを目的とした条約を何というか。	生物多様性条約
★★☆/☆☆☆☆☆		
8 □□□	絶滅のおそれのある野生動植物保護を目的に、生物のほか、剥製・加工品の国際取引を禁止・規制する国際条約を何というか。近年は、<u>クロマグロ</u>やニホンウナギなどが規制の対象として論議されている。	ワシントン条約
★★★/☆☆☆☆☆		
9 □□□	多様な生態系をもち、水鳥の生息地として国際的に重要な<u>湿地</u>を保護する国際条約を何というか。日本では、釧路湿原・ウトナイ湖・霧多布湿原・伊豆沼・谷津干潟・琵琶湖・藤前干潟などが登録されている。	ラムサール条約
★★★/☆☆☆☆☆		
10 □□□	開発や都市化の波から自然的環境や歴史的環境を保全するため、広く国民から基金を募り、土地を買い取るなどして環境を守る運動を何というか。	ナショナルトラスト運動
★★★/☆☆☆☆☆		
11 □□□	1972年、「<u>かけがえのない地球</u>」をスローガンに、スウェーデンのストックホルムで開かれた国際会議を何というか。	国連人間環境会議
★★★/☆☆☆☆☆		
12 □□□	<u>国連人間環境会議</u>で採択された、環境保全と保全に関する原則などを示した宣言を何というか。	人間環境宣言
★★★/☆☆☆☆☆		
13 □□□	ケニアのナイロビに本部をおき、<u>オゾン層</u>の保護や<u>地球温暖化</u>の防止、砂漠化防止などに積極的に取り組んでいる国連の機関を何というか。	国連環境計画 (UNEP)
★★★/☆☆☆☆☆		
14 □□□	1992年、ブラジルの<u>リオデジャネイロ</u>で開かれた国連主催の環境会議を何というか。	環境と開発に関する国連会議(国連環境開発会議または地球サミット)
★★★/☆☆☆☆☆		
15 □□□	<u>環境と開発に関する国連会議</u>で確認された、将来の世代が享受する経済的・社会的利益を損なわない範囲で、地球環境を利用していこうとする考え方を何というか。	持続可能な開発
★★★/☆☆☆☆☆		
16 □□□	<u>環境と開発に関する国連会議</u>で採択された、環境保護に	アジェンダ21

ついての行動計画を何というか。人口問題・大気汚染・野生動物の保護など、全40章からなる。

17
2000年9月に開催された国連ミレニアムサミットでの<u>国連ミレニアム宣言</u>を基に策定されたものは何か。2015年までに解決すべき8つのゴールと21のターゲットがある。

MDGs(ミレニアム開発目標)

18
<u>MDGs(ミレニアム開発目標)</u>を引き継いだものとなる、2030年までの開発目標を何というか。「<u>誰も置き去りにしない社会</u>」を理念に掲げ、17のゴールと196のターゲットで構成されている。

SDGs(持続可能な開発目標)

19
SDGsの目標の一つである<u>貧困</u>の撲滅に関連して、低所得者や貧困者を対象に融資や貸し付けをおこなう小規模金融のことを何というか。少額や無担保でも融資を受けられるため、事業の継続や自立への援助となっている。

マイクロファイナンス

20
SDGsの目標の一つである<u>貧困</u>の撲滅に関連して、低所得者や貧困層を対象に製品やサービスを提供・供給するビジネスを何というか。アフリカでは<u>マラリア</u>対策の蚊帳を販売することで購入者の健康面での改善につながるとともに販売する企業も発展できる。

BOPビジネス

21
SDGsの目標の一つである「すべての人に健康と福祉を」に関連して、病原体やウイルスが直接体内に入る、もしくはそれらが付着した食品を摂取することで取り込まれることにより内々で増殖する病気を何というか。

感染症

22
感染症のうち、2020年以降世界的な大流行となって多数の感染者を出して全世界の人的交流や産業に大きな影響を及ぼしたものは何か。

新型コロナウィルス感染症(COVID-19)

第II部 現代世界の系統地理

第2章 **資源と産業**

❶ 農牧業

用語集 p.083〜103

■農牧業の自然的条件

★★★/☆☆☆☆☆★ 1 □□□	作物が栽培できなくなる限界を何というか。生育期間の気温や降水量など<u>自然的条件</u>で決まるが、技術革新など<u>社会的条件</u>も影響する。	栽培限界
★★☆/★☆☆☆★★★ 2 □□□	気温の低下に伴って現われる、高緯度側の栽培限界を何というか。	寒冷(極)限界
★★☆/☆☆☆☆★★★ 3 □□□	降水量の減少に伴って現われる、栽培限界を何というか。	乾燥限界
★★☆/★★★★★★★ 4 □□□	標高(海抜高度)の増加に伴って現われる、垂直的な栽培限界を何というか。	高度限界
★★★/☆☆☆☆★★★ 5 □□□	傾斜地の利用方法の１つで、フィリピンの<u>ルソン島</u>やインドネシアの<u>ジャワ島</u>などに多くみられる階段状につくられた水田を何というか。	棚田
★★☆/☆★★★★★★ 6 □□□	<u>アメリカ合衆国</u>などに多くみられるもので、土壌侵食や肥料の流出を防ぐため、同じ高さのところに連続して畝をつくり作付する耕作方法を何というか。	等高線耕作
★★☆/☆★★★★★★ 7 □□□	耕地を深く耕して地中に雨水をしみ込ませ、さらに浅く耕して毛細管現象を遮断し、水分の蒸発を防ぐことによってわずかな降雨を有効に利用する、グレートプレーンズや華北などにみられる耕作方法を何というか。	乾地農法
★★★/☆☆☆☆★★★ 8 □□□	農作物の栽培に必要な水を人工的に耕地に供給することを何というか。	灌漑
★★★/☆☆☆☆★★★ 9 □□□	アメリカ合衆国の<u>グレートプレーンズ</u>などにみられるもので、360°回転するアームで地下水などを散水する灌漑農法を何というか。	センターピボット方式

■農牧業の社会的条件

★★☆/☆☆☆★★★★ □□□	新潟平野の水稲栽培やブラジルのコーヒー栽培などのよ	単一耕作

	うに、同一耕地に同一の作物だけを広い範囲にわたって栽培することを何というか。	
★☆☆☆☆／★★★★★ 2 □□□	1年間に同一耕地に2種類の農作物を栽培することを何というか。	二毛作
★★★☆☆／☆☆☆★★★ 3 □□□	1年間に同一耕地に同じ農作物を2回栽培することを何というか。	二期作
★★★☆☆／★★★★★ 4 □□□	アジアの水稲栽培のように、同一耕地に同一作物を毎年栽培することを何というか。	連作
★★☆☆／★★★★★ 5 □□□	ヨーロッパの混合農業のように、同一耕地に異なった農作物を年ごとに一定の順序で循環的に栽培することを何というか。	輪作
★★★☆☆／☆☆☆★★★ 6 □□□	生産者の自家消費をたてまえとして行なわれる農業を何というか。	自給的農業
★★★☆☆／☆☆☆★★★ 7 □□□	生産物の販売を目的として行なわれる農業を何というか。	商業的（企業的）農業
★★★☆☆／☆☆☆★★★ 8 □□□	単位面積あたりの土地から得られる生産力の大きさを何というか。	土地生産性
★★★☆☆／☆☆☆★★★ 9 □□□	単位時間あたりの労働によって得られる生産力の大きさを何というか。	労働生産性
★★☆☆／★☆★★★★ 10 □□□	単位面積あたりの資本投下・労働力が多く、収穫量や土地利用率が高い農業を何というか。	集約的農業
★☆☆☆☆／★★★★★ 11 □□□	単位面積あたりの資本投下・労働力が少なく、収穫量や土地利用率が低い農業を何というか。	粗放的農業
★☆☆☆☆／★★★★★ 12 □□□	耕作している農地のほとんどが自己の所有地である農家を何というか。	自作農
★☆☆☆☆／★★★★★ 13 □□□	耕作している農地の多くを地主から借り、土地の借用料を支払っている農家を何というか。	小作農
★★★☆☆／☆☆☆★★★ 14 □□□	広大な農牧場に多数の雇用労働者を定住させ、責任者の管理のもとに作業させる、南ヨーロッパやラテンアメリカなどにみられる土地制度を何というか。	大土地所有制
★★☆☆／★★★★★ 15 □□□	地主制度などの封建的な土地所有制度を、自作農中心な	農地改革

どの近代的な土地所有に変えることを何というか。

★★★/★★★★★★★★
16
□□□ 農機具や肥料などの共同購入、農産物などの共同出荷・販売、金融や教育などの事業を行なう農家の共同組織を何というか。 —— 農業協同組合

★★/★★★★★★★★★
17
□□□ 情報通信技術(ICT)や人工知能(AI)を駆使して温度や湿度、養分などを自動的に管理して行なう農業を何というか。ドローンを利用した農薬散布などが行なわれている。 —— スマート農業(スマートアグリ)

■主要農産物

★★★/☆☆☆☆☆☆☆☆
1
□□□ 米、小麦、トウモロコシなどイネ科の作物に、豆類やソバなどを加えた作物の総称を何というか。食料や飼料として世界の農業生産の中心となっている。 —— 穀物

★★★/☆☆☆☆☆☆☆☆
2
□□□ インドのアッサムから中国のユンナン(雲南)を結ぶ地方の原産と考えられ、生育期間中の気温17〜18℃以上、年平均降水量1,000mm 以上を必要とする、アジアの主要食料は何か。 —— 米(稲)

★★/☆☆☆☆☆☆☆☆
3
□□□ インドや東南アジア・中国南部などで栽培される粒型が細長く、粘り気が少ない米の種類を何というか。 —— インディカ種

★★★/☆☆☆☆☆☆☆☆
4
□□□ 日本や朝鮮・中国北部などで栽培される粒型が丸く、粘り気が多い米の種類を何というか。 —— ジャポニカ種

★★★/☆☆☆☆☆☆☆☆
5
□□□ 焼畑地域などにみられる、畑に直播きする稲は何か。 —— 陸稲

★★★/☆☆☆☆☆☆☆☆
6
□□□ 陸稲に対し、水田で栽培される稲を何というか。 —— 水稲

★★/☆☆☆☆☆☆☆☆
7
□□□ 減水期に直播きされ、水位が上昇するとともに茎が数mの長さに成長する、東南アジアの低湿地などにみられる稲は何か。 —— 浮稲

★★★/☆☆☆☆☆☆☆☆
8
□□□ 冷涼・乾燥を好む西アジアあるいはカフカス地方を原産地とする穀物で、現在世界で最も広く食料として消費されている作物は何か。 —— 小麦

★★★/☆☆☆☆☆☆☆☆
9
□□□ 春に種を播き、秋に収穫する高緯度地方で栽培される小麦を何というか。 —— 春小麦

★★★/☆☆☆☆☆☆☆☆
10
□□□ 秋から初冬にかけて種を播き、初夏から夏にかけて収穫 —— 冬小麦

する温暖な地方で栽培される<u>小麦</u>を何というか。

★★★/☆☆☆☆☆☆☆☆ **11** □□□　世界各地の小麦の収穫時期を月別に図示し、生産地の<u>収穫期</u>や<u>端境期</u>が一目で分かるように示した表を何というか。	小麦カレンダー
★★★/☆☆☆☆☆☆☆☆ **12** □□□　耐寒性が強く、砂質土壌を好む麦類の一種で、<u>黒パン</u>の原料のほか、家畜の飼料にもなっているものは何か。	ライ麦
★★★/☆☆☆☆★★★★ **13** □□□　冷涼湿潤な気候を好み、高緯度地方で栽培される麦類の１種で、飼料のほか食用（<u>オートミール</u>）にもなっているものは何か。	エン麦
★★★/☆☆☆☆★★★★ **14** □□□　耐寒性、耐乾性が強く、極地近くから赤道付近まで広範囲にわたって栽培される麦類の１種で、飼料のほか<u>ビール</u>・みそなどの原料にもなっているものは何か。	大麦
★★★/☆☆☆☆☆☆☆☆ **15** □□□　穀物のうち、副食や加工原料に用いられるもので、<u>モロコシ</u>・<u>アワ</u>・<u>キビ</u>・<u>ソバ</u>などを総称して何というか。	雑穀
★★★/☆☆☆☆☆☆☆☆ **16** □□□　高温多湿の気候に適する<u>アメリカ</u>大陸原産の穀物で、アンデス地方・アジア・アフリカなどでは主食となるほか、北アメリカやヨーロッパなどの冷涼な地方では青刈りし、飼料として利用されているものは何か。	トウモロコシ
★★★/☆☆★★★★★★ **17** □□□　乾燥気候に強く、やせた土壌でも栽培可能なモロコシ類の<u>雑穀</u>で、中国の華北から東北部にかけて多く生産されているものは何か。	コウリャン
★★★/☆☆☆☆☆☆☆☆ **18** □□□　排水良好な土地に適し、干ばつや冷害時などに重要な食料となるイネ科の<u>雑穀</u>で、インド・西アフリカ・中国に生産が多い作物は何か。	アワ
★★★/☆☆☆☆☆☆☆☆ **19** □□□　気候に対する適応性が強いアジア東部原産のマメ科の作物で、食用や豆腐・油脂などの原料のほか、その粕を肥料や飼料として用い、アメリカ合衆国などでは青刈りにして飼料として利用するものは何か。	大豆
★★★/☆☆☆☆☆☆☆☆ **20** □□□　成長期に高温と湿潤、収穫期には乾燥を必要とする南アメリカ原産のマメ科の作物で、<u>中国</u>・<u>インド</u>・ナイジェリア・アメリカ合衆国での生産が多く、油脂原料や食用に用いられるものは何か。	落花生

★★★/☆☆☆☆☆☆

21 □□□	冷涼な気候を好む中央・南アメリカ原産のイモ類で、<u>中国・インド・ウクライナ</u>での生産が多く、食用のほか家畜の飼料やアルコール原料となるものは何か。	ジャガイモ（馬鈴薯）

★★★/☆☆☆☆☆☆

22 □□□	温暖な気候を好む中央アメリカ原産のイモ類で、中国が最大の生産地であり、日本では<u>鹿児島</u>県に生産が多い作物は何か。	サツマイモ

★★★/☆☆☆☆☆☆

23 □□□	ブラジル原産の熱帯作物で、その根茎から<u>タピオカ</u>と呼ばれるデンプン質の粉が得られ、パンや菓子に加工して食料とするほか、織物の糊の原料としても用いられる作物は何か。	キャッサバ（マニオク）

★★★/☆☆☆☆☆☆

24 □□□	東南アジアが原産と推定され、日本のサトイモに似たイモ類で、オセアニアの島々や熱帯アフリカの住民の主食となっている作物は何か。	タロイモ

★★★/☆☆☆☆★★★

25 □□□	東南アジアが原産と推定され、日本のヤマイモに似たイモ類で、オセアニアの島々・東インド諸島・熱帯アフリカで栽培される作物は何か。	ヤムイモ

★★☆/☆★★★★★★

26 □□□	綿花やサトウキビなど、<u>工業原料</u>にするために栽培される作物を総称して何というか。	工芸作物

★★★/☆☆☆☆☆☆

27 □□□	熱帯雨林気候を好み、アマゾン盆地を原産地とする、樹液を利用する作物で、現在では、生産量の多くが東南アジアによって占められている<u>工芸作物</u>は何か。	天然ゴム

★★★/☆☆☆☆☆☆

28 □□□	成育期には高温多湿、収穫期には乾燥する気候に適し、排水のよい肥沃な砂質土壌を好み、<u>天然繊維</u>の中では最大の生産量を示す<u>工芸作物</u>は何か。	綿花

★★★/☆☆☆☆☆☆

29 □□□	インド原産のシナノキ科の草の茎からとり、その繊維からつくった袋は穀物や砂糖を入れるために用いられる、ガンジス下流域の<u>ガンジスデルタ</u>を主産地とする麻は何か。	ジュート（黄麻）

★★★/☆☆☆★★★★

30 □□□	温帯地方を中心に生育する落葉高木で、その葉が<u>蚕</u>（かいこ）の餌となる樹木は何か。	桑

★★★/☆☆☆☆☆☆

31 □□□	西アフリカを原産地とするヤシの1種で、実は食用のほか、<u>石けん</u>やろうそくの原料となる樹木は何か。	油ヤシ

★★★/☆☆☆☆☆☆☆		
32 ☐☐☐	油ヤシの実からとれる油を何というか。	パーム油
★★★/☆☆☆☆☆☆☆		
33 ☐☐☐	熱帯アジアを原産地とするヤシの1種で、繊維はロープの原料になり、実からは油脂原料がとれる樹木は何か。	ココヤシ
★★★/☆☆☆☆☆★★★		
34 ☐☐☐	<u>ココヤシ</u>の実からとれる油脂原料を何というか。	コプラ
★★★/☆☆☆☆☆☆☆		
35 ☐☐☐	乾燥気候を好み、イラクまたは地中海沿岸のオアシスを原産地とするヤシの1種で、実を食用とするほか、菓子やシロップの原料となる樹木は何か。	ナツメヤシ
★★★/☆☆☆☆★★★★		
36 ☐☐☐	<u>ナツメヤシ</u>の実を何というか。	デーツ
★★★/☆☆☆☆★★★★		
37 ☐☐☐	香料の産地で、ヨーロッパのアジア進出の動機となった<u>ナツメグ</u>や<u>クローブ</u>などが得られる諸島。	マルク(モルッカ)諸島
★★★/☆☆☆☆☆★★★		
38 ☐☐☐	香料の産地で、東南アジア以外の<u>クローブ</u>の生産地として有名なタンザニアの小島。	ザンジバル島
★★★/☆☆☆☆☆☆☆		
39 ☐☐☐	冷涼乾燥な気候に適する根菜類で、<u>砂糖</u>の原料となるほか、葉やしぼりかすが<u>飼料</u>として利用されるものは何か。	テンサイ
★★★/☆☆☆☆☆☆☆		
40 ☐☐☐	成育期は高温多湿、収穫期は高温乾燥を好み、インド原産の砂糖の原料となるイネ科の多年草で、石灰分に富む排水良好な土地に適する<u>工芸作物</u>は何か。	サトウキビ
★★★/☆☆★★★★★★		
41 ☐☐☐	熱帯アメリカを原産地とし、喫煙を目的として栽培されるナス科の<u>工芸作物</u>で、中国・ブラジル・インド・アメリカ合衆国などで生産が多く、ブルガリア・トルコ・キューバなどで重要な輸出品となっているものは何か。	タバコ
★★★/☆☆☆☆☆☆☆		
42 ☐☐☐	高温多湿で排水良好な土地に適する東アジア原産の<u>嗜好作物</u>で、その収穫に多量の労働力を必要とするものは何か。	茶
★★★/☆☆☆☆☆☆☆		
43 ☐☐☐	高温で成長期に雨が多く、成熟期に乾燥を好む作物で、熱帯の排水のよい高原に適するエチオピア原産の<u>嗜好作物</u>は何か。	コーヒー
★★★/☆★★★★★★★		
44 ☐☐☐	コーヒーの語源となった原産地の地方名を答えよ。	カッファ地方
★★★/☆☆☆☆☆☆☆		
45 ☐☐☐	高温多湿を好む熱帯アメリカの低地を原産地とし、アフリカが世界生産量の半分以上を占め<u>チョコレート</u>やココ	カカオ

ア の原料となる 嗜好作物 は何か。

★★★/☆☆☆☆☆☆☆
46
□□□ モクセイ科の樹木で、成熟前の実は塩づけにして食用に、成熟したものは採油用に利用する 地中海式農業 で栽培される作物は何か。 | オリーブ

★★★/☆☆☆☆☆☆★★
47
□□□ ブナ科の樹木で、その樹皮は厚く、多孔質で弾力性に富み、栓や断熱・防音用に利用する 地中海式農業 で栽培される作物は何か。 | コルクガシ

★★★/☆☆☆☆☆☆★☆
48
□□□ 果実の中でも生産量が世界有数で、生食用または乾燥して食用にするほか、ジャム・果汁・ ワイン などの原料として利用する 地中海式農業 で栽培される作物は何か。 | ブドウ

★★★/☆★★★★★★★
49
□□□ オレンジ ・レモン・グレープフルーツなどのミカン類を総称して何というか。 | 柑橘類

★★★/☆☆☆☆☆☆☆
50
□□□ 熱帯から亜熱帯にかけて広く栽培される熱帯果実で、主食としても用いられるインド原産のバショウ科の多年性草木は何か。 | バナナ

★★★/☆★★★★★★★
51
□□□ ブラジル原産の熱帯果実で、ハワイ諸島では日本人によるプランテーションとして発達し、コスタリカ・インドネシア・フィリピン・ブラジルなどで生産の多い作物は何か。 | パイナップル

★★★/☆★★★★★★★
52
□□□ エン麦・トウモロコシをはじめ、牧草やてんさいなど家畜の 餌 とすることを目的に栽培される作物を総称して何というか。 | 飼料作物

★★★/☆★★★★★★★
53
□□□ 耐乾性が強い栄養価に富む完全牧草で、とくに アルゼンチン の肉牛飼育に用いられていることから有名になったものは何か。 | アルファルファ

■主要畜産物

★★★/☆☆☆☆☆☆☆
1
□□□ 混合農業地域のほか、 企業的牧畜 地域でも飼育され、ショートホーン・ヘレフォードなどの種類がある家畜は何か。 | 肉牛

★★★/☆☆☆☆☆☆☆
2
□□□ 酪農地域で飼育され、ホルスタインやジャージーなどの種類がある家畜は何か。 | 乳牛

★★☆/☆☆★★★★★ **3** □□□	高温に耐性があり、インドや東南アジアでは水田耕作・荷役のほか牛乳や肉の生産にも利用される家畜は何か。	水牛
★★★/☆☆☆★★★★ **4** □□□	牛乳を凝固・発酵させてつくる乳製品で、酪農地域の中では消費地から比較的離れた地域での生産が可能であり、アメリカ合衆国・ドイツ・フランスの生産が多いものは何か。	チーズ
★★★/☆☆☆☆★★★ **5** □□□	脂肪を主成分とする乳製品で、酪農地域の中では消費地から比較的離れた地域の生産が可能であり、インド・パキスタン・アメリカ合衆国の生産が多いものは何か。	バター
★★★/☆☆☆☆☆★★ **6** □□□	混合農業地域で飼育される代表的な家畜で、粗食に耐え、繁殖力も旺盛な家畜は何か。	豚
★★★/☆☆☆☆☆☆★ **7** □□□	その毛からつくったフェルトがゲル（パオ）を覆う材料として用いられる遊牧の代表的な家畜は何か。	羊
★★☆/☆☆☆☆☆☆☆ **8** □□□	白くて細長い羊毛が得られるスペイン原産の採毛用の羊の種類を何というか。	メリノ種
★☆☆/☆☆☆★★★★ **9** □□□	ニュージーランドを原産とする採毛用と食肉用が兼用である羊の種類を何というか。	コリデール種
★★★/☆☆☆☆★★★ **10** □□□	環境に対する適応力が高く、乾燥地方・山岳地方ややせ地でも飼育される家畜で、毛や乳・肉が利用される家畜は何か。	やぎ
★★★/☆☆☆☆☆★★ **11** □□□	アラビア半島や北アフリカで飼育される乾燥に強い大型家畜で、荷役のほか毛や肉なども利用される家畜は何か。	ラクダ
★★☆/☆☆★★★★★ **12** □□□	チベット高原に分布する牛の1種で、毛・乳・肉・糞を利用するほか、荷役としても利用される家畜は何か。	ヤク
★★★/☆☆☆☆☆★★ **13** □□□	荷役としてよく耐え、肉・毛・皮なども利用されるアンデス地方で飼育されるラクダ科の家畜は何か。	リャマ
★★★/☆☆☆☆★★★ **14** □□□	毛が絹糸状で光沢があり織物になるためにおもに採毛用として飼われ、アンデス地方で飼育されるラクダ科の家畜は何か。	アルパカ
★★★/☆☆☆☆☆★★ **15** □□□	荷役として利用されるほか、肉・毛皮・角なども利用さ	トナカイ（カリブー）

れ、北極地方にすむ地衣類を主食とするシカ科の家畜は
何か。

■農業地域区分

★★★/☆★★★★★★
1
□□□ アメリカ合衆国の地理学者で、家畜や作物の組み合わせ、
生産物の商品化の程度などの指標から、世界を13の農牧
業地域に区分した人は誰か。

ホイットルセー

★★★/☆☆☆☆★★★
2
□□□ 次のホイットルセーの農牧業地域区分図にあてはまる(a)
〜(k)の名称を答えよ。

(a) 遊牧地域
(b) 焼畑農業地域
(c) プランテーショ
　ン農業地域
(d) 企業的牧畜地域
(e) 園芸農業地域
(f) 企業的穀物農業
　地域
(g) 集約的稲作農業
　地域
(h) 集約的畑作農業
　地域
(i) 地中海式農業地
　域
(j) 酪農地域
(k) 混合農業地域

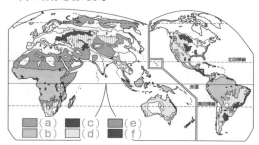

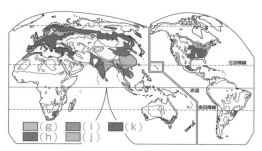

■原始的農牧業

★★★/☆☆☆☆★★★
1
□□□ 森林を切り払って乾燥させて焼き、草木灰だけを唯一の
肥料として行なう農業を何というか。

焼畑農業

★★★/☆☆☆☆★★★
2
□□□ 自然の草と水を求めて、家畜とともに一定範囲を<u>移動</u>し
ながら行なう、乾燥地域や寒冷地域の粗放的な牧畜を何
というか。

遊牧

■アジア式農牧業

★★★/☆☆☆☆★★
1 モンスーンアジアの地域で、家族労働を中心として小規模かつ自給的に米を生産する農業を何というか。 | 集約的稲作農業

★★★/☆☆☆☆★
2 アジアの冷涼・乾燥した地域で、主として家族労働により、自給用の麦類や雑穀、換金用の大豆や綿花などを小規模に生産する農業を何というか。 | 集約的畑作農業

★★★/★★★★★★★
3 中国における米作と畑作のおおよその境界あたりの年平均降水量はおよそ何 mm か。 | 800mm（1000mm）

★★★/☆☆☆☆★★
4 中国における米作と畑作のおおよその境界に位置している山脈の名前を答えよ。 | チンリン（秦嶺）山脈

★★★/☆☆☆☆★★
5 中国における米作と畑作のおおよその境界に位置している河川の名前を答えよ。 | ホワイ川（淮河）

★★★/★★★★★★★
6 インドのガンジス川中下流域・マラバル海岸・コロマンデル海岸などの水田農業の盛んな地方は、年平均降水量がほぼ何 mm 以上の地域か。 | 1000mm

■ヨーロッパ式農牧業

★★★/☆☆☆☆☆☆
1 主穀と飼料作物を栽培し、肉用家畜の飼育に力を入れて、畜産物の販売を目的とする農業を何というか。 | 混合農業

★★★/☆☆☆☆☆☆
2 飼料作物を栽培して乳牛を飼育し、それから生産した加工品をおもな販売物とする農業を何というか。 | 酪農

★★★/☆☆☆☆☆☆
3 夏高温乾燥、冬温暖湿潤な気候を利用し、耐乾性の強い樹木作物と自給用の穀物を栽培して、ヤギや羊などを飼育する農業を何というか。 | 地中海式農業

★★★/☆☆☆☆☆☆
4 大都市への出荷を目的として、野菜・果樹・花卉などを集約的に栽培する農業を何というか。 | 園芸農業

★★★/☆☆☆☆☆☆
5 普通栽培より早く作物を成熟させ、出荷時期を早めるようにした栽培方法を何というか。 | 促成栽培

★★★/☆☆☆☆☆☆
6 大都市近郊や温暖地に多くみられるもので、ビニールハウスや温室などの施設を用いて行なわれる園芸農業を何 | 施設園芸

というか。

★★★/☆☆☆☆☆

7
□□□ 大都市近郊にみられる園芸農業で、葉菜類などの栽培を多毛作で行なう農業を何というか。　　　　　　　　近郊農業

★★★/☆☆☆☆☆

8
□□□ 気候条件や交通機関の有利性を生かして、消費地の遠隔地で行なう大都市への出荷を目的とした園芸農業を何というか。　　　　　　　トラックファーミング（輸送園芸）

★★★/☆☆☆☆☆☆☆

9
□□□ 輸送園芸のうち、キュウリ・トマト・カボチャの栽培など、消費地より<u>温暖</u>な気候を利用して行なう農業を何というか。　　　　　　　　　　暖地農業

★★★/☆☆☆☆☆☆☆☆

10
□□□ 輸送園芸のうち、白菜やキャベツの栽培など、消費地より標高の高い地方の<u>冷涼</u>な気候を利用して行なう遠郊農業を何というか。　　　　　　　　　高冷地農業

■新大陸・熱帯の企業的農牧業

★★★/☆☆☆☆☆

1
□□□ 小麦などの穀物を大規模に栽培し、その商品化に重点をおく農業を何というか。　　　　　　　　　　　企業的穀物農業

★★★/☆☆☆☆☆☆☆

2
□□□ おもに作物の生産地や取引地にみられるもので、穀物をばらのまま貯蔵する大規模な倉庫を何というか。　　　穀物エレベーター

★★★/☆☆☆☆☆☆

3
□□□ <u>穀物エレベーター</u>のうち、カナダのウイニペグなどのような生産地に設置されたものを何というか。　　カントリーエレベーター

★★★/☆☆☆☆☆☆☆

4
□□□ <u>穀物エレベーター</u>のうち、アメリカ合衆国のニューオーリンズなどのような貿易港に設置されたものを何というか。　　　　　　　ポートエレベーター

★★★/☆☆☆☆☆

5
□□□ 畜産物の販売を目的として行なわれる大規模な<u>放牧</u>による牧畜を何というか。　　　　　　　　　　企業的牧畜

★★★/☆☆☆☆☆☆

6
□□□ グレートプレーンズなどで放牧された肉牛を<u>トウモロコシ地帯</u>に連れていき、そこでの濃厚飼料で肥育する飼育場を何というか。近年は西部の<u>放牧地帯</u>にも多く分布する。　　　　　　　フィードロット

★★★/☆☆☆☆☆☆

7
□□□ 熱帯や亜熱帯の地域に発達した商業的農園農業で、欧米人が資本や技術を提供し、現地民や移民の安価な<u>労働力</u>　　　プランテーション農業

を利用して、商品作物を<u>単一耕作</u>する農業を何というか。

■ 東アジアの農牧業

★★★/☆☆☆☆☆☆
1
□□□ 1978年まで中国農業の集団化の基本組織として存在した、農業ばかりではなく、行政・教育・軍事などを一体化した生産組織を何というか。 ／ 人民公社

★★★/☆☆☆☆☆☆
2
□□□ 農業生産力の向上をめざして1980年から導入された、戸別請負耕作制度を何というか。 ／ 生産責任制

★★★/☆☆☆☆☆☆
3
□□□ 年の収入が<u>1億元</u>をこえる富裕な農家を何というか。 ／ 億元戸

★★★/☆☆☆☆☆☆
4
□□□ <u>リヤオ川(遼河)</u>流域の寒暑の差が大きい大陸性気候で、春小麦・こうりゃん・とうもろこしのほか、南部では大豆の大産地となっているのは、中国のどの地方か。 ／ 東北地方(トンペイ地方)

★★★/☆☆☆☆☆☆
5
□□□ チンハイ(青海)省に源を発し、ホワンツー(黄土)高原や<u>ホワペイ(華北)</u>平原を流れ、下流では天井川となっている中国第2位の長流である河川は何か。 ／ 黄河(ホワンホー)

★★★/☆☆☆☆☆☆
6
□□□ <u>黄河(ホワンホー)</u>の中下流域で古くから文化が栄え、現在は冬小麦・こうりゃん・綿花の産地となっているのは中国のどの地方か。 ／ 華北

★★★/☆☆☆☆☆☆
7
□□□ チベット高原に源を発し、<u>スーチョワン(四川)</u>盆地を経て、河口部に広大な三角州(デルタ)を形成している中国第1の長流である河川は何か。 ／ 長江(チャンチヤン)

★★★/☆☆☆☆☆☆
8
□□□ <u>長江(チャンチヤン)</u>の中下流域で温暖湿潤気候からなり、広大な沖積平野や盆地では冬小麦などとの二毛作がみられる、米の伝統的な生産地は中国のどの地方か。 ／ 華中

★★★/☆☆☆☆☆☆
9
□□□ <u>長江(チャンチヤン)</u>上流に位置する構造盆地で、棚田が開かれ、裏作に冬小麦・なたねなどが栽培されている盆地名を何というか。 ／ スーチョワン(四川)盆地

★★★/☆☆☆☆☆☆
10
□□□ 丘陵が広く温暖冬季少雨気候で、米の<u>二期作</u>のほか、茶・さとうきびなどの生産も多いのは、中国のどの地方か。 ／ 華南

★★★/☆☆☆☆☆☆
11
□□□ 中国の代表的な米の<u>二期作</u>地域は、同国三大河川のうち ／ チュー川(珠江)

の何という河川の流域にみられるか。

★★★/☆☆★★★
12
☐☐☐ 中国西部に位置し、大部分が乾燥気候からなり、山麓部の**オアシス**で綿花・小麦・とうもろこしなどを栽培している広大な内陸盆地を何というか。 | タリム盆地

★★★/☆☆★★★★★★
13
☐☐☐ シンチヤンウイグル(新疆維吾爾)自治区の乾燥地域にみられる地下水路を何というか。 | カンアルチン(坎児井)

14
☐☐☐ 次の図の(a)〜(f)にあてはまる農作物名を下から選べ。
とうもろこし、小麦、米、大豆、茶、綿花 | (a) 米
(b) 小麦
(c) トウモロコシ
(d) 大豆
(e) 綿花
(f) 茶

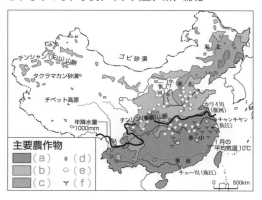

★★★/☆☆★★★★★★
15
☐☐☐ 韓国における農村の近代化をめざす1970年に始まった活動で、水利開発・農道・住宅の改善、共同栽培の推進などをはかる運動を何というか。 | セマウル(新しい村)運動

■東南アジアの農牧業

★★★/☆☆★★★★★
1
☐☐☐ ベトナム北部を流れ、米の生産地域となっているのは、何という河川の流域か。 | ホン川

★★★/☆☆☆☆☆☆
2
☐☐☐ ラオスやカンボジアの米作地域を貫流し、下流の**メコンデルタ**がかつてフランス資本によって商業的米作地として開発されたのは、何という河川の流域か。 | メコン川

★★★/☆☆☆☆☆★★★
3
☐☐☐ **メコンデルタ**の中心に位置する農産物の集散地で、米やゴムなどを輸出するベトナム最大の都市はどこか。 | ホーチミン

★★★／☆☆☆☆☆★ **4** □□□	**タイ**の中央部を流れ、下流では浮稲栽培もみられ、世界有数の米作地帯となっているのは何という河川の流域か。	チャオプラヤ川
★★★／☆☆☆☆☆★ **5** □□□	**ミャンマー**の中央部を流れ、下流のデルタがかつてイギリス資本によって商業的米作地として開発されたのは、何という河川の流域か。	エーヤワディー(イラワジ)川
★★★／☆☆☆☆☆★ **6** □□□	19世紀以降イギリス人によってプランテーションがつくられ、以前は世界の天然ゴムの主産国となっていたが、現在は油ヤシ農園が多くインドネシアとともに**パーム油**の生産が多い国はどこか。	マレーシア
★★★／☆☆☆☆☆★ **7** □□□	オランダの植民地時代に、天然ゴム・コーヒー・藍・サトウキビなどを生産し、第二次世界大戦後、オランダ人経営の大農園を接収して国有化したり、小農園に分割した国はどこか。	インドネシア
★★★／☆☆☆☆☆★ **8** □□□	オランダ支配時代から集約的な米作が発達し、最近では灌漑設備の改善により二期作田が増加して、代表的な米作地域の1つとなった**インドネシア**の島名を答えよ。	ジャワ島
★★★／☆☆☆☆☆★ **9** □□□	スペイン支配時代の**大土地所有制**が独立後も多国籍企業によって残り、サトウキビ・バナナ・タバコ・ココヤシ・マニラ麻(アバカ)などのプランテーション作物を生産する国はどこか。	フィリピン
★★★／☆☆☆☆☆★ **10** □□□	**フィリピン**の北部に位置し、ココヤシ・タバコ・サトウキビの栽培がさかんで、世界遺産に登録された**棚田**でも知られる同国最大の面積をもつ島はどこか。	ルソン島
★★★／☆☆☆☆☆★ **11** □□□	**フィリピン**の南部に位置し、米・パイナップル・バナナのほか、マニラ麻(アバカ)の生産で知られる同国第2位の面積をもつ島はどこか。	ミンダナオ島

■南アジアの農牧業

★★★／☆☆☆☆☆★ **1** □□□	インド最大の米作地域を流れ、中流域ではサトウキビ、下流域では**ジュート**の栽培も盛んなのは、何という河川の流域か。	ガンジス川
★★★／☆☆☆☆☆★ **2** □□□	サバナ気候やステップ気候からなる玄武岩の台地で、落	デカン高原

花生や小麦のほか、レグール土を利用して綿花の大産地となっているインドの高原名を答えよ。

★★★/☆☆☆☆☆★★★

3 ☐☐☐	イギリス植民地時代に大規模な灌漑工事が実施され、現在では小麦や綿花の大産地となっている、インダス川上流の地方名を答えよ。	パンジャーブ地方

★★★/☆☆☆☆☆★★★

4 ☐☐☐	世界的な多雨地域の1つで、イギリス資本によって開かれた大農園がみられるインドの茶栽培の盛んな丘陵地。	アッサム地方

★★★/☆☆☆☆☆★★★

5 ☐☐☐	ヒマラヤ山脈南麓にあるチベットへの交通の要地で、保養地としても有名なインドの茶栽培の盛んな都市。	ダージリン

★★★/☆☆☆☆☆★★★

6 ☐☐☐	低地ではココヤシ、中腹では天然ゴム、高地では茶など、海抜高度によって栽培される商品作物に違いがみられる島国はどこか。茶はセイロンティーとして知られている。	スリランカ

★★★/☆☆☆☆☆★

7 ☐☐☐	ガンジス川とブラマプトラ川がつくるデルタ地帯に位置し、米とジュートが主要農産物となっている国はどこか。	バングラデシュ

★★★/☆☆☆☆☆★

8 ☐☐☐	品種改良や栽培技術の改善により高収量の農産物を生産して、発展途上地域の食料問題の改善をはかろうとする技術革新のことを何というか。インドでは穀物の自給に貢献したが、高収量品種の栽培には多くの資本が必要なため貧富の差が拡大している。	緑の革命

★★★/☆☆☆☆☆★

9 ☐☐☐	1970年代以降のインドにおいて、経済成長に伴いミルクの需要が高まった。バターなど各種乳製品の原料でもあり消費が拡大している。この現象を何というか。	白い革命

★★★/☆☆☆☆☆

10 ☐☐☐	1990年代以降のインドにおいて、食肉の生産と消費の顕著な増加がみられた。この現象を何というか。なお、鶏肉は様々な宗教を信仰するインドの住民にとって宗教上の問題が少なく多くの人が食べることができる。	ピンクの革命

11 □□□ 次の図中の(a)～(f)の農作物名を下から選べ。

小麦・米・綿花・サトウキビ・ジュート・茶

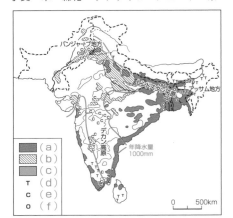

(a) 米

(b) 小麦

(c) サトウキビ

(d) 茶

(e) 綿花

(f) ジュート

■西アジアの農牧業

★★★/☆☆☆☆☆☆

1 □□□ 地下水・湧水・<u>外来河川</u>などの水で灌漑し、穀物・綿花・果実などを集約的に栽培する乾燥地域の農業を何というか。

オアシス農業

★★★/☆☆☆☆☆☆

2 □□□ 山麓地帯の地下水を水源とし、乾燥地方の集落立地や耕地の灌漑のために掘られた<u>地下水路</u>をイランでは何というか。

カナート

★★★/☆☆☆★★★

3 □□□ カナートのような<u>地下水路</u>をアフガニスタンでは何というか。

カレーズ

★★★/☆☆☆☆☆★

4 □□□ カナートのような<u>地下水路</u>を北アフリカでは何というか。

フォガラ

★★☆/☆☆★★★★

5 □□□ 2つの大きな外来河川に挟まれた、西アジアでは代表的な<u>オアシス農業</u>地域であるイラク中部付近の地方名を答えよ。

メソポタミア

★★★/☆☆☆★★★

6 □□□ <u>メソポタミア</u>を挟むように流れる2つの大きな外来河川の名前をそれぞれ答えよ。

ティグリス川・ユーフラテス川

■アフリカの農牧業

★★★/☆☆☆☆☆☆☆
1 □□□ <u>ナイル川</u>によるオアシス農業が発達し、綿花・米・小麦などの栽培が盛んな国はどこか。 | エジプト

★☆☆/★☆☆☆☆☆☆☆
2 □□□ 旧ソ連の援助によって1970年に完成し、灌漑農地の拡大や発電能力の増大に役立った<u>エジプト</u>にある多目的ダムを何というか。 | アスワンハイダム

★★★/☆☆☆☆☆☆☆☆
3 □□□ <u>ナイル川</u>の二大支流の合流地点付近で実施されているゲジラ灌漑計画により、大規模に綿花を栽培している国はどこか。 | スーダン

★★★/☆☆☆☆☆
4 □□□ 国土の大部分を砂漠が占め、アトラス山脈と地中海に挟まれたせまい海岸地域に地中海式農業が発達する、フランスからの独立国はどこか。 | アルジェリア

★★★/☆☆☆☆☆☆
5 □□□ <u>ギニア</u>に源を発し、上・中流地域にオアシス農業を発達させ、河口付近の<u>ニジェールデルタ</u>には油田地帯が広がる外来河川の名称を答えよ。 | ニジェール川

★★★/☆☆☆☆☆☆☆
6 □□□ ギニア湾沿岸で、現地民の小農園で生産されたカカオなどを政府機関が買いあげ、その資金をもとに総合開発を実施しているカカオの主産国はどこか。 | ガーナ

★★★/☆☆☆☆☆☆☆
7 □□□ ギニア湾沿岸で<u>ニジェール川</u>の河口をもち、南西部でのカカオのほか北部で落花生や綿花の栽培が盛んな国はどこか。 | ナイジェリア

★★★/☆☆☆☆☆☆☆
8 □□□ ギニア湾沿岸で、コーヒーやバナナの栽培も盛んなカカオの主産国はどこか。 | コートジボワール

★★★/☆☆☆☆☆☆☆
9 □□□ バラやカーネーションなどの<u>切り花</u>の生産や輸出が盛んなイギリスの植民地であった国はどこか。<u>切り花</u>はこの国では紅茶につぐ輸出額の高さである。 | ケニア

★☆☆/★☆☆☆☆☆☆☆
10 □□□ 白人の経営に始まるコーヒー・茶・サイザル麻の栽培が盛んな<u>ケニア</u>の高原地帯をとくに何と呼んでいるか。 | ホワイトハイランド

★★★/☆☆☆☆☆★
11 □□□ <u>マレー系</u>の住民が大半を占め、米や香辛料の生産も多い、旧フランス領の東アフリカの島国はどこか。 | マダガスカル

■ヨーロッパの農牧業

★★★/☆☆☆☆☆☆☆☆

1
□□□ ヨーロッパの地中海沿岸などで古くから行なわれていた農法で、耕地を2つに分け、耕作と休耕を毎年交互に繰り返す農業を何というか。

二圃式農業

★★★/☆☆☆☆☆☆☆☆

2
□□□ 中世のヨーロッパで行なわれていた農法で、地力保持のため、耕地を夏作地・冬作地・休閑地に3区分し、これを年毎に交代させて耕作する農業を何というか。

三圃式農業

★☆☆/☆☆☆☆☆☆☆☆

3
□□□ 近世のヨーロッパにみられたもので、中世以来の共有地や開放農地を垣や柵で囲い、まとまった私有の農地とした運動を何というか。

囲い込み運動（エンクロージャー）

★★★/☆☆☆☆☆☆☆☆

4
□□□ 世界で最も早く産業革命を行ない、海外からの農産物の自由な流通を図った結果、酪農や園芸農業への専門化が進み、現在でも1農家あたりの平均経営面積が西ヨーロッパ有数の国はどこか。

イギリス

★★★/☆☆☆☆☆☆☆☆

5
□□□ 氷河の侵食による低い丘陵と平野からなり、農業の生産性が低く、酪製品が主な輸出品となっているケルト人中心の国はどこか。

アイルランド

★★★/☆☆☆☆☆☆☆☆

6
□□□ 国土の大部分が低平でやせた土壌からなり、農業協同組合制度を活用して、酪農に養豚・養鶏を結びつけた独特の農業経営を発達させた国はどこか。

デンマーク

★★☆/☆☆☆☆☆☆☆☆

7
□□□ オランダの代表的な酪農地帯となっている地域で、低湿地や浅海を干拓・造成した土地を何というか。

ポルダー

★★★/☆☆☆☆☆☆☆☆

8
□□□ ライ麦・ジャガイモ・テンサイの栽培をもとに、豚や肉牛を飼育する混合農業を主体とし、南部ではビール用大麦とホップ、西部の河川流域ではブドウの栽培が盛んな国はどこか。

ドイツ

★★★/☆☆☆☆☆☆☆☆

9
□□□ アルプス山脈に位置するスイスなどにみられるもので、定住農民が夏は高地の牧場、冬は平地の牧場へとヤギや乳牛を移動させながら行なう牧畜形態を何というか。

移牧

★★☆/☆☆☆☆☆☆☆☆

10
□□□ アルプスでの移牧に利用される、村落あるいは組合所有の高地牧場を何というか。

アルプ（アルム）

★★★/☆☆☆☆☆☆☆☆

11
□□□ ヨーロッパ最大の農業国で、農産物の輸出も多く、家族

フランス

経営を主体とした自作農中心の国はどこか。

★☆☆/★★★★★★★★★ 12 □□□	小麦と牧牛を中心とする商業的混合農業がみられ、<u>シャンペン</u>の名で知られるワインの主産地でもあるパリ盆地東部の地方名を何というか。	シャンパーニュ地方
★☆☆/★★★★★★★★★ 13 □□□	温暖な気候を背景に小麦やトウモロコシを栽培し、下流はメドックと呼ばれるブドウの産地で、多角的な農業経営がみられる<u>ガロンヌ川</u>流域の盆地名を答えよ。	アキテーヌ盆地
★★★/☆☆☆☆☆☆☆☆ 14 □□□	北部は近代的経営による混合農業、南部は大土地所有制に基づく地中海式農業と、国内で対照的な農業形態がみられる国はどこか。	イタリア
★★☆/★★★★★★★★★ 15 □□□	輪作によって米の単位面積あたりの収量が高い<u>イタリア</u>の米作地域は、何という河川の流域にみられるか。	ポー川
★☆☆/★★★★★★★★★ 16 □□□	生産性の高い商業的混合農業地域としての特色をもつ<u>ポー川</u>流域の平野名を答えよ。	パダノ＝ヴェネタ平野
★☆☆/☆☆☆☆☆☆☆☆ 17 □□□	大土地所有制のもとに果樹栽培が盛んな地中海最大の島を何というか。	シチリア島
★★☆/★★★★★★★★★ 18 □□□	果樹栽培のほか、集約的米作のみられるスペインの地中海沿岸の地方を何というか。	バレンシア
★★★/☆☆☆☆☆☆☆☆ 19 □□□	北部の<u>バルト海</u>沿岸では酪農、中部の平原地帯では自給的混合農業が発達し、社会主義時代にも農業サークルに属する個人農を中心としてきた東ヨーロッパの国はどこか。	ポーランド
★★★/☆☆☆☆☆☆☆☆ 20 □□□	<u>プスタ</u>と呼ばれる温帯草原の地域では灌漑農業がみられ、小麦・トウモロコシ・ブドウの栽培や牛・豚の飼育が盛んな国はどこか。	ハンガリー
★★★/☆☆☆☆☆☆☆☆ 21 □□□	<u>ドナウ川</u>下流の平原が穀倉地帯で、小麦やトウモロコシの生産が多い国はどこか。	ルーマニア
★★★/☆☆☆☆☆☆☆☆ 22 □□□	<u>黒海</u>に面し、穀物・果実のほかバラやヒマワリの生産で知られる国はどこか。	ブルガリア

23
□□□ 次の図の(a)～(f)にあてはまる作物地域名を下から選べ。
トウモロコシ・小麦地域、春小麦地域、ライ麦地域、小
麦・果実地域、大麦・エン麦地域、牧草地域

(a) 小麦・果実地域

(b) トウモロコシ・
小麦地域

(c) 牧草地域

(d) 大麦・エン麦地
域

(e) ライ麦地域

(f) 春小麦地域

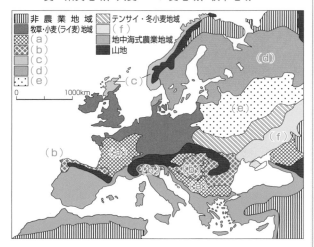

凡例:
非農業地域 / テンサイ・冬小麦地域
牧草・小麦(ライ麦)地域 / (f)
(a) / 地中海式農業地域
(b) / 山地
(c)
(d)
(e)

0 1000km

■ロシアとその周辺諸国の農牧業

★☆☆/☆☆☆☆☆☆☆

1
□□□ 社会主義諸国に多くみられたもので、生産手段が社会化、集団化された農業を何というか。

集団農業

★★★/☆☆☆☆☆☆☆

2
□□□ 旧ソ連において、土地を共有化し協同組合によって運営されてきた農場を何というか。

コルホーズ(集団農場)

★★★/☆☆☆☆☆☆☆

3
□□□ 旧ソ連において、集団化の初期は模範農場・実験農場としての役割をもち、その後、新開拓地の中心農場としての役割を果たした農場を何というか。

ソフホーズ(国営農場)

★★★/☆☆☆☆☆☆☆

4
□□□ 現在のロシアにみられる一般市民が郊外で経営する小規模農園が付属する別荘を何というか。

ダーチャ

★★★/☆☆☆☆☆☆☆

5
□□□ 冷涼な気候と氷食を受けた低平な土地にライ麦やじゃがいも・牧草を栽培し、酪農や養豚が盛んなバルト3国を構成する国をすべて答えよ。

エストニア・ラトビア・リトアニア

★★★/☆☆☆☆☆☆☆

6
□□□ 肥沃な黒土であるチェルノーゼムを背景に小麦の生産が

ウクライナ

盛んで、2022年にロシアからの軍事侵攻を受けたことで
世界の小麦供給にも影響を与えた国はどこか。

★★★/☆☆☆☆☆

7 中央アジアの<u>アラル海</u>付近まで流れる2つの河川の流域
□□□ は、灌漑により大規模な<u>綿花</u>栽培地域となっている。この2つの河川名を答えよ。

アムダリア川・シルダリア川

★★★/☆☆☆☆☆

8 <u>アムダリア川</u>や<u>シルダリア川</u>流域の灌漑農地を中心に綿
□□□ 花栽培を行ない、首都を中心として綿工業の発展が著しい中央アジアの国を答えよ。

ウズベキスタン

★★★/☆☆☆☆☆

9 アムダリア川の中流から分水した<u>カラクーム運河</u>の用水
□□□ により畑地灌漑が進んでいるカスピ海南東部の国はどこか。

トルクメニスタン

★★★/☆☆☆☆☆

10 小麦と飼料用穀物の生産増大をめざして大規模な土地の
□□□ 開拓を進め、現在は<u>小麦</u>の重要な生産地となっている中央アジアの国はどこか。

カザフスタン

11 次の図の(a)～(f)にあてはまる農牧業地域名を下から選べ。
□□□ 穀物農業、混合農業、灌漑農業(綿花・米)、遊牧(トナカイ)、酪農、放牧

(a) 混合農業
(b) 酪農
(c) 灌漑農業(綿花・米)
(d) 穀物農業
(e) 放牧
(f) 遊牧(トナカイ)

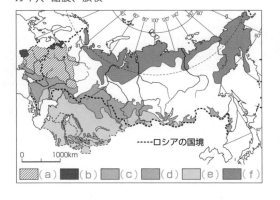

■アングロアメリカの農牧業

★★★/★★★★★★★★
1 □□□ 18世紀後半から19世紀にかけて、アメリカ合衆国やカナダで実施された、160エーカー（約65ha）を1農家に与えるという公有地分割制度を何というか。

タウンシップ制

★★★/★★★★★★★★
2 □□□ 西部開拓を進めるために、入植者が5年以内に規定面積を開拓した場合、これを自営農地として認めることを定めた1862年に成立したアメリカ合衆国の土地法を何というか。

ホームステッド法

★★☆/★☆★★★★★★
3 □□□ アメリカ合衆国において、東の農業地域と西の牧畜地域とを分ける年降水量500mmの境界線は経度何度の線とほぼ一致するか。

西経100度線

★★★/★☆★★★★★★
4 □□□ オハイオ州西部からアイオワ州にかけて広がる商業的混合農業の農業地帯を何というか。

トウモロコシ地帯（コーンベルト）

★★★/★☆★★★★★★
5 □□□ トウモロコシ地帯の西部はおもに何と呼ばれる植生の地域に分布しているか。

プレーリー

★★★/★☆★★★★★★
6 □□□ トウモロコシ地帯を主産地とし、アメリカ合衆国が世界有数の生産を占める油脂作物は何か。

大豆

★★★/★★★★★★★★
7 □□□ 酪農地帯でメガロポリスの周辺に広がり、主として生乳やクリームなどの出荷が多い地方を何というか。

ニューイングランド地方

★★★/★☆★★★★★★
8 □□□ 酪農地帯でウィスコンシン州を中心とし、主としてバターやチーズなどの出荷が多い地方を何というか。

五大湖沿岸地方

★★☆/★★★★★★★★
9 □□□ アメリカ合衆国における代表的な地中海式農業地域で、米作も盛んな盆地はどこか。

セントラルヴァレー（カリフォルニア盆地）

★★★/★★★★★★★★
10 □□□ アメリカ合衆国における代表的な近郊農業地帯はどの地方に発達しているか。

ニューイングランド地方

★★★/★☆★★★★★★
11 □□□ アメリカ合衆国の園芸地帯の1つで、亜熱帯の温暖な気候を利用して、オレンジ・グレープフルーツなどの果樹や野菜を栽培する大西洋沿岸の半島はどこか。

フロリダ半島

★★☆/★★★★★★★★
12 □□□ アメリカ合衆国のノースダコタ州・サウスダコタ州を中心とする企業的穀物農業地帯を何というか。

春小麦地帯

★★★/☆☆☆☆☆☆☆☆

13
☐☐☐ アメリカ合衆国の<u>カンザス</u>州・<u>ネブラスカ</u>州を中心とする企業的穀物農業地帯を何というか。

冬小麦地帯

★★★/☆☆☆☆☆☆☆☆

14
☐☐☐ ロッキー山脈の東側に広がる台地で、トウモロコシ地帯などに送られる肉牛などを飼育しているのは何と呼ばれる植生の地域か。

グレートプレーンズ

★★★/☆☆☆☆☆☆☆☆

15
☐☐☐ 無霜期間200日以上、年平均降水量500mm以上、秋の降水量250mm以下の線で囲まれたアメリカ合衆国南部の農業地帯を何というか。

綿花地帯(コットンベルト)

★★★/☆☆☆☆☆☆☆☆

16
☐☐☐ <u>綿花地帯</u>の農業発展に大きな役割を果たした労働力は何か。

黒人(アフリカ系)

★★★/☆☆☆☆☆☆☆☆

17
☐☐☐ 次の図の(a)〜(g)の農業地域名および作物名を下から選べ。
春小麦、冬小麦、トウモロコシ・大豆、混合農業、綿花、酪農、園芸農業

(a) 酪農
(b) 混合農業
(c) 春小麦
(d) 冬小麦
(e) 綿花
(f) 園芸農業
(g) トウモロコシ・大豆

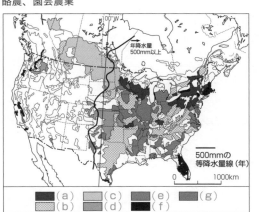

★★★/☆☆☆☆☆☆☆☆

18
☐☐☐ カナダの企業的穀物農業地域は、<u>平原3州</u>と呼ばれる地域に発達している。その3州の州名を答えよ。

アルバータ州・サスカチュワン州・マニトバ州

★★★/☆☆☆☆☆☆☆☆

19
☐☐☐ マニトバ州の州都で、小麦や家畜の大集散地となっている都市はどこか。

ウィニペグ

■ラテンアメリカの農牧業

★★★/☆☆☆☆☆☆—		
1 □□□	第二次世界大戦前に土地改革を行ない、北部の乾燥地域で灌漑を用いて綿花を栽培するほか、トウモロコシ・サトウキビ・コーヒーなどの生産が多い中央アメリカの国はどこか。	メキシコ
★★★/☆☆☆☆☆☆—		
2 □□□	メキシコの革命前における<u>大土地所有制</u>に基づく大農園を何というか。	アシエンダ
★★★/☆☆☆☆☆☆—		
3 □□□	大部分が低い台地と平野からなる島国で、サバナ気候を利用してサトウキビの単一耕作が大規模に行なわれ、<u>砂糖</u>の生産・輸出国となったのはどこか。	キューバ
★★★/☆☆☆☆☆☆—		
4 □□□	19世紀終わりごろキューバの精糖産業に関連した<u>プランテーション</u>に資本を大量投入した国はどこか。	アメリカ合衆国
★★★/☆☆☆☆☆☆—		
5 □□□	古くから北東部の海岸地方に黒人労働者によるサトウキビのプランテーションが発達し、現在では<u>バイオエタノール</u>の原料にも使用され世界有数のサトウキビ生産がみられる国はどこか。	ブラジル
★★★/☆☆☆☆☆☆—		
6 □□□	19世紀以降、ブラジルの<u>コーヒー</u>栽培の中心となった州はどこか。	サンパウロ州
★★★/☆☆☆☆☆☆—		
7 □□□	<u>サンパウロ州</u>の北東部に位置し、<u>サンパウロ州</u>と並んでコーヒー生産が盛んな州はどこか。	ミナスジェライス州
★★★/☆☆☆☆☆☆—		
8 □□□	ブラジルで最大のコーヒー輸出港はどこか。	サントス
★★★/☆☆☆☆☆☆—		
9 □□□	ブラジルにおける<u>大土地所有制</u>に基づく大農園を何というか。	ファゼンダ
★★★/☆☆☆☆☆☆—		
10 □□□	<u>ファゼンダ</u>で働く黒人やイタリア人などの契約労働者のことを何というか。	コロノ
★★★/☆☆☆☆☆☆—		
11 □□□	ブラジルの農園では近年、モノカルチャーの弊害を避けるため綿花や大豆などの栽培が盛んであるが、このような経営の変化を一般に何というか。	農業の多角化
★★★/☆☆☆☆☆☆—		
12 □□□	太平洋とカリブ海に面し、高原での<u>コーヒー</u>栽培が盛んで、世界有数の生産量を示す南アメリカの国はどこか。	コロンビア

★★★／☆☆☆☆☆☆☆☆		
13 □□□	赤道直下に位置する南アメリカの国で、アメリカ合衆国資本による<u>バナナ</u>のプランテーションが発達し、現在もその作物が石油とともに主要輸出品になっているのはどこか。	エクアドル
★★★／☆☆☆☆☆☆☆☆		
14 □□□	南アメリカで<u>地中海式農業</u>がみられるワインの生産が有名な国はどこか。	チリ
★★☆／☆☆☆☆☆☆☆☆		
15 □□□	アルゼンチンにおける<u>大土地所有制</u>に基づく大規模な農牧場を何というか。	エスタンシア
★★★／☆☆☆☆☆☆☆☆		
16 □□□	アルゼンチンの大農園で牛や羊を飼育する牧夫を何と呼ぶか。	ガウチョ
★★★／☆☆☆☆☆☆☆☆		
17 □□□	ブエノスアイレスを中心に広がる<u>温帯草原</u>で、肥沃な土壌に恵まれ、小麦・トウモロコシの栽培や牛・羊の飼育が盛んな地域を何というか。	パンパ
★★★／☆☆☆☆☆☆☆☆		
18 □□□	アルゼンチンの商業的混合農業は、ラプラタ川流域の年平均降水量550mm 以上の地方にみられる。それより西側の乾燥した牧羊地域に対してこの地域は何と呼ばれるか。	湿潤パンパ
★★★／☆☆☆☆☆☆☆☆		
19 □□□	<u>湿潤パンパ</u>の西部に広がる年平均降水量550mm 以下の主として牧羊が盛んな地域を何というか。	乾燥パンパ
★★★／☆☆☆☆☆☆☆☆		
20 □□□	アルゼンチンの<u>肉牛</u>生産地域の発展と輸出の拡大に大きな影響を与えた、保存・輸送上の改善に関係深い交通手段名を答えよ。	冷凍船
★★★／☆☆☆☆☆☆☆☆		
21 □□□	ベネズエラの<u>オリノコ川</u>流域で牧牛が盛んな地域は、植生では何と呼ばれる地域にあるか。	リャノ
★★★／☆☆☆☆☆☆☆☆		
22 □□□	<u>ブラジル高原</u>一帯を含み、大豆の栽培や南部では牧牛が盛んな地域は植生では何と呼ばれる地域にあるか。	カンポ、セラード
★★☆／☆☆☆☆☆☆☆☆		
23 □□□	<u>パラグアイ川</u>流域の低平な草原地帯で牧牛・牧羊が行なわれている地域は、植生では何と呼ばれる地域にあるか。	グランチャコ
★★☆／☆☆☆☆☆☆☆☆		
24 □□□	南アメリカ南端、アンデス山脈東麓の乾燥台地で牧羊が盛んな地域は、何と呼ばれる地域にあるか。	パタゴニア

²⁵
□□□ 次の図中の(a)〜(c)にあてはまるものを下から選べ。
小麦、トウモロコシ、アルファルファ

(a) 小麦
(b) トウモロコシ
(c) アルファルファ

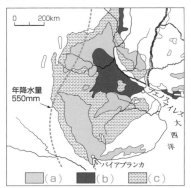

■オセアニアの農牧業

★☆☆/☆☆☆☆☆☆☆

¹
□□□ 南東部のスノーウィマウンテン山地から流れでる水をダムで堰き止め、オーストラリアアルプス山脈をトンネルで通し、マリー川へ流して、小麦栽培の安定、家畜飼育、電力供給の増加などをめざす地域開発計画を何というか。

スノーウィマウンテンズ計画

★★☆/☆☆☆☆☆☆☆

²
□□□ スノーウィマウンテンズ計画による灌漑耕地の拡大で、オーストラリアの代表的な小麦産地となった盆地を何というか。

マリー(マレー)ダーリング盆地

★★☆/☆☆☆☆☆☆☆

³
□□□ かつてはメラネシア現地民を用いたが、現在は白人労働者により栽培されるサトウキビの生産が多いのは、何州の海岸地域か。

クインズランド州

4
□□□ 次の図中の(a)の年等降水量線の数値、(b)〜(f)の農牧業地
域の名称をそれぞれ下から選べ。
[年降水量 mm] 250　500　100
[農牧業地域] 小麦、サトウキビ、牧羊、肉牛、酪農

(a) 500mm
(b) サトウキビ
(c) 小麦
(d) 牧羊
(e) 酪農
(f) 肉牛

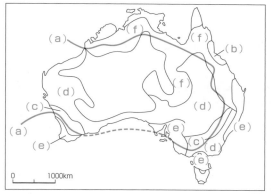

★★★／☆☆☆☆★★★

5
□□□ 大部分が高原状の台地からなり、西岸海洋性気候のもと
で年中、野飼いされる乳牛による酪農が盛んなニュージ
ーランドの島を何というか。

ニュージーランド北
島

★★★／☆☆☆☆★★★

6
□□□ 中央部をサザンアルプス山脈が走り、降水量の比較的少
ない東側斜面に牧羊地域が発達するニュージーランドの
島を何というか。

ニュージーランド南
島

■日本の農牧業

★★★／★★★★★★★

1
□□□ 第二次世界大戦後に行なわれた土地所有関係の変革で、
政府が地主の土地を買収し、<u>小作農</u>に売り渡すことによ
って農村の民主化を図った改革を何というか。

農地改革

★★★／★★★★★★★

2
□□□ 自立経営農家の育成、経営規模の拡大など、1961年に日
本の農業政策の基本方針を定めた法律を何というか。

農業基本法

★★★／★★★★★★★

3
□□□ 食糧管理制度の赤字と古米在庫量の減少を目的に、水田
の削減や畑作などへの<u>転作</u>をめざしたもので、2018年度
より廃止された政策を何というか。

減反（生産調整）政策

★★★／☆☆☆★★★★

4
□□□ 第一次産業がその生産物を加工して製品にしたり、販売

6次産業化

したりして生産物に付加価値をつけて収入を増やす農業
経営の多角化を何というか。

★★☆/☆☆☆☆☆☆☆
5
□□□
年間60日以上働く65歳未満の農業従事者がいて、農業から
の収入が全収入の半分以上の農家は農業分類では何と
呼ばれるか。

| | 主業農家 |

★☆☆/☆☆☆☆☆☆☆
6
□□□
年間60日以上働く65歳未満の農業従事者がいて、農業以
外からの収入が全収入の半分以上の農家は農業分類では
何と呼ばれるか。

| | 準主業農家 |

★☆☆/☆☆☆☆☆☆☆
7
□□□
年間60日以上働く65歳未満の農業従事者がおらず、農業
以外からの収入が全収入の半分以上の農家は農業分類で
は何と呼ばれるか。

| | 副業的農家 |

★★★/☆☆☆☆☆☆☆
8
□□□
泥炭地を開発して水田化し、酪農も盛んな北海道最大の
沖積平野はどこか。

| | 石狩平野 |

★★★/☆☆☆☆☆☆☆
9
□□□
北海道有数の平野で、河谷の沖積地における水田のほか、
台地の大部分が麦類・豆類・ジャガイモ・テンサイなど
の畑作地帯として、方形の規則正しい土地割と防風林に
特色をもつのはどこか。

| | 十勝平野 |

★★★/☆☆☆☆☆☆☆
10
□□□
米栽培のほか、わが国有数のリンゴの生産地でもある岩
木川流域の平野はどこか。

| | 津軽平野 |

★★★/☆☆☆☆☆☆☆
11
□□□
わが国最大の潟湖であったが、国営事業により大型機械
による稲作地域として干拓されたのはどこか。

| | 八郎潟 |

★★★/☆☆☆☆☆☆☆
12
□□□
わが国有数の穀倉地帯で、米の単作地帯である最上川下
流一帯の平野を何というか。

| | 庄内平野 |

★★★/☆☆☆☆☆☆☆
13
□□□
東北地方東北部の隆起準平原で、畑作が卓越し、近年で
は酪農のほか高冷地野菜の栽培も増加しているのはどこ
か。

| | 北上高地 |

★★★/☆☆☆☆☆☆☆
14
□□□
大消費地の東京に近接し、温暖湿潤で、内陸部ではいも
類・落花生などの畑作、海岸部では野菜や花卉の輸送園
芸が盛んな半島はどこか。

| | 房総半島 |

★★★/☆☆☆☆☆☆☆
15
□□□
わが国有数のブドウやモモの生産地として知られる、山
梨県の盆地を何というか。

| | 甲府盆地 |

★★★/★★★★★★★
16
□□□ 降水量が少なく砂質土壌のため、灌漑用の<u>ため池</u>を利用
して米などの栽培が行なわれていることで知られる四国
北東部の平野を何というか。 | 讃岐平野

★★★/★★★★★★★
17
□□□ 土佐湾に面した沖積平野で、古くは米の二期作がみられ、
キュウリ・ピーマンなどの<u>輸送園芸</u>が発達しているのは
どこか。 | 高知平野

★★★/★★★★★★★
18
□□□ 保水力に欠け、<u>サツマイモ</u>やタバコなどの畑作物が栽培
される、南九州の<u>火山灰</u>台地を何というか。 | シラス台地

❷ 林業   用語集 p.104〜105

■世界の林業

★★★/★★★★★★★
1
□□□ 用材、薪炭材、山菜、木の実、樹脂など森林から得られ
る資源を何というか。 | 林産資源

★★★/★★★★★★★
2
□□□ アマゾン盆地の熱帯雨林のように、人間の影響が全く及
んでいない森林を何というか。 | 天然林（自然林）

★★★/★★★★★★★
3
□□□ 植林などにより、人間が育成した森林を何というか。 | 人工林

★★★/☆★★★★★★
4
□□□ 風の強い地方で、耕地や家屋を保護するためにつくられ
た人工林を何というか。 | 防風林

★★★/☆★★★★★★
5
□□□ 建築資材や家具製造など、産業用に用いられる木材を何
というか。 | b. 用材

★★★/☆★★★★★★
6
□□□ 薪や木炭の原料となる木材を何というか。 | c. 薪炭材

★★★/☆☆☆☆☆☆☆
7
□□□ 森林面積、木材蓄積量とも世界最大なのは、どの気候帯
の森林か。 | 熱帯の森林（熱帯林）

★★★/☆☆☆☆★★★
8
□□□ 熱帯林に繁茂する樹種を、総称して何というか。 | 常緑広葉樹

★★★/☆★★★★★★
9
□□□ 熱帯林の地域には、材質からみてどのような樹木が多い
か。 | 硬木

★★★/☆★★★★★★
10
□□□ 材質は堅硬でひずみが少なく、船材や家具などに利用さ
れる。タイやミャンマーなどが主産地の熱帯の有用材は
何か。 | チーク

★★／☆☆☆☆☆☆☆ 11 □□□	フィリピンなどを主産地とするフタバガキ科の高木。加工しやすく、建築・家具材のほか、合板用に用いられる熱帯の有用材は何か。	ラワン
★★／☆☆☆☆☆☆☆ 12 □□□	オーストラリア原産のフトモモ科に属する高木で、葉から油をとり、薬品や香料として利用する熱帯の有用材は何か。	ユーカリ
★★★／☆☆☆☆☆☆☆ 13 □□□	西インド諸島や中央アメリカなどに産するセンダン科の常緑高木。材質が硬く、磨けば美しい木目と光沢がみられ、高級家具材として用いられる熱帯の有用材は何か。	マホガニー
★★★／☆☆☆☆☆☆☆ 14 □□□	熱帯林の保護と合理的な利用を図るため、熱帯木材の生産国・消費国の双方が加盟する1986年に設立された準国連機関を何というか。	国際熱帯木材機関（ITTO）
★★★／☆☆☆☆☆☆☆ 15 □□□	常緑広葉樹、落葉広葉樹と針葉樹との混合林からなり、人工林の割合が比較的高いのはどの気候帯の森林か。	温帯の森林（温帯林）
★★★／☆☆☆☆☆☆☆ 16 □□□	ドイツのライン川河谷の東側にある人工造林地で、「黒森」を意味する地域はどこか。	シュヴァルツヴァルト
★★★／☆☆☆☆☆☆☆ 17 □□□	森林面積では世界の約3分の1ほどにすぎないが、木材の輸出地域として最も重要なのは、どの気候帯の森林か。	亜寒帯の森林（亜寒帯林）
★★★／☆☆☆☆☆☆☆ 18 □□□	亜寒帯林（冷帯林）の地域の主な樹種は何か。	針葉樹
★★★／☆☆☆☆☆☆☆ 19 □□□	亜寒帯林の地域には、材質からみてどのような樹木が多いか。	軟木
★★★／☆☆☆☆☆☆☆ 20 □□□	亜寒帯林の地域の森林は、林相の特徴から何と呼ばれるか。	純林
★★★／☆☆☆☆☆☆☆ 21 □□□	ロシア北西部、白海にそそぐ北ドヴィナ川の河口付近に位置し、木材加工、木材輸出港として知られる林業都市はどこか。	アルハンゲリスク

■日本の林業

★★★／☆☆☆☆☆☆☆ 1 □□□	わが国の森林面積は、国土のほぼ何％を占めているか。	66％（2021年）
★★★／☆☆☆☆☆☆☆ 2 □□□	日本の森林の所有形態別で、森林面積の約57％（2017年）	私有林

★★★/☆☆☆☆☆☆☆☆		
3 ☐☐☐	日本の森林の所有形態別で、北海道から東北、中央高地にかけて広く分布し、森林面積の約31％（2017年）を占めるのは何か。	国有林
★★★/☆☆☆☆☆☆☆☆		
4 ☐☐☐	青森県の津軽半島に生育する針葉樹で、建築・家具・漆器などに用いられる樹種は何か。	ヒバ
★★★/☆☆☆☆☆☆☆☆		
5 ☐☐☐	秋田県の米代川流域に生育する針葉樹で、わが国では伐採量が最も多い樹種は何か。	スギ（杉）
★★★/☆☆☆☆☆☆☆☆		
6 ☐☐☐	長野県の木曽地方に生育する優れた材質の針葉樹で、幕藩時代から手厚く保護されてきた樹種は何か。	ヒノキ（檜）
★★★/☆☆☆☆☆☆☆☆		
7 ☐☐☐	日本の中部以南に生息する常緑広葉樹で、建築材やシイタケ栽培の原木などに利用される樹種は何か。	シイ（椎）
★★★/☆☆☆☆☆☆☆☆		
8 ☐☐☐	すぎの巨木で知られる鹿児島県の南方洋上の島はどこか。世界遺産の登録地としても知られている。	屋久島
★★★/☆☆☆☆☆☆☆☆		
9 ☐☐☐	秋田県北部、米代川河口部の木材集散地。春慶塗で知られる漆器の生産地でもある林業都市はどこか。	能代
★★★/☆☆☆☆☆☆☆☆		
10 ☐☐☐	三重県南部、大台ヶ原山麓の木材集散地。日本有数の多雨地で、ひのきの美林で知られる林業都市はどこか。	尾鷲
★★★/☆☆☆☆☆☆☆☆		
11 ☐☐☐	和歌山県東部、熊野川河口部の木材集散地である林業都市はどこか。	新宮

❸ 水産業

用語集 p.105～108

■水産業の発達とその条件

★★★/☆☆☆☆☆☆☆☆		
1 ☐☐☐	わが国の漁業生産量の20％前後を占め、定置網や小規模漁家による小型漁船を中心として、陸地に近い海域で行なう漁業形態（養殖業を含まず）を何というか。	沿岸漁業
★★★/☆☆☆☆☆☆☆☆		
2 ☐☐☐	わが国の漁業生産量の約50％弱を占め、個人経営による小・中型漁船を中心として、一般に経済水域内を2日ないし1週間程度の航海で行なう漁業形態（養殖業を含まず）を何というか。	沖合漁業

★★★/☆☆☆☆☆☆☆ **3** ☐☐☐	わが国の漁業生産量の約5％前後を占め、企業経営による大型漁船を中心として、長期間にわたる航海と操業を伴う漁業形態（養殖業を含まず）を何というか。	遠洋漁業
★★★/☆☆☆☆☆☆☆ **4** ☐☐☐	漁場が成立する地形条件の一つで、海岸から水深200mほどの海底の部分で、好漁場であるとともに鉱産資源の存在で注目を浴びている海底部分を何というか。	大陸棚
★★★/☆★★★★★★★ **5** ☐☐☐	漁場が成立する地形条件の一つで、<u>大陸棚</u>の海底の部分が周囲より浅く、下層の栄養分が上昇してプランクトンが発生しやすいところを何というか。	バンク（浅堆）
★★★/★★★★★★★★ **6** ☐☐☐	<u>暖流</u>と<u>寒流</u>がぶつかるところで、対流により下層の栄養分が上昇し、プランクトンの発生しやすい海域を何というか。	潮境（潮目）
★★★/★★★★★★★★ **7** ☐☐☐	水深200〜300mほどのところを流れる寒流が暖流の補流として海面近くに湧き上がる海水の流れを何というか。<u>プランクトン</u>の発生が多い海域となる。	湧昇流
★★★/★★★★★★★★ **8** ☐☐☐	タラ・ニシン・サケ・ホッケ・サンマなどのように、比較的低温な海域に生息する魚類の総称を何というか。	寒海魚
★★★/★★★★★★★★ **9** ☐☐☐	サバ・ブリ・マグロ・カツオ・イワシなどのように、比較的高温な海域に生息する魚類の総称を何というか。	暖海魚
★★★/☆☆☆☆☆☆☆☆ **10** ☐☐☐	<u>国連海洋法条約</u>において、領海の外側にあって基線から<u>200海里</u>の距離内に設定されている海域を何というか。	排他的経済水域
★★★/☆☆☆☆☆☆☆☆ **11** ☐☐☐	海洋に面する国が一般に実施するようになってきた<u>排他的経済水域</u>の範囲はどこまでか。	200海里
★★★/☆★★★★★★★ **12** ☐☐☐	暖海系の大型回遊魚で、熱帯・温帯の海域に広く棲息する。美味のため乱獲が進み、資源量が減少したので、漁獲量が厳しく制限されている魚類は何か。	マグロ
★★★/★★★★★★★★ **13** ☐☐☐	日本が2018年に脱退した捕鯨に関する取り決めを行なっている国際機関はどこか。	国際捕鯨委員会（IWC）

■世界の主要漁場

★★★/★★★★★★★★ **1** ☐☐☐	<u>北海</u>を中心として、北はアイスランド沖合から、南はビ	大西洋北東部漁場

スケー湾に至るまでを海域とし、トロール漁業が盛んで、タラ・ニシンを主要漁獲物とする漁場を何というか。	（北東大西洋漁場）
★★★／★★★★★★★★ **2** □□□　**大西洋北東部漁場**について、北方の海域から南下し、北大西洋海流と会合して潮境（潮目）をつくる寒流を何というか。	東グリーンランド海流
★★★／★★★★★★★★ **3** □□□　**北海**の中央部にあり、漁場の中心となっている最浅部13m、最深部25mの大バンクを何というか。	ドッガーバンク
★★★／☆★★★★★★★ **4** □□□　ノルウェー南西部にあるハンザ同盟以来の港湾都市で、水産物の集散と加工が盛んな都市はどこか。	ベルゲン
★★★／★★★★★★★★ **5** □□□　**ニューファンドランド島**からニューイングランド沖合に至るまでを海域とし、タラ・ニシンを主要漁獲物とする漁場を何というか。	大西洋北西部漁場（北西大西洋漁場）
★★★／★★★★★★★★ **6** □□□　ニューファンドランド島の南東沖合にあり、たら漁業の中心をなす水深40〜170mのバンクを何というか。	グランドバンク
★★★／★★★★★★★★ **7** □□□　ニューファンドランド島の南東部に位置し、大漁場の**グランドバンク**を前にひかえた漁業が盛んな都市はどこか。	セントジョンズ
★★★／★★★★★★★★ **8** □□□　日本列島を中心として、**オホーツク海**から**東シナ海**にかけて広がる、世界最大の漁獲量をもつ漁場を何というか。	太平洋北西部漁場（北西太平洋漁場）
★★★／☆★★★★★★★ **9** □□□　北海道の北部にある**宗谷海峡**にのぞむ北洋漁業の根拠地で、カニ缶などの水産加工業も盛んな漁港のある都市はどこか。	稚内
★★★／☆★★★★★★★ **10** □□□　北海道の**根室半島**にある、カニの缶詰業など水産加工が盛んな漁港のある都市はどこか。	根室
★★★／☆★★★★★★★ **11** □□□　北洋漁業の根拠地で、水揚量がわが国有数の北海道東部の太平洋にのぞむ漁港のある都市はどこか。	釧路
★★★／☆★★★★★★★ **12** □□□　三陸沖の漁場をひかえ、水揚量が多く、缶詰工業などの水産加工業も発達している青森県南東部の漁港のある都市はどこか。	八戸
★★★／☆★★★★★★★ **13** □□□　古くから内陸水運との積み替え港として栄え、水揚量が多く、大きな魚市場や水産加工・造船業などの関連産業も発達する千葉県の漁港のある都市はどこか。**利根川**の	銚子

河口にある。

★★★/☆★★★★★★ 14 □□□	マグロ・カツオなどの水揚量が多い遠洋漁業の根拠地で、冷凍施設も完備する駿河湾に面する漁港のある都市はどこか。	焼津
★★★/☆★★★★★★ 15 □□□	日本海沿岸の代表的な沿岸・沖合漁業の根拠地で、鳥取県弓ヶ浜の先端に位置する漁港のある都市はどこか。	境港
★★★/★★★★★★★ 16 □□□	寒流の湧昇海域を中心に、南半球最大の漁獲量をもつ漁場を何というか。	太平洋南東部漁場 (南東太平洋漁場)
★★★/★★★★★★★ 17 □□□	日本ではカタクチイワシと呼ばれるこの海域の中心的漁獲物は何か。	アンチョビ
★★★/★★★★★★★ 18 □□□	アンチョビを原料として、主として家畜の飼料として用いられる加工品は何か。	フィッシュミール (魚粉)

■水産養殖と水産加工

★★★/☆★★★★★★ 1 □□□	人工的に孵化した稚魚を放流し、成長したあと再捕獲する漁業を何というか。	栽培漁業
★★★/☆☆☆★★★★ 2 □□□	河川や湖沼、また海面の特別に区画された水域で、魚介類を人工的に管理・育成する水産業を何というか。	養殖業
★★★/★★★★★★★ 3 □□□	カキの養殖で知られている地域で、アメリカ合衆国東部のヴァージニア州とメリーランド州とを分ける長大な溺れ谷となっているのはどこか。近年、生産は停滞している。	チェサピーク湾
★★★/★★★★★★★ 4 □□□	カキの養殖で知られている地域で、日本の東北地方の中心的養殖地はどこか。	松島湾
★★★/★★★★★★★ 5 □□□	カキの養殖で知られている地域で、日本の瀬戸内海の中心的養殖地はどこか。	広島湾
★★★/☆☆☆★★★★ 6 □□□	日本の代表的な真珠の養殖地で、日本ではじめて養殖が成功した三重県志摩半島のおぼれ谷はどこか。	英虞湾
★★★/★★★★★★★ 7 □□□	日本の代表的な真珠養殖地で、長崎県中部、九州本土と西彼杵半島に囲まれた日本有数の養殖地はどこか。	大村湾

★★★／★★★★★★★★		
8 ☐☐☐	静岡県の代表的な<u>ウナギ</u>養殖地はどこか。	浜名湖
★★★／★★★★★★★★		
9 ☐☐☐	水産物を缶詰・干物・燻製・練製品などに加工する工業部門を何というか。	水産加工業
★★★／★★★★★★★★		
10 ☐☐☐	鹿児島県薩摩半島の南西部にあり、<u>かつお節</u>の生産で有名な都市はどこか。	枕崎

❹ 食料問題

用語集 p.108〜109

★★☆／★★★★★★★★		
1 ☐☐☐	各国民の栄養の向上、食料の増産および分配の改善などを主目的として1945年に設立された、<u>国連</u>の専門機関を何というか。	FAO（国連食糧農業機関）
★☆☆／☆☆☆☆★★★★		
2 ☐☐☐	発展途上国の自然災害や地域紛争などによって生じた緊急事態に対し、<u>食料援助</u>を通してその改善を図ることを目的として設立された国連の機関を何というか。	WFP（国連世界食糧計画）
★★★／☆☆☆★★★★★		
3 ☐☐☐	国民が消費する食料のうち、国内生産でまかなうことができる比率を何というか。	食料自給率
★★★／★★★★★★★★		
4 ☐☐☐	食料のカロリーを計算する場合、肉や卵などを生産するのに必要な飼料に換算し直したカロリーを何というか。	オリジナルカロリー
★★☆／☆☆☆★★★★★		
5 ☐☐☐	農産物の量(t)に食料の生産地から食卓までの距離(km)を掛けて算出する値で、食料輸入を見直す必要性から考えだされた数値を何というか。	フードマイレージ
★★☆／☆☆☆★★★★★		
6 ☐☐☐	食料を輸入した場合、その食料を生産するのに使用した水も間接的に輸入したことになるが、その水のことを何というか。	バーチャルウォーター（仮想水）
★★★／☆☆☆☆☆☆★★		
7 ☐☐☐	高収量品種の開発や技術の改良を行なって、東南アジアなどの発展途上国の食料問題を解決しようとする方策を何というか。	緑の革命
★★☆／☆☆☆☆★★★★		
8 ☐☐☐	乾燥や病虫害に強いアフリカ種と高収量のアジア種を交配して開発された新種で、<u>アフリカ</u>の食料確保の切り札として期待されている陸稲の名称を答えよ。	ネリカ米
★★★／★★★★★★★★		
9 ☐☐☐	食品の安全性などの観点から、堆肥・厩肥・緑肥などを使用し、<u>化学肥料</u>や<u>農薬</u>などを用いないで行なう農業を	有機農業

何というか。

★★★/☆☆☆☆☆ **10** □□□	害虫に強い、日持ちがよいなど、栽培に有利な<u>遺伝子</u>を組み込み、省力やコストの低減に役立つように改良された作物を総称して何というか。	遺伝子組み換え作物
★★★/☆☆☆☆☆ **11** □□□	農産物の生産から貯蔵・加工・運搬・販売に至るまでの農業関連企業で、生産資材・飼料の供給や農産物の買い取りなどを通して農民に大きな影響力を及ぼしている、<u>アメリカ合衆国</u>などにみられる産業を総称して何というか。	アグリビジネス
★★★/☆☆☆☆☆ **12** □□□	<u>アグリビジネス</u>の中でも、穀物の国際流通を支配する多国籍企業をとくに何と呼ぶか。	穀物メジャー
★☆☆/☆☆☆☆☆ **13** □□□	生活環境の悪化により生鮮食品の入手をはじめとする健康的な食生活が困難な地域、またはその問題を何というか。	フードデザート
★★☆/☆☆☆☆☆ **14** □□□	売れ残ってしまったものや食べ残してしまったものなど、本来は食べられるのに廃棄されてしまう食品のことを何というか。	食品ロス
★★★/☆☆☆☆☆ **15** □□□	販売するのに規格外になった商品を引き取ったり寄贈されたりして食料が必要な人や施設などへ無償で提供する活動や団体のことを何というか。	フードバンク

❺ エネルギー・資源 　　　　　用語集 p.110〜119

■エネルギー・鉱産資源の種類と開発

★★★/☆☆☆☆☆★ **1** □□□	<u>石炭</u>・<u>石油</u>・天然ガス・水力・薪炭など、変換・加工される以前のエネルギーを総称して何というか。	一次エネルギー
★★★/☆☆☆☆☆★★ **2** □□□	<u>電力</u>・コークスなど、石炭・石油・水力などから変換・加工されたエネルギーを総称して何というか。	二次エネルギー
★★★/☆☆☆☆☆☆ **3** □□□	石炭・石油・天然ガスなど、地質時代の動植物が枯死し、地圧と地熱の影響を受けて燃料となったものを総称して何というか。	化石燃料
★★★/☆☆☆☆☆☆ **4** □□□	地質時代の植物が埋没・堆積し、長期間の炭化作用によ	石炭

りエネルギー源となったもので、世界エネルギー総生産量の約30％弱を占めている一次エネルギーは何か。

★★★／☆☆☆☆☆☆		
5 ☐☐☐	地質時代の海棲生物が地圧と地熱の影響で分解して生じた可燃性の流体エネルギー源で、世界エネルギー総生産量の約30％を占めている一次エネルギーは何か。	石油

★★★／☆☆☆☆☆☆		
6 ☐☐☐	地層中に含まれるメタンやエタンからなる可燃性のガスで、世界エネルギー総生産量の20％強を占めている一次エネルギーは何か。	天然ガス

★★★／☆☆☆☆★★		
7 ☐☐☐	発電に用いられる再生可能なエネルギー源で、比高と河川流量によって資源量が決まる一次エネルギーは何か。	水力エネルギー

★★★／☆☆☆☆☆☆		
8 ☐☐☐	発電に用いられる再生可能なエネルギー源で、<u>風速</u>や風向によって資源量が決まる一次エネルギーは何か。	風力エネルギー

★★★／☆☆☆☆★★		
9 ☐☐☐	<u>ウラン</u>などの原子核の核分裂によって生じるエネルギー源で、発電に用いられる一次エネルギーは何か。	原子力エネルギー

★★★／★☆★★★★★		
10 ☐☐☐	銅・すず・ニッケル・金など、<u>鉄</u>以外の金属を総称して何というか。	非鉄金属

★★★／☆★★★★★★		
11 ☐☐☐	金属のうち、鉄・銅・鉛のように埋蔵量や生産量が<u>多く</u>、精錬が容易で大量に使用される金属を何というか。	ベースメタル

★★★／☆☆☆☆☆☆		
12 ☐☐☐	リチウムやタングステンなど、地球上での埋蔵量が<u>少なく</u>、半導体・超電導・蓄電池などの材料として先端技術産業での需要が高い金属を総称して何というか。	レアメタル（希少金属）

★★★／☆☆☆☆★★		
13 ☐☐☐	<u>レアメタル</u>の1種で、パソコン部品の研磨材など、先端技術製品の製造に不可欠な、中国を主産地とする17の希<ruby>土<rt>ど</rt></ruby><ruby>類<rt>るい</rt></ruby>を総称して何というか。	レアアース

★★★／☆★★★★★★		
14 ☐☐☐	現在の<u>埋蔵量</u>と<u>生産量</u>から計算された、エネルギー資源や鉱産資源などの採掘可能な年数を何というか。	可採年数

★★★／☆☆☆☆☆☆		
15 ☐☐☐	坑道を掘らずに、直接地表から地下資源を削り取る採掘方法を何というか。	露天掘り

■石炭

★★★／★★★★★★★		
☐☐☐	直接燃料としてではなく、薬品や肥料などを生産する石	原料炭

炭化学工業や鉄鋼業のコークスの原料となる石炭を総称して何というか。

★★☆/☆☆☆☆☆☆☆
2
□□□ 都市ガスや発電用の燃料として、石炭を乾溜して燃料ガスをつくることを何というか。 | 石炭のガス化

★★★/☆☆☆☆☆☆☆
3
□□□ 無煙炭や強粘結炭が多く、五大湖沿岸の工業地域などへ輸送されるアメリカ合衆国有数の炭田名を答えよ。 | アパラチア炭田

★★★/☆☆☆☆☆☆☆
4
□□□ 東部のイリノイ炭田と西部のミズーリ炭田からなり、アメリカ合衆国有数の産出量がある炭田名を答えよ。 | 中央炭田

★★★/☆☆☆☆☆☆☆
5
□□□ アメリカ合衆国西部、ロッキー山脈沿いに位置する同国最大の埋蔵量をもつ炭田名を答えよ。 | ロッキー炭田

★★★/☆☆☆☆☆☆☆
6
□□□ 良質の瀝青炭を豊富に産し、ルール工業地域が発達する原動力となったドイツの炭田名を答えよ。 | ルール炭田

★★★/☆☆☆☆☆☆☆
7
□□□ ドイツとフランスの国境付近に位置し、その所属をめぐって幾か係争がみられた。ロレーヌの鉄鉱石と結びつき、ザールブリュッケンの鉄鋼業発達の基礎となった炭田名を答えよ。 | ザール炭田

★★★/☆☆☆☆☆☆☆
8
□□□ ドレスデン・ケムニッツ・ライプツィヒなどの工業発展を支えてきた、ドイツ中東部のエルツ山脈北麓に位置する炭田名を答えよ。 | ザクセン炭田

★★★/☆☆☆☆☆☆☆
9
□□□ スデーティ山脈の北部に位置する、ポーランドの工業発展の基礎となった東ヨーロッパ最大の炭田名を答えよ。 | シロンスク炭田

★★★/☆☆☆☆☆☆☆
10
□□□ 無煙炭、製鉄に適する強粘結炭を産し、ドネツクの鉄鋼業など、この地方の工業発展の原動力となっているウクライナ東部にある炭田名を答えよ。 | ドネツ炭田

★★★/☆☆☆☆☆☆☆
11
□□□ シベリアへの工業進出の誘因でもあり、良質の瀝青炭を産出し、かつてはウラル地方へも大量に輸送されていたロシアの炭田名を答えよ。 | クズネツク炭田

★★★/☆☆☆☆☆☆☆
12
□□□ 開発当初はウラル地方への供給が主であったが、最近では近隣の鉄鉱石や銅鉱と結びついて独自の工業地域を形成しているカザフスタンの北東部に位置する炭田名を答えよ。 | カラガンダ炭田

★★☆/☆☆☆☆☆☆☆

13
□□□ 第二次世界大戦前に日本によって開発され、戦後は中国東北地方における工業発展の基盤となった、露天掘りで知られる中国<u>リヤオニン(遼寧)</u>省の炭田名を答えよ。

フーシュン(撫順)炭田

★★★/☆☆☆☆☆☆☆

14
□□□ 第二次世界大戦後に積極的に開発された炭田で、埋蔵量が多く、<u>ペキン(北京)</u>の西方270kmほどのところにある炭田名を答えよ。

タートン(大同)炭田

★★☆/☆☆☆☆☆☆☆

15
□□□ <u>シングブーム</u>の鉄鉱石などと結びついて鉄鋼業が発達する原動力となっている、ビハール州・西ベンガル州を中心に分布するインドの炭田名を答えよ。

ダモダル炭田

★★★/☆☆☆☆☆☆☆

16
□□□ 日本の資本によって開発されて良質の粘結炭が日本に輸出されている、オーストラリアのクインズランド州東南部に位置する炭田名を答えよ。

モウラ炭田

★★☆/☆☆☆☆☆☆☆

17
□□□ 日本の資本も参加して良質の瀝青炭や無煙炭を産出している、<u>グレートディヴァイディング山脈</u>東麓にあるオーストラリア有数の炭田名を答えよ。

ボウエン炭田

★★☆/☆☆☆☆☆☆☆

18
□□□ 炭田の周辺からは金・ダイヤモンド・銅などの鉱産資源も採掘されている、南アフリカ共和国の北東部に位置する炭田名を答えよ。

トランスヴァール炭田

■石油・天然ガス

★★☆/☆☆☆☆☆☆☆

1
□□□ 石油や天然ガスを多く埋蔵する、地層が上方にアーチ状に屈曲した地質構造を何というか。

背斜(背斜構造)

★★★/☆☆☆☆☆☆☆

2
□□□ 黒褐色の含油性の頁岩で、乾溜によって石油と同質の油が得られるエネルギー資源は何か。

オイルシェール(油母頁岩)

★★★/☆☆☆☆☆☆☆

3
□□□ タール状の原油を含んだ砂層で、熱水処理と精製によって石油と同質の油が得られるエネルギー資源は何か。

オイルサンド(タールサンド・油砂)

★★★/☆☆☆☆☆☆

4
□□□ 地下2,000～3,000mにある微細な粒子からなる<u>頁岩(シェール)</u>に閉じ込められた天然ガスで、近年開発が進んでいるエネルギー資源は何か。

シェールガス

★★★/☆☆☆☆☆☆

5
□□□ <u>天然ガス</u>を冷却・加圧して液体にしたもので、硫黄分を含まないクリーンエネルギーを何というか。

LNG(液化天然ガス)

★★☆／★★★★★★★ 6 □□□	石油精製工場などで副産物として発生するプロパン・ブタンなどの混合ガスを加工し、液状にしたものを何というか。	LPG（液化石油ガス）
★★★／☆☆☆☆☆★ 7 □□□	石油や天然ガスなどの流体を、ポンプの圧力で流して送る輸送管を何というか。	パイプライン
★☆☆／★★★★★★★ 8 □□□	ロシアの<u>ヴォルガ＝ウラル油田</u>から東ヨーロッパ諸国に送油するために敷設された石油パイプラインの名称を答えよ。	ドルジバ（友好）パイプライン
★★☆／☆★★★★★★ 9 □□□	カスピ海沿岸の<u>バクー</u>（B）からジョージアの<u>トビリシ</u>（T）を経て、地中海沿岸のトルコの<u>ジェイハン</u>（C）に至る石油パイプラインの名称を答えよ。	BTCパイプライン
★★☆／☆★★★★★★ 10 □□□	パイプラインで五大湖沿岸や大西洋沿岸の工業地域に送られている、テキサス州・オクラホマ州・カンザス州に分布するアメリカ合衆国有数の油田はどこか。	内陸油田
★★☆／☆★★★★★★ 11 □□□	開発当初はオイルラッシュを引きおこし、今では海底油田も開発されている、テキサス州・ルイジアナ州の海岸や沖合にあるアメリカ合衆国有数の油田はどこか。	メキシコ湾岸油田
★★☆／☆★★★★★★ 12 □□□	<u>ロサンゼルス</u>はこの油田の開発とともに発展し、19世紀末に開発されて20世紀初頭にはアメリカ合衆国有数の産油量を示した油田はどこか。	カリフォルニア油田
★★★／☆★★★★★★ 13 □□□	第二次世界大戦後にアメリカ合衆国資本によって開発され、<u>ロッキー山脈</u>東麓に位置するカナダ最大の油田はどこか。	アルバータ油田
★★★／★★★★★★★ 14 □□□	1968年に発見され、<u>プルドーベイ油田</u>などを中心にパイプラインが南のアラスカ湾まで縦断している北極海沿岸の油田はどこか。	ノーススロープ油田
★★★／★★★★★★★ 15 □□□	メキシコの南部、テワンテペク地峡東部に位置する同国有数の油田はどこか。	レフォルマ油田
★★☆／★★★★★★★ 16 □□□	現在では湖底からも採掘されている、ベネズエラ北西部に位置する同国有数の油田はどこか。	マラカイボ油田
★★★／☆☆★★★★★ 17 □□□	イギリス水域の<u>フォーティーズ油田</u>やノルウェー水域の	北海油田

エコフィスク油田などを含む海底油田を総称して何というか。	
★★★/☆☆☆☆☆☆☆ **18** □□□ 旧ソ連で最も早く開発され、第二次世界大戦前までアゼルバイジャン最大の産油量がみられたカスピ海西岸に分布する油田名を答えよ。	バクー油田
★★★/☆☆☆☆☆☆☆ **19** □□□ ヴォルガ川中流域からウラル山脈西麓に分布する油田の総称で、ロシア革命後に開発され、ドルジバパイプラインの起点となっているのはどこか。	ヴォルガ゠ウラル油田
★★★/☆☆☆☆☆☆☆ **20** □□□ サモトロール油田などを中心とし、埋蔵量が多くて硫黄分の少ない良質の石油を産出する、オビ川流域の西シベリア低地に分布する大油田の総称は何か。	チュメニ油田
★★★/☆☆☆☆☆☆☆ **21** □□□ 第二次世界大戦前に日本によって開発された。パイプラインでハバロフスクなどに送られているサハリン(樺太)北部にある油田はどこか。	オハ油田
★★★/☆☆☆☆☆☆☆ **22** □□□ イラク北東部に位置し、古くから開発されてパイプラインで地中海沿岸に送られている同国有数の油田はどこか。	キルクーク油田
★★★/☆☆☆☆☆☆☆ **23** □□□ アメリカ合衆国やイギリス資本によって開発され、クウェート南部に位置する同国最大の油田はどこか。	ブルガン油田
★★★/☆☆☆☆☆☆☆ **24** □□□ アブカイク油田とともに埋蔵量・産油量が世界有数のサウジアラビア東部にある油田はどこか。	ガワール油田
★★★/☆☆☆☆☆☆☆ **25** □□□ 日本の企業によって開発され、サウジアラビアとクウェートの国境付近に位置する海底油田の名称を答えよ。	カフジ油田
★★★/☆☆☆☆☆☆☆ **26** □□□ 1960年から開発が始められ、現在ではペキン(北京)やターリエン(大連)までパイプラインが敷設されている、中国東北地方にある油田はどこか。	ターチン(大慶)油田
★★★/☆☆☆☆☆☆☆ **27** □□□ パイプラインでチンタオ(青島)・チーナン(済南)などに運ばれる、黄河(ホワンホー)の河口付近に位置する中国有数の油田はどこか。	ションリー(勝利)油田
★★★/☆☆☆☆☆☆☆ **28** □□□ パイプラインによってランチョウ(蘭州)などへ送られている、中国カンスー(甘粛)省にある油田はどこか。	ユイメン(玉門)油田
★★★/☆☆☆☆☆☆☆ **29** □□□ スマトラ島中部に位置し、低硫黄石油を産出することで	ミナス油田

有名なインドネシアの油田はどこか。

★☆☆☆/☆☆☆☆☆☆☆
30
□□□ <u>スマトラ島</u>南部にあるインドネシア有数の油田はどこか。 | パレンバン油田

★☆☆☆/☆☆☆☆☆☆☆
31
□□□ 第二次世界大戦後に開発され、付近には天然ガスの産出もみられる。<u>エジェレ油田</u>と並ぶアルジェリアの代表的な油田はどこか。 | ハシメサウド油田

★★★/☆☆☆☆☆☆☆☆
32
□□□ ナイジェリア南部、同国最大の河川が<u>ギニア湾</u>に流れ込む河口の低湿地一帯は何と呼ばれるか。油田地帯であり、ポートハーコートが原油積出港である。 | ニジェールデルタ

■電力

★★★/☆☆☆☆☆☆☆☆
1
□□□ <u>石炭・石油</u>などの燃料により生じた高温・高圧の蒸気でタービンを回転させ、これによって電力を得る発電形式を何というか。 | 火力発電

★★★/☆☆☆☆☆☆☆☆
2
□□□ 水の落下エネルギーによりタービンを回転させ、これによって電力を得る発電形式を何というか。 | 水力発電

★★★/☆☆☆☆☆☆☆☆
3
□□□ <u>核分裂</u>の際に生じる熱の利用で得た蒸気でタービンを回転させ、これによって電力を得る発電形式を何というか。 | 原子力発電

★★★/★★★★★★
4
□□□ 高速中性子を使って、運転中に消費する核燃料よりも多量の新核分裂物資を生産する原子炉を何というか。 | 高速増殖炉

★★★/★★★★★★
5
□□□ 福井県敦賀市にあり、2016年に廃炉が決定して撤去されることとなった<u>高速増殖炉</u>を何というか。 | もんじゅ

★★★/☆☆☆☆☆☆☆☆
6
□□□ フランスのランス発電所などのように、<u>潮の干満</u>による潮位差を利用して電力を得る発電形式を何というか。 | 潮力発電

★★★/☆☆☆☆☆☆☆☆
7
□□□ ニュージーランドの<u>ワイラケイ発電所</u>や大分県の<u>八丁原発電所</u>などのように、地下にある高温の熱水や蒸気を利用して電力を得る発電形式を何というか。 | 地熱発電

★★★/☆☆☆☆☆☆☆☆
8
□□□ <u>偏西風</u>が卓越するオランダやデンマークなどにみられるように、風の力を利用して電力を得る発電形式を何というか。 | 風力発電

★★★/☆☆☆☆☆☆☆☆
9
□□□ シリコンなど半導体でできた太陽電池を使い、光のエネルギーを直接電気にかえる発電形式を何というか。 | 太陽光発電

★★★/☆☆☆★★★★★

10 □□□	廃材や家畜の糞尿、一般家庭からでるごみなど、動植物や微生物の中で燃料に転化できる生物エネルギーを利用した発電形式を何というか。	バイオマス発電

★★★/★★★★★★★★

| 11 □□□ | ノルウェーやブラジルなどのように、発電量の多くが水力発電によって占められる電力構成の型を答えよ。 | 水力中心型 |

★★★/★★★★★★★★

| 12 □□□ | カナダやスイスなどのように、水力発電を主とし、火力発電が補助的な役割にある電力構成の型を答えよ。 | 水主火従型 |

★★★/★★★★★★★★

| 13 □□□ | アメリカ合衆国や日本などのように、火力発電を主とし、水力発電が補助的な役割にある電力構成の型を答えよ。 | 火主水従型 |

★★★/★★★★★★★★

| 14 □□□ | インドやサウジアラビアなどのように、発電量の多くが火力発電によって占められる電力構成の型を答えよ。 | 火力中心型 |

★★★/☆☆★★★★★★

| 15 □□□ | フランスの電源別電力構成で最も大きな割合を占めるのは何か。 | 原子力発電 |

★★★/★★★★★★★★

| 16 □□□ | 川をせき止めて大きな人造湖をつくり、その落差を利用する水力発電の発電形式を何というか。 | ダム式発電 |

★★★/★★★★★★★★

| 17 □□□ | 兵庫県の奥多々良木発電所のように、豊水時や深夜の余剰電力を利用して、人造湖に水を汲み上げておき、電力消費量の多い時にこの水を再利用する水力発電の発電形式を何というか。 | 揚水式発電 |

★★★/★★★★★★★★

| 18 □□□ | 開発可能な水力発電の総量のことを何というか。 | 包蔵水力 |

★★★/★★★★★★★★

| 19 □□□ | 洪水防止・舟航の安定・各種用水の供給・発電など、河川水の多面的な利用を目的として建設されたダムを何というか。 | 多目的ダム |

★★★/★★★★★★★★

| 20 □□□ | アメリカ合衆国のニューディール政策のもとで、世界最初の河川の総合開発が実施された、オハイオ川支流の河川を何というか。 | テネシー川 |

★★★/★★★★★★★★

| 21 □□□ | ニューディール政策の一環として、テネシー川流域の開発のために設立された政府直属の機関を何というか。 | TVA（テネシー川流域開発公社） |

★★★/☆☆★★★★★★

| 22 □□□ | ロッキー山脈に源を発し、コロラド高原を横断してカリフォルニア湾にそそぐ、総合開発で知られた河川を何と | コロラド川 |

いうか。

★★★/☆☆☆☆☆☆☆
23 □□□ <u>コロラド川</u>の中流域に建設された、流域最大の多目的ダムを何というか。

フーヴァーダム

★★★/☆☆☆☆☆☆☆
24 □□□ カナダに源を発しワシントン州を流れ、オレゴン州との境で太平洋にそそぐ河川で、周辺地域の灌漑と産業用の電力を得ることなどを目的として総合開発が進められた河川を何というか。

コロンビア川

★★★/☆☆☆☆☆☆☆
25 □□□ <u>コロンビア川</u>の中流域に建設され、世界有数の発電能力をもつ水力発電所があるダムを何というか。

グランドクーリーダム

★★★/☆☆☆☆☆☆☆
26 □□□ バイカル湖から流出して<u>エニセイ川</u>に合流する河川で、ブラーツク発電所の建設など電源開発で知られた河川を何というか。

アンガラ川

★★★/☆☆☆☆☆☆☆
27 □□□ <u>黄河(ホワンホー)</u>の水利事業により、黄土高原を刻む中流部に建設された、治水・灌漑・発電を兼ねた多目的ダムを何というか。

サンメンシャ(三門峡)ダム

★★★/☆☆☆☆☆☆☆
28 □□□ 中国最長の河川である<u>長江(チャンチヤン)</u>の中流域に水利調節・発電のために建設された巨大なダムを何というか。

サンシャ(三峡)ダム

★★★/☆☆☆☆☆☆☆
29 □□□ ガーナの国土を貫流し、ギニア湾にそそぐ河川で、<u>アルミニウム</u>精錬のための電力開発、灌漑整備、水運の安定などの開発が進められた河川を何というか。

ヴォルタ川

★★★/☆☆☆☆☆☆☆
30 □□□ <u>ヴォルタ川</u>流域の開発計画で建設された多目的ダムを何というか。

アコソンボダム

★★★/☆☆☆☆☆☆☆
31 □□□ ザンビア・ジンバブエの国境地帯の<u>ザンベジ川</u>中流の峡谷部に、<u>銅</u>精錬用の電力を得ることを目的として建設されたダムを何というか。

カリバダム

★★★/☆☆☆☆☆☆☆
32 □□□ ブラジルとパラグアイの国境地帯の<u>パラナ川</u>に両国の共同事業として建設された、世界有数の発電能力をもつダムを何というか。

イタイプダム

■鉄鉱石

★★★/☆☆☆☆☆☆☆
1 □□□ <u>ボーキサイト</u>に次いで地殻に含まれている量が多く、鉄鋼の原材料でもある近代文明の担い手となった重要な鉱物資源は何か。	鉄鉱石

★★★/☆☆☆★★★★
2 □□□ スペリオル湖の北西部沿岸一帯に分布するアメリカ合衆国最大の鉄鉱石産地はどこか。採掘方法は大部分が<u>露天掘り</u>である。	メサビ

★★★/☆☆☆★★★★
3 □□□ <u>ラブラドル半島</u>の中央部に位置するカナダ有数の鉄鉱石産地で、アメリカ合衆国の資本によって開発されたのはどこか。	ラブラドル鉄鉱床（キャロルレーク）

★★★/☆☆★★★★★
4 □□□ 1967年に発見されブラジル高原北縁にある世界有数の埋蔵量をもち、品位65％以上の富鉱を産する鉄鉱石産地はどこか。	カラジャス

★★★/☆☆★★★★★
5 □□□ 良質の赤鉄鉱を産し、大西洋岸の<u>ヴィトリア</u>港から各国に輸出されている、ブラジル南東部のミナスジェライス州にある鉄鉱石産地はどこか。	イタビラ

★★☆/☆★★★★★★
6 □□□ 高品位の赤鉄鉱を産し、アメリカ合衆国などに輸出されている、ベネズエラ東部、ギアナ山地北麓に位置する鉄鉱石産地はどこか。	セロボリバル

★★★/☆☆★★★★★
7 □□□ <u>モーゼル川</u>上流に分布し、ミネット鉱の産出で知られたフランス最大の鉄鉱石産地はどこか。	ロレーヌ（地方）

★★★/☆☆★★★★★
8 □□□ スウェーデンの北部に位置し、良質の磁鉄鉱を産する同国最大の鉄鉱石産地でどこか。	キルナ

★★★/★★★★★★★
9 □□□ <u>キルナ</u>やイェリヴァレで産出した鉄鉱石を冬季に積みだすノルウェーの港湾都市はどこか。	ナルヴィク

★★☆/★★★★★★★
10 □□□ かつて良質の赤鉄鉱を産し、ドイツやフランスに輸出していたスペイン北部ビスケー湾岸近くに位置する鉄鉱石産地はどこか。現在は閉山している。	ビルバオ

★★★/☆☆★★★★★
11 □□□ 良質の赤鉄鉱を産し、鉄鋼業が発達しているウクライナ南部に位置する世界有数の鉄鉱石産地はどこか。	クリヴィーリフ（クリヴォイログ）

★★☆/☆★★★★★★
12 □□□ 第一次五か年計画以後開発され、良質の磁鉄鉱を露天掘	マグニトゴルスク

	りで採掘するウラル山脈南東麓に位置する鉄鉱石産地はどこか。この地域の鉄鋼業の中心都市の１つとなっている。	
★★★/★★★★★★★★ **13** □□□	中国東北地方に位置する同国有数の露天掘りの鉄鉱石産地はどこか。<u>フーシュン（撫順）</u>などの石炭を背景に、当地に建設された鉄鋼コンビナートの基盤をなしている。	アンシャン（鞍山）
★☆☆/★★★★★★★★ **14** □□□	フーペイ（湖北）省東部に位置し、華中の代表的な鉄鉱石産地はどこか。<u>ウーハン（武漢）</u>などの工業都市の重要な原料供給地となっている。	ターイエ（大冶）
★★☆/★★★★★★★★ **15** □□□	インドのジャルカンド州南東部に位置する鉄鉱石産地はどこか。マンガンや銅の産出も多く、周辺に<u>ダモダル炭田</u>がある。	シングブーム
★★★/☆☆☆☆★★★★ **16** □□□	オーストラリアのウェスタンオーストラリア州北西部にある主要鉄鉱石産地で、鉄鉱石輸出港である<u>ポートヘッドランド</u>まで鉄道が通じているのはどこか。	マウントホエールバック（マウントニューマン）
★★☆/★★★★★★★★ **17** □□□	<u>マウントホエールバック</u>の北西部にある主要鉄鉱石産地で、鉄鉱石輸出港である<u>ダンピア</u>からの鉄道の終点にあたっているのはどこか。	トムプライス
★★☆/☆★★★★★★★ **18** □□□	<u>マウントホエールバック</u>や<u>トムプライス</u>など鉄鉱石産地が集中する地域の名称を何というか。	ピルバラ地区
★★★/★★★★★★★★ **19** □□□	サウスオーストラリア州南部に位置する鉄鉱石産地で、早くから開発され、積出港であるワイアラと鉄道で結ばれているのはどこか。	アイアンノブ

■非鉄金属

★★★/☆☆☆☆★★★★ **1** □□□	伸張性に富み、加工しやすく、電気伝導性が高いため、電気産業の発展にともなって需要が増大してきた<u>非鉄金属</u>は何か。	銅
★★★/★★★★★★★★ **2** □□□	モンタナ州西部のロッキー山脈中にあり、鉛やすずなども産出するアメリカ合衆国有数の銅産地はどこか。	ビュート
★★☆/☆★★★★★★★ **3** □□□	アメリカ合衆国の<u>ユタ州</u>北部にある世界的な銅鉱山で、ほかに金や鉛も産出し、大規模な露天掘りが行なわれて	ビンガム

いるのはどこか。

★★☆/☆★★★★★★★
4 □□□　<u>チリ</u>北部の乾燥地域にある世界有数の露天掘り銅鉱山で、アメリカ合衆国によって開発されたが、現在では国営化されているのはどこか。 | チュキカマタ

★★☆/☆★★★★★★★
5 □□□　チリ北部のアンデス山脈中に位置し、1991年に操業を開始した世界有数の産出量をほこる銅鉱山はどこか。 | エスコンディーダ

★★☆/☆☆☆☆★★★★
6 □□□　<u>コンゴ川</u>の流域に広がり、南東端に世界的な銅資源の分布がみられる国はどこか。旧国名はザイール。 | コンゴ民主共和国

★★★/☆☆☆☆☆★★★
7 □□□　<u>コンゴ民主共和国</u>の南に位置し、互いの国境付近一帯に銅の埋蔵が多くみられる国はどこか。 | ザンビア

★★★/☆★★★★★★★
8 □□□　<u>コンゴ民主共和国</u>と<u>ザンビア</u>の国境付近に分布する、銅の埋蔵や産出が豊富な地帯を何というか。 | カッパーベルト

★★★/☆★★★★★★★
9 □□□　蓄電池としての利用のほか、無機薬品・電線被覆・活字などに用いられ、<u>中国</u>・<u>オーストラリア</u>・ペルーなどを主産国とする非鉄金属は何か。 | 鉛

★★★/☆☆☆☆☆★★★
10 □□□　展延性に富み、加工しやすくメッキなど鉄類の防食用に使用される、<u>中国</u>・<u>オーストラリア</u>・ペルーなどが主産国である非鉄金属は何か。 | 亜鉛

★☆★/☆★★★★★★★
11 □□□　オーストラリアのニューサウスウェールズ州西端にあり、鉛・亜鉛の世界的な産地で、銀なども産出するのはどこか。 | ブロークンヒル

★★★/☆☆☆☆★★★★
12 □□□　オーストラリアのクインズランド州北西部にあり、鉛や亜鉛のほか、銅や銀なども産出するのはどこか。 | マウントアイザ

★★★/☆☆☆☆☆★★★
13 □□□　展延性や耐食性に富み、青銅・ハンダ・活字などの合金用として用いられる<u>非鉄金属</u>は何か。 | すず

★★★/☆☆☆☆☆★★★
14 □□□　ジャワ海に浮かぶ<u>バンカ島</u>・<u>ビリトン島</u>などを主産地とする、すずの産出国はどこか。 | インドネシア

★★★/☆☆☆☆☆★★★
15 □□□　アンデス山地にある<u>ポトシ</u>(海抜4,000m以上の高地に位置)などを主産地とする、すずの産出国はどこか。 | ボリビア

★★★/☆☆☆☆☆★★★
16 □□□　高温多湿の熱帯・亜熱帯に多く産出する<u>アルミニウム</u>の | ボーキサイト

原料である鉱石を何というか。

★★★/☆☆☆☆☆☆☆ **17** □□□ オーストラリア北部の<u>ヨーク岬半島</u>にある世界有数のボーキサイト産出地はどこか。	ウェイパ
★★★/☆☆☆☆☆☆☆ **18** □□□ オーストラリア北部、<u>アーネムランド半島</u>に位置するボーキサイトの産出地はどこか。開発は新しいが産出量は同国有数で世界各地に輸出されている。	ゴヴ
★★★/☆☆☆☆☆☆☆ **19** □□□ <u>カリブ海</u>にある島国で、世界有数のボーキサイト産出国はどこか。	ジャマイカ
★★★/☆☆☆☆☆☆☆ **20** □□□ アフリカ西端にある旧フランス領の国で、ボーキサイトのほか、金やダイヤモンドなどの産出も多いのはどこか。	ギニア
★★★/☆☆☆☆☆☆☆ **21** □□□ 耐食性・耐熱性にすぐれ、ステンレスなどの特殊鋼・メッキ・非鉄合金に用いられ、最近では半導体などの電子材料分野での需要が伸びている<u>非鉄金属</u>は何か。	ニッケル
★★★/☆☆☆☆☆☆☆ **22** □□□ カナダ南東部、ヒューロン湖北部にある世界有数の<u>ニッケル</u>鉱山で、銅産地としても知られるのはどこか。	サドバリ
★★★/☆☆☆☆☆☆☆ **23** □□□ オーストラリアの東にある太平洋上の島で、世界的なニッケルの産地として有名な、<u>フランス</u>の海外領土となっているのはどこか。	ニューカレドニア島
★★★/☆☆☆☆☆☆☆ **24** □□□ 特殊鋼の合金に用いられ、<u>南アフリカ共和国・オーストラリア</u>・ガボンなどを主要産出国とする非鉄金属は何か。	マンガン
★★★/☆☆☆☆☆☆☆ **25** □□□ 融点度が高い特徴を利用して、耐熱金属や電球のフィラメントなどに用いられている、<u>中国</u>・ベトナムが代表的な産出国である非鉄金属は何か。	タングステン
★★★/☆☆☆☆☆☆☆ **26** □□□ 錆びず、硬い特性を生かしてメッキ用やステンレスの合金用などに利用される。南アフリカ共和国・トルコ・インドなどを主産地とする非鉄金属は何か。	クロム
★★★/☆☆☆☆☆☆☆ **27** □□□ パソコン・携帯電話・電気自動車などに使われる電池の原料で、<u>チリ</u>・オーストラリア・アルゼンチンなどが主産地のレアメタルは何か。	リチウム
★★★/☆☆☆☆☆☆☆ **28** □□□ ボリビア南西部のアンデス山脈中にある塩湖で、その湖底に莫大な<u>リチウム</u>が埋蔵されていることで注目されて	ウユニ塩原

いるのはどこか。

★★★/☆☆☆☆☆★		
29 □□□	核分裂により巨大な熱を放出し、発電などのエネルギー源として利用されている鉱産資源は何か。	ウラン
★★★/☆☆☆☆☆★★★		
30 □□□	展延性に富み、装身具のほか国際通貨として貿易の決済に使われる貴金属は何か。	金
★★☆/☆★★★★★★★		
31 □□□	オーストラリアのウエスタンオーストラリア州南部に広がる砂漠地帯に位置する金鉱都市。用水が500km以上離れた<u>パース</u>から送られてくるのはどこか。	カルグーリー
★★★/☆☆★★★★★★		
32 □□□	熱・電気の最良導体で、写真感光材、装身具のほか補助貨幣に使われる貴金属は何か。	銀
★☆☆/☆★★★★★★★		
33 □□□	南アフリカ共和国にある鉱山都市で、世界有数の<u>ダイヤモンド</u>産地として知られているのはどこか。	キンバリー
★★☆/☆★★★★★★★		
34 □□□	ロシア東部、ヤクート共和国南西部にある鉱山都市で、世界有数の<u>ダイヤモンド</u>産地として知られているのはどこか。	ミールヌイ
★★★/☆☆★★★★★★		
35 □□□	<u>肥料</u>の原料となる鉱石で、中国・モロッコ・アメリカ合衆国などで産出が多い非金属資源は何か。	りん鉱石

❻ 資源・エネルギー問題　　　　　　　　用語集 p.120〜122

★★★/☆☆☆☆☆☆☆		
1 □□□	第二次世界大戦後、エネルギー源の需要が<u>石炭</u>から<u>石油</u>・天然ガスへと大きく転換したことを何というか。	エネルギー革命
★★★/☆☆☆☆☆☆☆		
2 □□□	太陽エネルギーや風力エネルギーなど繰り返し利用可能なエネルギーを何というか。	再生可能エネルギー
★★☆/☆★★★★★★★		
3 □□□	再生可能エネルギーとは違い、利用すれば枯渇する有限なエネルギーを何というか。	枯渇性エネルギー
★★☆/★★★★★★★★		
4 □□□	太陽熱・風力・潮力など、環境汚染をおこさないエネルギーを総称して何というか。	クリーンエネルギー
★★★/☆☆☆☆☆★★★		
5 □□□	産業・生活・社会活動の全般において、エネルギーの効率的な利用を図ることを一般に何というか。	省エネルギー
★★★/☆☆☆☆☆☆☆		
6 □□□	自然エネルギーや原子力エネルギーなど、現在の主要エ	代替エネルギー

ネルギー源である<u>化石燃料</u>にかわる新しいエネルギーを
総称して何というか。

★★★／☆☆☆☆☆☆☆

7 □□□ <u>さとうきび</u>などの植物の糖やでんぷんを発酵させてつく
るアルコールで、ガソリンに混ぜ自動車の燃料として使
用する石油代替エネルギーは何か。

| | バイオエタノール |

★★★／☆☆☆☆☆☆☆

8 □□□ 燃費が良く排気も少ないとされる<u>ガソリンエンジン</u>と発
電機を併用した自動車を何というか。

| | ハイブリッドカー |

★★★／☆☆☆☆☆☆☆

9 □□□ <u>電力</u>をエネルギー源としてモーターを動かして走らせ、
走行時に<u>二酸化炭素</u>などを排出しない自動車を何という
か。

| | 電気自動車 |

★★★／☆☆☆☆☆☆☆

10 □□□ 水素と空気中の酸素とを結合させる発電システムで、自
動車の動力として開発が進められているのは何か。

| | 燃料電池 |

★★★／☆☆☆☆☆☆☆

11 □□□ 大型発電所からの送電だけでなく、自然エネルギーなど
を活用して小規模なネットワークの中で電力を効率よく
分配する、地域のエネルギー管理システムを何というか。

| | スマートグリッド |

★★★／☆☆☆☆☆☆☆

12 □□□ さまざまなエネルギーは発電方法をそれぞれの強みをい
かして組み合わせ、電力を効率よく供給したり使用した
りすることを何というか。

| | ベストミックス |

★★★／☆☆☆☆☆☆☆

13 □□□ 巨大な資本と高度な技術をもち、採掘・輸送・精製・販
売などをあわせ行なう国際的な<u>石油会社</u>を何というか。

| | メジャー(国際石油
資本) |

★★★／☆☆☆☆☆☆☆

14 □□□ 発展途上国などでみられる石油や鉱産資源などの自国内
資源に対する主権の主張、それによる自国の経済発展を
図ろうとする動きを何というか。

| | 資源ナショナリズム |

★★★／☆☆☆☆☆☆☆

15 □□□ 世界の主要な石油生産輸出国が石油政策の調整、原油価
格の安定などを目的として1960年に結成した国際機関を
何というか。

| | OPEC(石油輸出国
機構) |

★★★／☆☆☆☆☆☆☆

16 □□□ <u>アラブ諸国</u>の産油国が石油戦略活動を共同で行なうため、
1968年に設立した地域機構を何というか。

| | OAPEC(アラブ石油
輸出国機構) |

★★★／☆☆☆☆☆☆☆

17 □□□ <u>OPEC(石油輸出国機構)</u>のように、発展途上国を中心と
して資源を保有する国々が生産や販売の利益を守るため
結成している組織を何というか。

| | 資源カルテル |

★★★/☆☆☆☆☆		
18 □□□	1973年の第四次中東戦争を契機に発生した石油不足とそれに伴う世界的な経済混乱を何というか。	石油危機(オイルショック)
★★★/☆☆☆☆☆		
19 □□□	石油の緊急融通・消費の抑制・代替エネルギーの開発などを目的につくられた経済協力開発機構(OECD)の下部機関で、主要石油消費国31カ国から構成されている国際組織を何というか。	IEA(国際エネルギー機関)
★★★/☆☆☆☆☆		
20 □□□	原子力発電所・核燃料の製造工場および処理工場などから排出される、放射性物質を含む廃棄物を何というか。	放射性廃棄物
★★★/☆☆☆☆☆		
21 □□□	青森県下北半島南部の村で、ウラン濃縮と再処理施設の建設が行なわれているところはどこか。	六ヶ所村
★★★/☆☆☆☆☆		
22 □□□	1979年3月に事故をおこし、周辺に多量の放射性物質を出したアメリカ合衆国ペンシルヴェニア州南部にある原子力発電所の所在地はどこか。	スリーマイル島
★★★/☆☆☆☆☆		
23 □□□	1986年4月に事故をおこし、周辺に多量の放射性物質をだすことにより、国境をこえた放射能汚染被害を発生させたウクライナにある原子力発電所の所在地はどこか。	チョルノービリ(チェルノブイリ)
★★★/☆☆☆☆☆		
24 □□□	2011年3月、東北地方太平洋沖地震(東日本大震災)の際に水素爆発や炉心溶融をおこし、大量の放射性物質をだした原子力発電所はどこか。	福島第一原子力発電所
★★★/☆☆☆☆☆		
25 □□□	ごみとして破棄される携帯電話などの電子機器は再生すれば利用可能なレアメタルが多く含まれるが、これらの資源が都市に多く存在することを見立てて何というか。	都市鉱山
★★★/☆☆☆☆☆		
26 □□□	パソコンや家電などの電気・電子機器がリサイクルまたは処分されるもので、電子廃棄物や電気電子廃棄物とも呼ばれるものは何か。	e-waste
★★★/☆☆☆☆☆		
27 □□□	3R(3R運動)の3つのRは何を示しているか答えよ。	リデュース、リユース、リサイクル
★★★/☆☆☆☆☆		
28 □□□	5R(5R運動)のうち、3R以外の2つのRは何を示しているか答えよ。	リペア、リヒューズ

❼ 工業

用語集 p.123〜150

■工業の発達と種類

★☆☆/☆☆☆☆☆☆☆

1
□□□ 簡単な道具と手作業により、客の注文を受けて加工生産を行なう、工業発展の初期の段階における生産形態を何というか。

手工業

★☆☆/☆☆☆☆☆☆☆

2
□□□ 中世から近世にみられた、自宅で家族や少数の使用人を用いて小規模生産を行なう工業生産形態を何というか。

家内制手工業

★☆☆/☆☆☆☆☆☆☆

3
□□□ 商人が家内工業をその支配下におき、原料や道具を貸しつけて生産を行なわせ、その製品を売りさばいて利益を得る工業生産形態を何というか。

問屋制家内工業

★★☆/☆☆☆☆☆☆☆

4
□□□ 資本家が多くの労働者を集め、工場内で道具を用いて分業により生産させる工業生産形態を何というか。

工場制手工業（マニュファクチュア）

★★★/☆☆☆☆☆☆☆

5
□□□ 18世紀中期以降の<u>イギリス</u>に始まる道具から機械への生産技術の革新と、これに伴う産業・経済・社会の変革を何というか。

産業革命

★★★/☆☆☆☆☆☆☆

6
□□□ 従来の手工業にかわって機械を用い、大資本のもとに多数の労働者を工場に集めて大量生産を行なう、<u>産業革命</u>期以降の工業生産形態を何というか。

工場制機械工業

★★★/☆☆☆☆☆☆☆

7
□□□ 繊維・食品・雑貨など、高度な技術や資本をあまり必要とせず、主として日常生活に用いる比較的重量の<u>軽い</u>製品をつくる工業を総称して何というか。

軽工業

★★★/☆☆☆☆☆☆☆

8
□□□ 鉄鋼・金属・機械など、大資本と高度な技術を用い、主として生産活動に用いる比較的重量の<u>重い</u>製品をつくる工業を総称して何というか。

重工業

★★☆/☆☆☆☆☆☆☆

9
□□□ 鉄鋼・機械・肥料など、工業や農業の生産のために必要な資材をつくる工業の総称を何というか。

生産財工業

★★☆/☆☆☆☆☆☆☆

10
□□□ 衣料品・食品・雑貨など、日常生活に必要な資材をつくる工業の総称を何というか。

消費財工業

★★☆/☆☆☆☆☆☆☆

11
□□□ 金属・石油精製・パルプ工業など、消費財工業や生産財の組み立て工業の中間原料をつくる工業を総称して何というか。

基礎素材型工業

★★★/★★★★★★★ 12 □□□	鉄鋼業・石油化学工業・パルプ工業など、原料や<u>エネルギー</u>を大量に消費する工業を総称して何というか。	資源多消費型工業
★★★/★★★★★★★ 13 □□□	繊維工業や電気器具の組み立てなど、生産コストの中で労働費の比重が高い工業を総称して何というか。	労働集約型工業
★★★/★★★★★★★ 14 □□□	鉄鋼業や石油化学工業など、生産コストのなかで多額の設備費を必要とする工業を総称して何というか。	資本集約型工業
★★★/☆☆☆☆☆☆☆ 15 □□□	<u>精密機械</u>工業や電子工業など、高度の知識や技術を必要とする工業を総称して何というか。	知識集約型産業
★★★/☆☆☆☆☆☆☆ 16 □□□	<u>セラミックス</u>や光ファイバーなどの新素材産業、宇宙・航空産業など、最先端の技術を用いて工業製品を生産する産業を総称して何というか。	先端技術産業
★★★/☆☆☆☆☆☆☆ 17 □□□	和紙・漆器・陶磁器・織物工業など、近代工業が発達する以前から続いている、その地域の特色を強く反映した伝統的手工業を何というか。	地場産業
★★★/★★★★★★★ 18 □□□	もとは旧ソ連の計画的な工業地域に対する呼称として用いられたもので、相互に関連しあう多くの工場が原料や製品の有機的・合理的な利用をめざして集中している工業地域にも用いられる呼称は何か。	コンビナート
★★★/★★★★★★★ 19 □□□	延岡や豊田などのように、1つの企業グループがその地方の経済に大きな影響力をもっている工業都市を何というか。	企業城下町
★★★/☆☆☆☆☆☆☆ 20 □□□	同一規格の製品を大量に生産することにより、生産工程の合理化と<u>コストダウン</u>をはかる生産方式を何というか。	大量生産方式
★★★/★★★★★★★ 21 □□□	外国資本と国内資本の共同出資により、設立・運営される企業を何というか。	合弁企業
★★★/★★★★★★★ 22 □□□	完成品に課される高率の関税などを避けるために、部品や半製品を輸出することを何というか。最終的な組み立てや販売などは現地の企業で行う。	ノックダウン輸出
★★★/☆★★★★★★ 23 □□□	韓国・シンガポール・メキシコ・ブラジルなどのように、発展途上国の中で20世紀後半から工業の発達が著しい地域を総称して何というか。	NIEs(新興工業経済地域)

★★★／☆☆☆☆☆★		
24 □□□	NIEs(新興工業経済地域群)のうち、韓国・シンガポール・台湾・香港といったアジアの国・地域を総称して何というか。	アジア NIEs
★★★／☆☆☆☆☆★		
25 □□□	経済発展が著しいブラジル・ロシア・インド・中国・南アフリカ共和国の5カ国に対する総称として2011年以降用いられている呼称は何か。2024年からサウジアラビアやエジプトなど新たな国も加わった。	BRICS(ブリックス)
★★★／☆☆☆☆☆☆★		
26 □□□	以前は世界で最初に産業革命を達成したイギリスをさしたが、現在では20世紀末から各種工業の発達が著しい中国をさす言葉として用いられる呼称は何か。	世界の工場
★★★／☆☆☆★★★★		
27 □□□	外国からの輸入に依存していた消費財などを、国内産業の育成や国内自給をめざして生産しようとする工業を総称して何というか。	輸入代替型工業
★★★／☆☆☆☆☆★		
28 □□□	発展途上国などにみられるもので、安価な労働力などを活用し、輸出を目的に発展させようとする工業を総称して何というか。	輸出指向型工業
★★★／☆☆☆☆☆★★		
29 □□□	先進国において生産拠点の海外進出や製品の輸入依存が高まり、基幹産業である製造業が衰退する現象を何というか。	産業の空洞化

■工業立地

★★★／☆☆☆☆☆☆★		
1 □□□	工場が、ある場所を選んで生産活動を営む場合、最小の投資で最大の効果を上げるために考慮される種々の条件を総称して何というか。	立地条件
★★★／★★★★★★★		
2 □□□	原料・用水・用地・労働力の入手の難易、輸送の方法、港湾・消費市場・関連企業の存在など、工場立地を決定する際に企業が考慮する要因を何というか。	立地因子
★★★／★★★★★★★		
3 □□□	工場の立地因子のうち、とくに輸送費の作用を重視し、工業立地条件を理論化したドイツの経済学者は誰か。	ウェーバー
★★★／☆☆☆★★★★		
4 □□□	製糸・パルプ・セメント工業などのように、原料産地に立地しやすい工業は総称して何と呼ばれるか。	原料指向型工業

★★★ / ★★★★★★★★
5
□□□ <u>アルミニウム工業</u>のように、電力源の得やすい地域に立地する工業は総称して何と呼ばれるか。

電力指向型工業

★★★ / ★★★★★★★★
6
□□□ 鉄鋼・製糸・醸造業などのように、冷却・洗浄や製造工程の中で大量の<u>水</u>を使用するため、<u>用水</u>の得やすい地域に立地する工業は総称して何と呼ばれるか。

用水指向型工業

★★★ / ☆★★★★★★★
7
□□□ <u>自動車工業</u>のように、部品や製品の<u>輸送</u>に便利な交通条件のすぐれた地域に立地しやすい工業は総称して何と呼ばれるか。

交通指向型工業

★★★ / ☆★★★★★★★
8
□□□ 出版・印刷業や化粧品、ビール工業などのように、市場の情報を重視したり、破損しやすい製品のため、<u>大都市</u>に立地する工業は総称して何と呼ばれるか。

市場指向型工業

★★★ / ★★★★★★★★
9
□□□ 繊維工業や各種の組み立て工業などのように、安価で豊富または高度の技術をもつ<u>労働力</u>の得やすい地域に立地する工業は総称して何と呼ばれるか。

労働力指向型工業

★★★ / ★★★★★★★★
10
□□□ 工場が特定地域に集まると、原料の共同入手、工業関連施設の共同利用、中間製品の活用など、様々な便宜が得られる。工場が集中することにより、生じるこれらの利益を総称して何というか。

集積の利益

★★★ / ☆★★★★★★★
11
□□□ 全ての生産工程を外部に委託し、自社では生産に関わらずに<u>製造設備</u>を持たない企業のことを何というか。

ファブレス企業

★★★ / ★★★★★★★★
12
□□□ これまでにないアイデアで革新を進め起業から短期間で急成長を成し遂げた企業を何というか。

スタートアップ企業

■繊維工業

★★★ / ☆★★★★★★★
1
□□□ アジアにおける古くからの在来工業で、<u>産業革命</u>のさきがけとなり、ムンバイ・タシケント・アトランタ・マンチェスターなどの工業都市に代表される天然繊維工業は何か。

綿工業

★★★ / ★★★★★★★★
2
□□□ ヨーロッパにおける古くからの在来工業で、中世は<u>フランドル地方</u>を中心に栄え、リーズ・リール・ヘント・トリノ・サンクトペテルブルク・ボストンなどの都市に代表される天然繊維工業は何か。

毛織物工業

★☆☆/★★★★★★★		
3 □□□	アジアにおける古くからの在来工業で、明治時代から第二次世界大戦前まで、原料の糸がわが国の代表的輸出品であった天然繊維工業は何か。	絹工業
★★★/★★★★★★★		
4 □□□	綿や羊毛などの天然繊維から織物用の糸をつくることを何というか。繭から生糸をつくる場合には<u>製糸</u>と呼ばれる。	紡績
★★★/☆★★★★★★		
5 □□□	リヨンやミラノ、わが国の京都・金沢・福井・桐生・足利などで盛んであり、生糸を原料として<u>絹織物</u>を製造する工業を何というか。	絹織物工業
★☆☆/☆★★★★★★		
6 □□□	インドや<u>バングラデシュ</u>などの低湿地で生産される原料を用い、穀物や砂糖を入れる麻袋などをつくる天然繊維工業は何か。	ジュート工業
★★★/☆★★★★★★		
7 □□□	天然繊維に化学的処理を加えたり、化学的に合成したりして新しい繊維をつくりだす、化学的に加工・処理してつくられた繊維の総称を何というか。	化学繊維
★☆☆/★★★★★★★		
8 □□□	レーヨン・スフ・ベンベルグなど、パルプやくず綿に化学的処理を加えて利用しやすいようにかえた、この工業で生産される繊維を何というか。	再生繊維
★☆☆/★★★★★★★		
9 □□□	<u>ナイロン</u>・ビニロン・テトロンなど、この工業で化学的に高分子の結合をつくりだして繊維としたものを何というか。	合成繊維
★★★/☆★★★★★★		
10 □□□	布を裁断して衣服などの製品をつくる工業を何というか。ファッション性のある高級品は需要と情報が豊富な大都市に立地することが多い。	アパレル産業

■金属工業

★★★/☆☆☆☆★★★		
1 □□□	<u>鉄鉱石</u>を原料とし、各種の鋼材をつくる近代工業の基幹産業は何か。	鉄鋼業
★★☆/★★★★★★★		
2 □□□	生産の合理化と能率向上を図るため、1つの敷地内で製銑・製鋼・圧延を連続的に行なう工場を何というか。	銑鋼一貫工場

★★/★★★★★★★ **3** □□□ <u>バーミンガム</u>・バーミングハムのように鉄鋼の原料となる鉄鉱石と石炭の産地に近いところに製鉄所がある立地の型を何というか。	石炭・鉄鉱石産地立地型
★★/★★★★★★★ **4** □□□ <u>ピッツバーグ</u>・ノヴォクズネック・ザールブリュッケン・エッセン・カーディフのように<u>石炭</u>の産地に近いところに製鉄所がある立地の型を何というか。	石炭産地立地型
★★/★★★★★★★ **5** □□□ ダルース・クリヴィーリフ(クリヴォイログ)・マグニトゴルスクのように<u>鉄鉱石</u>の産地に近いところに製鉄所がある立地の型を何というか。	鉄鉱石産地立地型
★★/★★★★★★★ **6** □□□ フォス・ダンケルク・シャンハイ(上海)などのように原料を鉱石運搬船で輸入するのに便利な<u>港</u>に近いところに製鉄所がある立地の型を何というか。	港湾立地型(交通立地型)
★★★/☆★★★★★ **7** □□□ <u>ボーキサイト</u>を原料として中間製品の<u>アルミナ</u>をつくり、それを電気分解してつくられる軽金属を何というか。<u>アルミナ</u>から精錬する工程において大量の電力を消費する。	アルミニウム

■機械工業

★★/☆☆★★★★★ **1** □□□ 多くの機械工業にみられるように、部品を集め、これを流れ作業によって完成品に仕上げてゆく工業を何というか。	組立型工業
★★/★★★★★★★ **2** □□□ <u>自動車工業</u>などにみられるもので、大企業の親会社から受注して素材の加工や部品の製造を行なう、中小・零細企業を総称して何というか。	下請け企業
★★★/★★★★★★★ **3** □□□ 自動車工業や電気機械工業などの広い分野で採用されているもので、労働者の各種工業を代替する自動化された機械のことを何というか。	産業用ロボット
★★/★★★★★★★ **4** □□□ 発電用および産業用電気機械器具・電球・ラジオ・<u>テレビ</u>・通信用機器などを製造する機械工業の一部門を何というか。	電気機械工業
★★★/☆☆★★★★★ **5** □□□ 先端技術を利用し、各種の工業・通信の部品となる電子の働きを応用して機器をつくる電気機械器具工業の一部門を何というか。	エレクトロニクス産業

★★★/☆☆☆☆☆★★★
6 ☐☐☐ 集積回路などの中で使用される伝導体と絶縁体との中間的な性格をもった物質を総称して何というか。	半導体
★★☆/★★★★★★★★
7 ☐☐☐ 自動車・鉄道車両・自転車・航空機・船舶およびこれらの部品などを製造する機械工業の一部門を何というか。	輸送用機器工業 輸送機械産業
★★★/☆☆☆☆☆★★★
8 ☐☐☐ 多くの関連産業をもち、ベルトコンベアによる量産効果を生かすことにより、先進資本主義諸国の景気主導産業としての性格をもつ、輸送用機器工業の一部門を何というか。パリ・コヴェントリ・トリノ・ニジニーノヴゴロド・豊田などの都市に立地する。	自動車工業
★★★/☆★★★★★★★
9 ☐☐☐ ハンブルク・グラスゴー・ウルサン(蔚山)・佐世保・長崎などの都市に立地する輸送用機器工業の一部門を何というか。	造船業
★★★/☆☆☆☆☆★★★
10 ☐☐☐ アルミニウム工業と関連して発達した、軍需産業とも密接な工業で、シアトル・トゥールーズなどを代表的工業都市とする輸送用機器工業の一部門を何というか。	航空機産業
★★★/☆☆☆☆☆★★★
11 ☐☐☐ ロケット・人工衛星、打上げや追跡用の施設など宇宙開発に必要な資材の開発に関わる産業を何というか。	宇宙産業(航空宇宙産業)
★☆☆/☆☆☆☆☆★★★
12 ☐☐☐ スイスのジュネーヴやチューリヒ、アメリカ合衆国のロチェスター、ドイツのシュツットガルト、わが国の岡谷・諏訪などの都市に立地し、カメラをはじめとする光学機器・時計などを製造する機械工業の一部門を何というか。	精密機械工業

■化学工業

★★★/☆☆☆☆☆★★★
1 ☐☐☐ 石油・天然ガスを原料として、合成樹脂・合成繊維・合成ゴム・化学肥料・塗料・染料・建材などの多様な製品を製造する工業を何というか。	石油化学工業
★☆☆/★★★★★★★★
2 ☐☐☐ 原油に熱や圧力を加えて揮発油・ナフサ・ガソリン・灯油・軽油・重油などに分ける工業を何というか。	石油精製業
★★★/☆☆☆☆☆★★★
3 ☐☐☐ 石油精製の過程でできる石油化学工業の原料を何というか。	ナフサ

★★★/☆☆☆☆☆☆☆

| 4 □□□ | <u>石油精製工場</u>を中心に原料や中間製品がタンクやパイプで相互に結ばれ、工程が有機的に配置された生産施設を何というか。 | 石油化学コンビナート |

★★★/☆☆☆☆☆☆☆

| 5 □□□ | 粘土や石などを窯で焼いて陶磁器・ガラス・セメントなどをつくる工業を何というか。 | 窯業
（ようぎょう） |

★★★/☆☆☆☆☆☆☆

| 6 □□□ | 瀬戸・多治見・有田など各地に伝統的な工場が立地する工業で、陶土・珪石・長石などを調合し成型したものを窯に入れ、高温で焼き上げて陶器・磁器をつくる窯業の一部門を何というか。 | 陶磁器工業 |

★★★/☆☆☆☆☆☆☆

| 7 □□□ | 珪砂・石灰石・ソーダ灰などの原料を溶融炉でとかし、板状の製品などを生産する窯業の一部門である工業を何というか。わが国では珪砂の輸入と製品の輸送の便のため、横浜・尼崎・北九州・堺などの臨海部の都市に立地する。 | ガラス工業 |

★★★/☆☆☆☆☆☆☆

| 8 □□□ | 石灰石・粘土を粉末にして回転窯で焼き、石こうを加えて土木建築用材をつくる窯業の一部門である工業は何か。秩父・宇部・小野田（現、山陽小野田）・北九州などに立地する。 | セメント工業 |

■その他の工業

★★★/☆☆☆☆☆☆☆

| 1 □□□ | 小麦を原料として、小麦粉をつくる工業を何というか。 | 製粉業 |

★★★/☆☆☆☆☆☆☆

| 2 □□□ | <u>サトウキビ</u>や<u>テンサイ</u>を原料にして、砂糖を製造する工業を何というか。ニューヨーク・ロンドン・東京・大阪・横浜などの原料輸入港やマグデブルク・帯広などの原料産地に立地する。 | 製糖業 |

★★★/☆☆☆☆☆☆☆

| 3 □□□ | 果実や穀物の発酵作用を利用して、酒類やみそなどをつくる工業を総称して何というか。 | 醸造業 |

★★★/☆☆☆☆☆☆☆

| 4 □□□ | 神戸の灘に代表される、米を原料としたわが国独特の方法で醸造するアルコール飲料工業。 | 酒造業 |

★★★/☆☆☆☆☆☆☆

| 5 □□□ | ミュンヘン・ミルウォーキー・札幌などの産地に代表される、<u>大麦</u>・ホップを主原料としたアルコール飲料工業。 | ビール工業 |

★★★/☆☆☆☆★★★★ **6** □□□	ボルドー・シャンパーニュなどの産地に代表される、<u>ブドウ</u>を原料としたアルコール飲料工業。	ワイン工業
★★☆/☆★★★★★★★ **7** □□□	木材を機械でくだいたり、化学薬品で溶解するなどして繊維質の部分を取り出す。そのパルプを原料として、各種の紙を製造する工業を何というか。ポートランド・ヴァンクーヴァー、わが国の苫小牧・富士などに立地する工業を何というか。	パルプ工業
★★★/☆☆☆☆★★★★ **8** □□□	新聞や書籍などの製造・販売に関連する工業で、情報が得やすい大都市に立地しているものは何か。	印刷・出版業

■ 中国の工業

★★★/☆☆☆☆☆☆☆☆ **1** □□□	<u>シェンチェン(深圳)</u>や<u>チューハイ(珠海)</u>などのように、先進国の資本や技術の導入を目的に、経済的な優遇措置が与えられた5つの特別地域を何というか。	経済特区
★★★/☆☆☆★★★★★ **2** □□□	<u>テンチン(天津)</u>やチンタオ(青島)などのように、先進国から知識集約型の産業を誘致して国内への波及効果を図ることを目的に指定された特別都市を何というか。	経済技術開発区
★★★/☆☆☆☆★★★★ **3** □□□	1984年ごろ以降、人民公社解体後の自由化に伴って生まれた、地方行政単位経営の農村における中小企業を何というか。	郷鎮企業
★★★/☆☆☆☆★★★★ **4** □□□	南に<u>アンシャン(鞍山)</u>の鉄山、東に<u>フーシュン(撫順)</u>の炭田をひかえたこの地方の中心都市で、機械や鉄鋼などの重工業が発達。IT産業も立地し、交通の要地でもある都市はどこか。	シェンヤン(瀋陽)
★★☆/☆☆☆☆★★★★ **5** □□□	<u>トンペイ(東北)平原</u>のほぼ中央に位置する鉄道交通の要地。自動車・車両などの機械工業が盛んなほか、繊維・食品工業、バイオ産業なども発達する都市はどこか。	チャンチュン(長春)
★★☆/☆☆★★★★★★ **6** □□□	<u>リヤオトン(遼東)半島</u>の最南端にある経済技術開発区に指定された港湾都市で、ターチン(大慶)油田からパイプラインが通じ、化学・機械などの工業が発達。日本などの外国企業を多く誘致している都市はどこか。	ターリエン(大連)
★★★/☆☆☆★★★★★ **7** □□□	19世紀にロシアが建設したソンホワ川(松花江)沿岸に位	ハルビン(哈爾浜)

置する工業都市。機械・化学・織物などの工業が発達。開発地区にはIT産業やバイオ産業もみられる都市はどこか。

★★★/☆☆☆☆☆☆☆
□□□ 8 華北平原の北西部にある中央直轄市の1つで、鉄鋼のほか機械・食品・紡績・出版などの工業が発達。<u>中関村</u>などで先端技術産業の集積もみられる都市はどこか。 | ペキン(北京)

★★★/☆☆☆☆☆★★★
□□□ 9 <u>ペキン(北京)</u>の外港で、華北最大の貿易港。中央直轄市の1つで、石炭・鉄鉱石・石油などに恵まれ、鉄鋼・機械・紡績・食品などの各種工業が発達。先端技術の研究・開発機構も多い都市はどこか。 | テンチン(天津)

★★☆/☆★★★★★★
□□□ 10 <u>シャントン(山東)半島</u>の南部にある天然の良港からなる港湾都市。車両・機械・繊維などの工業が発達。経済技術開発区に指定されている。かつてドイツ、ついで日本の租借地であった都市はどこか。 | チンタオ(青島)

★★★/☆☆☆☆☆☆☆
□□□ 11 <u>長江(チャンチヤン)</u>の河口に広がるデルタ地帯にある中央直轄市の1つで、紡績・食品などの軽工業や鉄鋼・機械・造船などの重化学工業が発達するほか、港湾をひかえ商業も盛んな都市はどこか。<u>プートン(浦東)新区</u>の開発が進む。 | シャンハイ(上海)

★★★/☆☆☆★★★★
□□□ 12 長江(チャンチヤン)下流沿岸にある古都で、化学工業のほか、絹織物などの繊維・機械・鉄鋼・食品などの工業も発達。開発区にIT・バイオ産業などが立地する都市はどこか。 | ナンキン(南京)

★★★/☆☆★★★★★
□□□ 13 長江(チャンチヤン)とハン川(漢水)が合流する水陸交通の要地で、ターイエ(大冶)の鉄鉱石やピンシャン(萍郷)の石炭などを背景に<u>鉄鋼コンビナート</u>が立地するほか、機械・造船・車両などの工業も発達している都市はどこか。開発区には先端技術産業が集積。 | ウーハン(武漢)

★★★/☆☆☆☆☆★★
□□□ 14 <u>スーチョワン(四川)盆地</u>の南東部にある長江(チャンチヤン)沿岸の中央直轄市で、開発区には外国企業が進出し、機械・化学・食品・繊維などの工業が発達する都市はどこか。 | チョンチン(重慶)

★★★/☆☆☆☆★★★
□□□ 15 スーチョワン(四川)盆地の北西部に位置する商工業都市。水陸交通の要地で、農産物の集散地。開発区には自動 | チョントゥー(成都)

車・電子工業が立地し、石炭などの鉱産資源を背景に機械・化学工業などが発達する都市はどこか。

★★★/☆☆☆☆☆☆★
| 16 □□□ | チュー川(珠江)デルタの北部にある華南最大の商工業都市で、機械・織物・食品などの工業が盛ん。自動車産業や先端技術産業も立地する都市はどこか。 | コワンチョウ(広州) |

★★★/☆☆☆☆☆☆★
| 17 □□□ | チュー川(珠江)河口にあるイギリスの旧直轄植民地で、1997年中国に返還。中継貿易港であるほか、繊維や雑貨などの工業が盛んな新興工業地域はどこか。 | ホンコン(香港) |

★★★/☆☆☆☆☆☆★
| 18 □□□ | ホンコン(香港)に隣接する経済特区で、外国企業が早くから進出。電子・IT・バイオ産業などの先端技術産業を中心に機械・化学など各種工業が発達する都市はどこか。 | シェンチェン(深圳) |

★★★/☆☆☆☆☆☆★
| 19 □□□ | 黄河(ホワンホー)の支流、ウェイ川(渭河)流域に位置し、かつてチャンアン(長安)と呼ばれた旧王都で、繊維・機械・化学・製粉などの工業が発達する都市はどこか。 | シーアン(西安) |

★★★/☆☆☆☆☆☆★
| 20 □□□ | 黄河(ホワンホー)中流にある内モンゴル(内蒙古)自治区の商工業都市で、付近の石炭・鉄鉱石を背景に、鉄鋼コンビナートがある都市はどこか。 | パオトウ(包頭) |

★★★/☆☆☆☆☆☆★
| 21 □□□ | 台湾島北部にある同島の中心都市で、紡績・機械・食品などの工業が盛んで情報通信技術産業も立地する都市はどこか。 | タイペイ(台北) |

| 22 □□□ | 次の図中の①〜⑨は、中国の石炭・石油・鉄鉱石のいずれかの主産地、ⓐ〜ⓔは工業都市を示している。次の[1]〜[4]の説明にあてはまるものを、図中の記号から1つずつ選び、それに該当する地名を答えよ。 | |

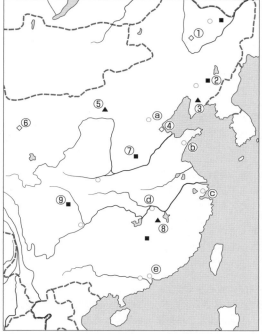

[1]第二次世界大戦前から日本によって開発された同国
　　の東北地方にある炭田で、現在では周辺の工業地域
　　で重工業発展の基礎となっている。

②フーシュン(撫順)
炭田

[2]1960年代から開発が進められた同国の東北地方にあ
　　る油田。ペキン(北京)やターリエン(大連)まで、パ
　　イプラインが通じている。

①ターチン(大慶)
油田

[3]大河川が合流する交通の要地で、ターイエ(大冶)の
　　鉄鉱石やピンシャン(萍郷)の石炭などを背景に鉄鋼
　　コンビナートが立地するほか、先端技術産業や機械
　　工業などが発達する工業都市。

ⓓウーハン(武漢)

[4]同国で最初に指定を受けた経済特区で、早くから外
　　国企業が進出し、発展が著しい工業都市。

ⓔシェンチェン
(深圳)

■韓国・北朝鮮の工業

★★★/☆☆☆☆☆★★★

□□□ テドン川(大同江)下流の丘陵上にある朝鮮民主主義人民
　　　共和国(北朝鮮)の首都で、付近の石炭・鉄鉱石などを利

ピョンヤン(平壌)

用し、機械・製鉄・紡績・食品などの工業が発達する都市はどこか。	
★★★/☆☆☆★★★★ 2 □□□ 朝鮮民主主義人民共和国(北朝鮮)の北部にある<u>日本海</u>にのぞむ工業都市で、ケマ(蓋馬)高原の鉄鉱石を利用して金属工業コンビナートが立地するほか、機械・ゴム・造船などの工業が発達する都市はどこか。	チョンジン(清津)
★★★/☆☆☆☆★★★ 3 □□□ 大韓民国(韓国)最大の人口をもつ<u>首都</u>で、先端技術産業のほか、機械・化学・食品・繊維などの各種の工業が発達する都市はどこか。	ソウル
★★★/☆☆☆☆☆★★ 4 □□□ <u>ソウル</u>の外港で、輸入原料による鉄鋼業のほか、食品・繊維・機械などの工業が発達する都市はどこか。潮の干満の差が大きいことでも知られる。	インチョン(仁川)
★★★/☆☆☆★★★★ 5 □□□ 大韓民国(韓国)南東部の日本海にのぞむ港湾都市で、日本企業の協力によって建設された<u>製鉄所</u>がある都市はどこか。	ポハン(浦項)
★★★/☆☆☆★★★★ 6 □□□ <u>ポハン(浦項)</u>の南部にある港湾都市で、外資導入により大規模な工業団地が造成され、造船・自動車・石油精製・肥料・繊維・化学工業などが発達する都市はどこか。	ウルサン(蔚山)
★★★/☆☆☆★★★★ 7 □□□ 朝鮮海峡にのぞむ大韓民国(韓国)最大の貿易港でコンテナターミナルがある。繊維・化学・造船などの工業のほか先端技術産業が立地し、水産加工業も盛んな都市はどこか。	プサン(釜山)

■東南アジアの工業

★★★/☆☆☆★★★★ 1 □□□ <u>チャオプラヤ川</u>の河口に位置するタイの首都。自動車・電機・繊維・食品など輸出指向型の各種工業が発達。ハイテク産業の誘致も盛んな都市はどこか。	バンコク
★★★/☆☆☆☆★★★ 2 □□□ マレー半島南部に位置するマレーシアの首都で、近年輸出加工区も設けられ、繊維・機械などの工業が発達。ハイテク・IT産業の誘致を進めている都市はどこか。	クアラルンプール
★★★/☆☆☆★★★★ 3 □□□ シンガポール南西部にある東南アジア有数の工業地域はどこか。石油精製・造船・鉄鋼・繊維などの工業が発達し、日本の企業の進出もみられる。	ジュロン工業地域

★★★/☆☆☆☆☆☆☆

4 □□□ ジャワ島に位置するインドネシアの<u>首都</u>で、オランダ植民地時代は東洋貿易の基地として発展した。現在は工業団地を造成し、機械・化学工業などが発達する都市はどこか。

ジャカルタ

★★★/☆☆☆☆☆☆☆

5 □□□ ベトナム北部、トン川デルタの中心に位置する同国の<u>首都</u>。郊外の工業団地には機械・電機・化学などの工業が発達。先端技術産業の誘致も盛んな都市はどこか。

ハノイ

★★★/☆☆☆☆☆☆☆

6 □□□ ルソン島の南西部に位置するフィリピンの首都。電機・自動車・化学などの工業が発達するほか、IT産業などの誘致も進めている都市はどこか。

マニラ

■インドの工業

★★☆/★★★★★★★

1 □□□ インド東部の河川で、アメリカ合衆国のTVAをモデルに実施されたもので、流域に多目的ダムを建設し、洪水調節、電力や灌漑用水の供給などを図った地域開発計画を何というか。

ダモダル川総合開発計画

★★★/★★★★★★★

2 □□□ 1907年、民族資本の<u>タタ財閥</u>によって<u>製鉄所</u>が建設された、インド有数の鉄鋼業都市。機械・車両工業なども盛んな都市はどこか。

ジャムシェドプル

★★★/☆☆☆☆☆☆☆

3 □□□ ガンジス川の分流フーグリー川沿岸にあるインド有数の貿易港で、<u>ジュート工業</u>のほか、金属・機械・化学・食品などの各種工業が発達する都市はどこか。

コルカタ(旧カルカッタ)

★★★/☆☆☆☆☆☆☆

4 □□□ アラビア海にのぞむインド最大の都市で、綿工業の中心地であるほか、機械・食品・化学工業などが発達。IT産業も立地している都市はどこか。

ムンバイ(旧ボンベイ)

★★☆/☆☆☆☆★★★

5 □□□ <u>ムンバイ</u>の北西部、カンバート湾北方にある代表的な綿工業都市の1つで、宝石・金銀細工などの手工業でも有名な都市はどこか。

アーメダバード

★★★/☆☆☆☆☆☆☆

6 □□□ インド南東部、ベンガル湾にのぞむこの地方の中心都市で、綿織物・皮革工業をはじめ、アルミニウム・窯業・機械工業などが発達する都市はどこか。

チェンナイ(旧マドラス)

★★★/☆☆☆☆☆☆☆

7 □□□ デカン高原上に位置するカルナータカ州の州都で、繊

維・機械工業などが盛ん。近年は <u>ICT 産業</u>や<u>先端技術産業</u>の発達が著しく「アジアの<u>シリコンヴァレー</u>」と呼ばれる都市はどこか。	ベンガルール(旧バンガロール)
★★★／☆☆☆☆☆★★★ **8** □□□ インド南部、デカン高原上に位置するテランガナ州の州都。綿工業・機械工業が発達するが、1990年代にハイテク団地が建設され、ICT 産業が集積する都市はどこか。	ハイデラバード

■その他のアジアとアフリカの工業

★★★／☆☆☆☆☆★★★ **1** □□□ <u>ガンジス川デルタ</u>に位置するバングラデシュの首都。ジュート工業のほか、肥料・セメント・機械工業などが発達する都市はどこか。	ダッカ
★★☆／☆☆☆★★★★★ **2** □□□ アラビア海にのぞみ<u>インダス川</u>河口のデルタに位置するパキスタンの旧首都。農産物の集散地・輸出港であるほか、鉄鋼・機械・繊維などの工業が発達する都市はどこか。	カラチ
★★☆／☆☆★★★★★★ **3** □□□ この工業地域の中心都市で、ウズベキスタンの首都。綿織物工業をはじめ、各種の機械工業が発達。	タシケント
★★☆／☆★★★★★★★ **4** □□□ アムダリア川上流部にある中央アジア最古の都市で、シルクロードの要地。繊維・食品・機械工業などが発達。	サマルカンド
★★★／☆☆☆☆☆★★★ **5** □□□ <u>ボスポラス海峡</u>に面するトルコ最大の港湾・商工業都市はどこか。造船・化学・織物・たばこなどの工業が発達する。	イスタンブール
★★★／☆☆☆☆☆☆★★ **6** □□□ 南アフリカ共和国の南端付近に位置し、ヨーロッパとアジアを結ぶ航路の中継地として、大航海時代から発展した。最近では造船・機械・水産加工などの工業が盛んな都市はどこか。	ケープタウン
★★★／☆☆☆★★★★★ **7** □□□ 南アフリカ共和国北東部の高原上にある鉱工業都市。金鉱の発見とともに発展。化学・繊維・鉄鋼などの工業が発達する都市はどこか。	ヨハネスバーグ

■西ヨーロッパの工業地域

★★★／☆☆☆☆★★★★ **1** □□□ イギリス南西部からベネルクス3国、ルール工業地帯、	青いバナナ

ライン川流域を経て、イタリア北部にかけての各種工業が発達する地域を、ある果物の形にたとえて何というか。

★★☆/☆☆☆☆☆☆☆ **2** ☐☐☐	イギリス北部、クライド川の河口に位置する<u>スコットランド</u>の中心都市で、付近に産する石炭を背景に鉄鋼・造船・化学工業・ハイテク産業などが発達する工業都市はどこか。	グラスゴー
★★☆/☆☆☆☆☆☆☆☆ **3** ☐☐☐	イギリス北部、グラスゴーやエディンバラを中心とし、半導体やコンピュータなどエレクトロニクス産業が立地するようになった地域をとくに何というか。	シリコングレン
★★☆/☆☆☆☆☆☆☆☆ **4** ☐☐☐	イングランド北東部ティーズ川河口付近にある工業都市で、鉄鋼業のほか、<u>北海油田</u>からパイプラインが通じ、精油・化学工業が発達しているのはどこか。	ミドルズブラ
★★☆/☆☆☆☆☆☆☆☆ **5** ☐☐☐	<u>ペニン山脈</u>の西麓に位置し、綿工業を中心として産業革命発祥の地となり、現在では機械・化学工業などのほか、先端技術産業も発達しているのはイギリスのどの地方か。	ランカシャー地方
★★☆/☆☆☆☆☆☆☆☆ **6** ☐☐☐	産業革命発祥の地となった<u>ランカシャー地方</u>の中心都市で、綿工業で有名なほか、現在では機械・化学・鉄鋼・ハイテク産業などの工業が発達している都市はどこか。運河によってアイリッシュ海と結ばれる。	マンチェスター
★★☆/☆☆☆☆☆☆☆☆ **7** ☐☐☐	ペニン山脈東麓に位置し、<u>リーズ</u>やブラッドフォードを中心として炭田を背景に毛織物工業をはじめ鉄鋼業・自動車工業・先端技術産業が発達しているのはイギリスのどの地方か。	ヨークシャー地方
★★★/☆☆☆☆☆☆☆☆ **8** ☐☐☐	マージー川河口に位置するイギリス有数の貿易港で、製粉・製糖業のほか、各種の機械工業が発達。	リヴァプール
★★★/☆☆☆☆☆☆☆☆ **9** ☐☐☐	イングランド中央部に位置し、<u>バーミンガム</u>など鉄鉱石と豊富な炭田を背景に成立した鉄鋼業地で、かつて「ブラックカントリー(黒郷)」と呼ばれた同国有数の工業地域があるのはイギリスのどの地方か。	ミッドランド地方
★★★/☆☆☆☆☆☆☆☆ **10** ☐☐☐	<u>ミッドランド地方</u>の中心都市でイギリス第2の人口をもち、鉄鋼・機械・化学などの重工業が発達し、再開発が進んでいる都市はどこか。	バーミンガム
★★☆/☆☆☆☆☆☆☆☆ **11** ☐☐☐	古くは羊毛・絹などの繊維工業を中心としていたが、現	コヴェントリ

在は自動車・航空機・オートバイ製造に特色がある。

★★★/☆☆☆☆☆☆☆
12
□□□ イギリス最大の人口をもつ都市を中心とし、衣服・出版・皮革・化学・食品など、大都市型の総合工業地域となっているのはどこか。　｜　ロンドン

★★★/☆☆☆☆☆☆☆
13
□□□ フランスの首都で国内最大の都市。自動車・航空機・食品・繊維のほか、化粧品・装飾品などの大都市型工業の発達が著しいのはどこか。　｜　パリ

★★☆/☆☆☆☆☆☆☆
14
□□□ セーヌ川河口付近に位置するフランス有数の貿易港で、輸入原油を利用した石油化学工業をはじめ、造船・自動車工業などが発達。　｜　ルアーヴル

★★☆/☆☆☆☆☆☆☆
15
□□□ ドーヴァー海峡に面する北海沿岸にあるフランスの港湾都市で、第二次世界大戦後、輸入原料を利用した港湾立地型の製鉄所が建設されて鉄鋼業が発達する都市はどこか。　｜　ダンケルク

★☆☆/☆☆☆☆☆☆☆
16
□□□ アルザス地方の中心都市で、ローヌ＝ライン運河やマルヌ＝ライン運河の起点。マルセイユからパイプラインが通じ、石油化学工業が発達。金属・機械・ビール・印刷工業なども盛んな都市はどこか。　｜　ストラスブール

★★★/☆☆☆☆☆☆☆
17
□□□ モーゼル川の上流に位置し、ロレーヌ鉄山やザール炭田、モーゼル川の水運を背景に、メスやナンシーなどを中心として鉄鋼業をはじめとする重工業が発達しているフランスの地方はどこか。　｜　ロレーヌ地方

★★★/☆☆☆☆☆☆☆
18
□□□ ローヌ川とその支流ソーヌ川の合流点にあるフランス有数の都市で、家内工業による伝統的な絹工業のほか、化学繊維・自動車・機械工業などがみられる都市はどこか。　｜　リヨン

★★★/☆☆☆☆☆☆☆
19
□□□ 地中海に面するフランス有数の港湾都市で、造船・鉄鋼・食品・機械工業が盛ん。石油専用港が併設され、石油関連の工業が発達。ローヌ川河口近くにあるこの都市はどこか。　｜　マルセイユ

★★★/☆☆☆☆☆☆☆
20
□□□ ローヌ川河口東部に位置する港湾工業地区。輸入原料による精油・石油化学・鉄鋼業などが発達する都市はどこか。　｜　フォス

★★★/☆☆☆☆☆☆☆
21
□□□ ガロンヌ川中流の商工業都市で、繊維・機械・化学工業　｜　トゥールーズ

が発達し、とくに<u>航空機産業</u>で知られる都市はどこか。

★★☆/★★★★★★★★

22
□□□
ガロンヌ川下流、メドック地方の中心都市で、ぶどうの集散地、また<u>ワイン</u>の醸造地としても有名な都市はどこか。 | ボルドー

★★★/☆☆★★★★★★

23
□□□
<u>ライン川</u>下流地域に位置するヨーロッパ最大の工業地域で、良質な石炭と水運を背景に、鉄鋼・機械・化学などの重工業が発達した工業地域はどこか。 | ルール工業地域

★★☆/☆★★★★★★

24
□□□
ルール川の沿岸に位置する<u>ルール工業地域</u>の中心都市の1つで、ライン川の水運とルール炭田を背景に鉄鋼・機械・化学などの工業が発達する工業都市はどこか。 | エッセン

★★☆/☆★★★★★★

25
□□□
エッセンの東方約30kmほどのところにある、この工業地域の中心都市の1つ。運河によってライン川や北海と結ばれ、重工業が発達するほか、ビール工業も有名な都市はどこか。 | ドルトムント

★★★/★★★★★★★

26
□□□
ライン川とルール川の合流点に位置するヨーロッパ最大の河港都市で、鉄鋼・金属・石油精製などの工業が発達する都市はどこか。 | デュースブルク

★★☆/★★★★★★★

27
□□□
ライン川下流の右岸にある経済的中心都市で、外国の商社や金融機関が多い。鉄鋼・製紙・ガラス・化学工業などがみられる都市はどこか。 | デュッセルドルフ

★★☆/☆★★★★★★

28
□□□
古代ローマ時代の植民都市に起源をもつ、ライン川沿岸の商工業都市。水運や陸上交通の要地で、機械・繊維・化学・食品・ハイテク産業などの工業が発達する都市はどこか。 | ケルン

★★★/☆☆☆☆★★★

29
□□□
ライン川の支流マイン川にのぞむドイツの<u>航空</u>交通・<u>金融</u>の中心地で、金属・化学・電気機械などの重化学工業が盛んな都市はどこか。 | フランクフルト

★★☆/★★★★★★★

30
□□□
ライン川とネッカー川の合流点にある河港で、マルセイユからのパイプラインによる石油化学工業をはじめ、自動車・電気機械・食品などの工業が発達する都市はどこか。 | マンハイム

★★★/☆★★★★★★

31
□□□
ライン川支流のネッカー川沿岸にあり、自動車・光学機械・食品のほか、先端技術産業・印刷業が盛んな商工業 | シュツットガルト

都市はどこか。

★★★/☆☆☆☆☆☆

32
□□□
バイエルン地方の中心都市で、ビール醸造のほか、機械工業・印刷業・先端技術産業などが発達する都市はどこか。

ミュンヘン

★★★/☆☆☆☆☆☆

33
□□□
ドイツとフランスの国境付近にある石炭産地のため、かつて両国の係争地となった地域で、ザールブリュッケンなどに豊富な石炭を基礎として製鉄をはじめ各種の工業が発達した地域はどこか。

ザール地域（ザール地方）

★★★/☆☆☆☆☆☆

34
□□□
エルツ山脈北麓からエルベ川上流域にかけて広がり、炭田を基礎に金属・機械・繊維・陶磁器工業などがライプツィヒやドレスデンに発達するドイツ東部の工業地域はどこか。

ザクセン地方

★★★/☆☆☆☆☆☆

35
□□□
エルベ川河口、ハンザ同盟に起源をもつ同国最大の貿易港がある都市で、造船・化学・石油精製・バイオ産業などの工業が盛んな都市はどこか。

ハンブルク

★★★/☆☆☆☆☆☆

36
□□□
ベルギー中部に位置するこの国の首都で、機械・繊維・金属などの工業が発達するほか、EU（ヨーロッパ連合）やNATO（北大西洋条約機構）の本部がおかれる国際都市はどこか。

ブリュッセル

★★★/☆☆☆☆☆☆

37
□□□
ベルギー北部、スヘルデ川下流にあるベルギー最大の貿易港で、造船・石油化学などの工業が盛んな都市はどこか。

アントウェルペン（アンベルス）

★★★/☆☆☆☆☆☆

38
□□□
オランダ南西部、ヨーロッパ有数の貿易港をもち、造船業のほか石油精製・化学・機械工業などが発達する都市はどこか。

ロッテルダム

★★★/☆☆☆☆☆☆

39
□□□
EC（現在のEU）の玄関口の中継貿易港として、1958年、新マース川河口に着工された港湾地区を何というか。

ユーロポート

★★★/☆☆☆☆☆☆

40
□□□
アイセル湖にのぞむオランダの首都で、伝統的なダイヤモンド加工業で有名。造船・機械・化学・食品などの工業も発達する都市はどこか。

アムステルダム

41
□□□
次の図中の①〜⑧は、ヨーロッパの石炭・石油・鉄鉱石のいずれかの主産地、〔A〕〜〔D〕は工業地域、ⓐ〜ⓖは工業都市を示している。次の[1]〜[5]の説明にあて

はまるものを、図中の記号から1つずつ選ぶとともに、それに該当する地名を答えよ。

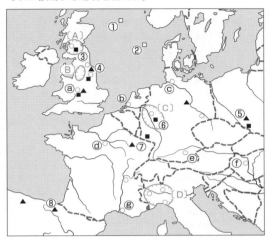

[1] ドイツの重工業発展の基礎となった、ヨーロッパ最大の炭田。近年、閉山が続いた。 ⑥ルール炭田

[2] ミネット鉱と呼ばれる鉄鉱石を産し、周辺の重工業の発展を支えたフランスにあるヨーロッパ有数の鉱産地。 ⑦ロレーヌ地方

[3] 綿工業を中心として産業革命の発祥地となり、現在では機械・化学工業・先端技術産業なども発達する地域。 〔B〕ランカシャー地方

[4] 鉄鉱石とミッドランド炭田を背景に、鉄鋼業・機械工業が発達した、かつて「ブラックカントリー(黒郷)」と呼ばれた工業地域の中心都市。 ⓐバーミンガム

[5] 大河川の河口部に位置し、付近にユーロポートと呼ばれる港湾地区をもつ、ヨーロッパ有数の港湾・工業都市。 ⓑロッテルダム

■北・南・東ヨーロッパの工業

★★★/☆☆☆★★★

1
□□□ バルト海と北海を結ぶ海上交通の要地で、<u>デンマーク</u>の首都。造船・電気機械・食品などの工業が発達する都市はどこか。 コペンハーゲン

★★★/☆☆☆★★★

2
□□□ スウェーデン南東部にあるこの国の首都で、" 北のヴェ ストックホルム

ネツィア"とも呼ばれる。金属・機械・電機・造船など
の工業が発達する都市はどこか。

★★★/☆☆☆☆☆☆☆

| 3 □□□ | <u>フィヨルド</u>の湾奥に位置するノルウェーの首都で、造船・金属・化学などの工業が発達し、近接する工業団地にはハイテク工業も集積している都市はどこか。 | オスロ |

★★★/☆☆☆☆☆☆☆

| 4 □□□ | スイス最大の都市で、繊維・機械・電子工業が発達し、<u>精密機械</u>はとくに有名。世界的な商業・金融の中心地でもある都市はどこか。 | チューリヒ |

★★★/☆☆☆☆☆☆☆

| 5 □□□ | ライン川水運の遡行の終点にあたる河港で、スイス第3の都市。絹織物・化学工業などが発達する都市はどこか。 | バーゼル |

★★★/☆☆☆☆☆☆☆

| 6 □□□ | スペイン中部に位置する同国の首都で、織物・食品・家具などの軽工業のほか、機械・化学などの工業が発達。観光都市でもある都市はどこか。 | マドリード |

★★★/☆☆☆☆☆☆☆

| 7 □□□ | 地中海に面するスペインの港湾都市で、<u>カタルーニャ地方</u>の中心都市。繊維、自動車、航空機、化学などの工業が発達し、臨海部では工業地域の再開発が進められている都市はどこか。 | バルセロナ |

★★★/☆☆☆☆☆☆☆

| 8 □□□ | <u>パダノ＝ヴェネタ平野</u>の北部に位置し、豊富な水力発電と湧水を利用して、絹工業などの繊維をはじめ機械・化学・食品などの工業が発達する都市はどこか。 | ミラノ |

★★★/☆☆☆☆☆☆☆

| 9 □□□ | フランスと結ぶアルプス越えの要地で、自動車工業が発達するほか、繊維・ゴム・機械・航空機などの工業も盛んな都市はどこか。 | トリノ |

★★☆/☆☆☆☆☆☆☆

| 10 □□□ | 地中海に面するイタリア有数の貿易港で、輸入原料による鉄鋼・造船・化学などの工業が発達。先端技術産業の導入が図られ、ミラノやトリノとともにイタリアの<u>工業三角地帯</u>の一角をなしている。 | ジェノヴァ |

★★☆/☆☆☆☆☆☆☆

| 11 □□□ | アドリア海の湾奥に位置する港湾都市で金属・化学・機械工業などが発達し、観光・文化都市としても有名な都市はどこか。 | ヴェネツィア |

★★★/☆☆☆☆☆☆☆

| 12 □□□ | イタリア半島南部にあり、南部開発の拠点として<u>製鉄所</u>が建設され、造船・食品工業も盛んな都市はどこか。 | タラント |

★★★/☆☆☆★★★──

13
□□□　ボローニャ・ヴェネツィア・<u>フィレンツェ</u>など中世以来の伝統的な技術をもつ職人たちが集積したところで、近代工業の発達した北部、農業中心の南部に対して、この地域のことを何というか。 | サードイタリー（第3のイタリア）

★★★/☆☆☆☆★★──

14
□□□　チェコの首都で、自動車・航空機・工作機械などの機械工業のほか、繊維・<u>ガラス</u>・印刷などの工業も発達しているのはどこか。 | プラハ

★★★/☆☆☆★★★──

15
□□□　ルーマニアの首都で、第二次世界大戦後、重工業の発展が著しく、機械・化学・繊維などの工業が盛ん。 | ブカレスト

★★★/☆☆☆☆★★──

16
□□□　ハンガリーの首都で、<u>ドナウ川</u>を挟んで右岸が政治・文化の中心、左岸が商工業の中心となっている。機械工業・化学工業などが盛ん。 | ブダペスト

★★★/★★★★★★──

17
□□□　ドネツ炭田の中心都市で、鉄鋼・機械などの重工業が発達するのはどこか。 | ドネツク

★★★/★★★★★★──

18
□□□　<u>ドネツ炭田</u>とクリヴィーリフ（クリヴォイログ）鉄山の中間に位置するドニプロ（ドニエプル）川沿岸の都市で、水力発電を利用し、鉄鋼・アルミニウム・機械などの重工業が発達。 | ドニプロ（ドニエプロペトロフスク）

★★★/☆☆☆☆★★──

19
□□□　ドニプロ（ドニエプル）川中流沿岸に位置するウクライナの首都で、同国の政治・経済・文化の中心地。精密機械など各種機械や織物・食品工業などが発達する工業都市はどこか。 | キーウ（キエフ）

■ロシアの工業

★★★/☆☆☆☆★★──

1
□□□　水陸交通の要衝にあるロシアの<u>首都</u>で、精密機械・電気機械・繊維・化学など、大都市型の各種工業が盛んな都市はどこか。 | モスクワ

★★★/☆☆★★★★──

2
□□□　<u>ヴォルガ川</u>とオカ川の合流点に位置する河港都市で、自動車や造船などの輸送機械や化学・食品などの工業が盛ん。 | ニジニノヴゴロド

★★★/☆☆★★★★──

3
□□□　<u>ヴォルガ川</u>沿岸にある河港都市で、付近の水力発電所から送られる電力を利用し、アルミニウム工業をはじめ機 | ヴォルゴグラード

械・石油化学・食品・木材加工などの工業が発達する都
市はどこか。

★★★／★★★★★★★★
4
□□□
シベリア鉄道の起点をなす交通上の要地で、ロシア有数
のトラクター工場をはじめ、金属・機械・化学などの工
業が発達。

| チェリャビンスク |

★★★／★★★★★★★★
5
□□□
<u>ウラル山脈</u>南東麓にあるこの地方の文化・科学の中心地
で、機械工業が盛んなほか、鉄鋼・化学・繊維などの工
業も発達。

| エカテリンブルク |

★★☆／★★★★★★★★
6
□□□
<u>クズネツク炭田</u>の中心都市で、鉄鋼業・アルミニウム工
業が発達し、冶金工業も盛んである。

| ノヴォクズネツク |

★★★／☆☆★★★★★★
7
□□□
シベリア鉄道が<u>オビ川</u>を渡る地点に建設されたシベリア
有数の都市で、鉄鋼・機械・食品などの各種工業が発達
し、シベリア開発のための研究機関もある。

| ノヴォシビルスク |

★★★／☆☆★★★★★★
8
□□□
シベリア鉄道と<u>エニセイ川</u>の交点に位置する河港で、世
界有数の<u>水力発電所</u>の電力や豊富な林産資源を背景に、
アルミニウム・パルプ・機械などの工業が発達。

| クラスノヤルスク |

★★★／☆☆☆☆★★★★
9
□□□
<u>バイカル湖</u>の南西部、アンガラ川沿いにあるこの地域の
中心都市で、製鉄・アルミニウム・機械・木材加工など
の工業が盛んな工業都市はどこか。

| イルクーツク |

★★★／☆☆☆★★★★★
10
□□□
レナ川中流に位置する<u>サハ共和国</u>の主都。毛皮交易の中
心地で皮革工業のほか、森林資源やレナ炭田を背景に木
材・化学工業などが発達する都市はどこか。

| ヤクーツク |

★★★／☆☆★★★★★★
11
□□□
<u>アムール川</u>とウスリー川の合流点にあるこの地方の中心
都市で、各種機械のほか石油化学・繊維・食品などの工
業が発達する都市はどこか。

| ハバロフスク |

★★★／☆☆☆☆☆★★★
12
□□□
日本海に面した港湾都市で、<u>シベリア鉄道</u>の終点。水
産・食品加工が盛んなほか、造船・機械などの工業も発
達する都市はどこか。

| ウラジオストク |

13
□□□
次の図中の①〜⑨は、ロシアとその周辺国の石炭・石
油・鉄鉱石のいずれかの主産地、ⓐ〜ⓔは工業都市を示
している。次の[1]〜[4]の説明にあてはまるものを、
図中の記号から1つずつ選ぶとともに、それに該当する
地名を答えよ。

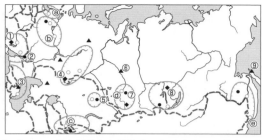

[1] ロシア革命以前から開発されたウクライナ最大の炭田。　②ドネツ炭田

[2] 1960年代以降、開発が進められたロシア最大の埋蔵量をもつ油田。　⑥チュメニ油田

[3] 古くから港湾として発達してきたロシア第2の都市で、伝統的な繊維・パルプ工業に加え、機械・アルミニウム、石油化学工業などが発達する工業都市。　ⓐサンクトペテルブルク

[4] シベリア鉄道がオビ川を渡る地点に建設された都市で、鉄鋼・機械・食品などの工業が発達するほか、シベリア開発の研究機関も設置されている。　ⓓノヴォシビルスク

■ アメリカ合衆国・カナダの工業

★☆☆/★★★★★★★
1
□□□ アメリカ合衆国北東部にあり最も早く工業の発達したところで、優秀な技術と大消費地を背景に、綿織物・毛織物・皮革などの高級品製造と精密機械・造船などが盛んな地域はどこか。　ニューイングランド地方

★★★/☆☆☆☆☆★★
2
□□□ <u>ニューイングランド地方</u>の中心都市で、繊維・機械・造船・エレクトロニクス工業のほか、印刷・出版などの工業がみられる港湾都市はどこか。　ボストン

★★★/★★★★★★★
3
□□□ <u>ボストン</u>の郊外の高速道路沿いに電子機器工場の集積がみられる地域をとくに何というか。　エレクトロニクスハイウェー

★★★/☆☆☆☆☆☆★
4
□□□ <u>ハドソン川</u>河口にあり、被服・印刷・出版・食品・機械・造船・化学・IT工業がみられ、世界的な経済の中心地である都市はどこか。　ニューヨーク

★★★/☆☆☆☆★★★
5
□□□ <u>独立宣言</u>が発せられた都市として知られ、輸入原料などを基礎に、鉄鋼・機械・精油などの工業が盛んな都市はどこか。　フィラデルフィア

★★★/☆★★★★★ **6** □□□ <u>チェサピーク湾</u>の湾奥に位置する港湾都市で、鉄鋼をはじめ造船・自動車工業などが発達する都市はどこか。		ボルティモア
★★★/☆☆☆★★★ **7** □□□ <u>アパラチア炭田</u>の中心にあり、"鉄の都"として有名な鉄鋼業都市。金属・機械・化学、バイオ産業などの先端技術工業も盛んな都市はどこか。		ピッツバーグ
★★★/★★★★★★★ **8** □□□ <u>エリー湖</u>南岸にある港湾都市で、鉄鋼業のほか自動車・電気機器などの機械工業・化学工業・先端技術産業なども発達する都市はどこか。		クリーヴランド
★★★/★★★★★★★ **9** □□□ エリー湖東岸にあり、<u>ナイアガラ滝</u>を利用した水力発電により、鉄鋼・製粉業が発達。自動車・化学・機械などの工業も盛ん。		バッファロー
★★★/☆☆☆☆☆★★ **10** □□□ ヒューロン湖とエリー湖との中間に位置する<u>自動車</u>工業都市。多数の自動車関連工場が集中するほか、航空機・製鉄などの工業も発達する都市はどこか。		デトロイト
★★★/☆☆☆☆☆★★ **11** □□□ <u>ミシガン湖</u>の南西岸にある交通の要地で、農業機械・鉄鋼・自動車などのほか、食肉・缶詰・製粉などの食品工業も盛ん。先端技術産業の誘致や金融・サービスなど新しい産業の転換を進める都市はどこか。		シカゴ
★★★/★★★★★★★ **12** □□□ ミシガン湖西岸にある<u>ビール工業</u>で有名な都市。機械・自動車・鉄鋼などの工業も発達。近年、重工業の停滞に伴い、ソフトウェアや医療機器などへの転換が図られている都市はどこか。		ミルウォーキー
★★★/★★★★★★★ **13** □□□ ミネソタ州のミシシッピ川右岸にある商工業都市で、<u>春小麦</u>地帯の東端に位置し、製粉業で知られるほか、繊維や農業機械工業なども盛んな都市はどこか。最近ではIT産業やハイテク産業が集積する。		ミネアポリス
★★★/☆★★★★★★ **14** □□□ ミシシッピ川とミズーリ川の合流点近くに位置する<u>トウモロコシ地帯</u>の中心都市で、炭田を基礎に鉄鋼・製粉・農業機械などの工業が発達。		セントルイス
★★★/☆☆☆★★★★ **15** □□□ ミズーリ川とカンザス川の合流点に位置する<u>冬小麦地帯</u>の中心都市で、大規模な家畜市場があり、製粉などの食品工業のほか、農業地域・石油精製工業などが発達する都市はどこか。		カンザスシティ

★★★/☆☆☆★★★		
16 □□□	ロッキー山脈東麓に位置する<u>コロラド州</u>の州都で、豊かな農牧地帯を背景に食品工業が発達するほか、鉱産資源を基礎に冶金工業が盛んな都市はどこか。近年は先端技術産業もみられる。	デンヴァー
★★★/☆☆☆☆☆★		
17 □□□	<u>ジョージア州</u>の州都でアパラチア山脈東麓の工業都市。綿工業を基礎に発展、食品工業をはじめ自動車工業や航空機工業の発達が著しい都市はどこか。	アトランタ
★★★/★★★★★★		
18 □□□	アパラチア山脈南西麓に位置する鉱工業都市で、付近に産する鉄鉱石・石炭を基礎に鉄鋼業が発達。近年は自動車工業や先端医療産業なども盛んな都市はどこか。	バーミングハム
★★★/☆☆☆★★★		
19 □□□	フロリダ半島の<u>タンパ</u>からオーランドにかけての集積回路や航空宇宙産業などの先端技術産業が集積する地域を何というか。	エレクトロニクスベルト
★★★/☆☆☆★★☆		
20 □□□	テキサス州のメキシコ湾岸にある港湾・工業都市。<u>メキシコ湾岸油田</u>を背景に石油関連工業がみられ、最近では宇宙関連産業も盛んな都市はどこか。	ヒューストン
★★★/☆☆☆★★★		
21 □□□	<u>ミシシッピ川</u>の河口にある古くから綿花・小麦の積み出しで有名な港湾都市。石油関連工業のほか食品加工・航空機工業も発達する都市はどこか。	ニューオーリンズ
★★★/☆☆☆★★★		
22 □□□	<u>内陸油田</u>の開発によって石油精製・石油化学工業が盛んなほか、航空機・繊維工業も発達。近年はIT産業・電子工業など先端技術産業も集積している。	ダラス
★★★/☆☆☆★★★		
23 □□□	<u>ダラス</u>やフォートワースなどを中心とした、集積回路や航空宇宙産業などの先端技術産業が集積する地域を何というか。	シリコンプレーン
★★★/☆☆☆★★★		
24 □□□	アリゾナ州の州都で、温暖で乾燥した気候を生かし観光保養地として発展したが、1990年代以降、航空機・電子工業などハイテク産業が発達する都市はどこか。周辺地域は<u>シリコンデザート</u>と呼ばれるようになった。	フェニックス
★★★/☆☆☆★★★		
25 □□□	1970年代以降、工場の進出や人口の増加が著しいアメリカ合衆国の、ほぼ北緯<u>37度線以南</u>の地域を何というか。	サンベルト
★★★/☆☆☆★★☆		
26 □□□	サンベルトに対して、アメリカ合衆国のほぼ北緯<u>37度線</u>	フロストベルト(ス

以北の地域を何というか。		ノーベルト、ラストベルト）

★★★／☆☆☆☆☆☆
27
☐☐☐ アメリカ合衆国第2の人口をもつ都市で、カリフォルニア油田を背景とした石油関連産業のほか、自動車・航空機・電子などの工業が盛ん。ハリウッドを中心とする映画産業も有名。 | ロサンゼルス

★★★／☆☆☆☆☆★★
28
☐☐☐ メキシコとの国境に近い港湾都市で、海軍基地がある。食品・化学のほかに航空機などの工業が盛んな都市はどこか。 | サンディエゴ

★★★／☆☆☆☆☆☆
29
☐☐☐ 太平洋沿岸で陸・海・空路の要衝となる貿易港があり、果実などの食品加工・電気機械・自動車工業などが発達する都市はどこか。 | サンフランシスコ

★★★／☆☆☆☆☆☆
30
☐☐☐ サンフランシスコの郊外にあるサンノゼを中心とした先端技術産業の集積がみられる地域を何というか。 | シリコンヴァレー

★★★／☆☆☆☆☆☆
31
☐☐☐ カナダとの国境に近い太平洋沿岸北部にある港湾都市。パルプ・製材工業・造船のほか、とくに航空機工業が盛んな都市はどこか。 | シアトル

★★★／☆☆☆☆★★
32
☐☐☐ コロンビア川支流に位置する港湾都市で、製材・製紙・造船などの工業が発達する都市はどこか。周辺地域はハイテク産業が集積してシリコンフォレストとも呼ばれる。 | ポートランド

33
☐☐☐ 次の図中の①～⑦は、アメリカ合衆国の石炭・石油・鉄鉱石のいずれかの主産地、ⓐ～ⓕは工業都市を示している。次の[1]～[4]の説明にあてはまるものを、図中の記号から1つずつ選ぶとともに、それに該当する地名を答えよ。

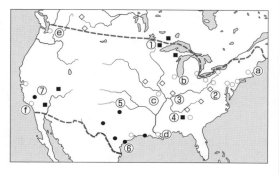

[1] 無煙炭や強粘結炭を産する同国有数の炭田で、付近の工業地域発展の基礎となった。 ②アパラチア炭田

[2] 大部分が露天掘りの同国有数の鉄鉱石産地で、その鉱石は付近の水運を使って各地の工業都市へ送られる。 ①メサビ

[3] 同国で最も早く工業が発達し、優秀な技術や大消費地を背景に高級衣料品・精密機械などの製造が盛んで、郊外のエレクトロニクスハイウェイには電子工業の集積がみられる工業都市。 ⓐボストン

[4] 大河川の河口に位置し、古くから綿花・小麦などの積み出し港として知られ、現在では石油関連工業のほか、食品・機械工業も発達する工業都市。 ⓓニューオーリンズ

★★★／★★★★★★★

34
☐☐☐ 大西洋へと流れる<u>セントローレンス川</u>の起点に位置するカナダ有数の都市で、繊維工業をはじめ製材・パルプ・機械工業などが発達する都市はどこか。 モントリオール

★★★／★★★★★★★

35
☐☐☐ <u>セントローレンス川</u>の支流に位置するカナダの首都で、製材・製紙工業のほか、出版業も盛んな都市はどこか。 オタワ

★★★／★★★★★★★

36
☐☐☐ <u>オンタリオ湖</u>北西岸にあるカナダ最大の都市で、農業機械・車両工業・パルプ工業が盛んな都市はどこか。 トロント

★★★／★★★★★★★

37
☐☐☐ <u>アルバータ油田</u>の中心都市で、石油精製・石油化学工業が発達する都市はどこか。 エドモントン

★★★／★★★★★★★

38
☐☐☐ <u>太平洋</u>沿岸ではカナダ最大の港湾都市で、豊富な鉱産資源と水力発電に恵まれ、鉄鋼・機械・製紙・食品などの工業が発達する都市はどこか。最近ではIT産業も立地。 ヴァンクーヴァー

■ラテンアメリカとオセアニアの工業

★★★/☆☆☆☆☆☆☆ **1** □□□	メキシコ最大の都市で同国の首都、鉄鋼・化学・たばこ・繊維工業などが盛んな都市はどこか。	メキシコシティ
★★☆/☆☆☆☆☆☆☆ **2** □□□	メキシコとアメリカ合衆国の国境沿いに設置された、電気・電子機器などの工場が進出する<u>保税輸出加工区</u>を何というか。	マキラドーラ
★★★/☆☆☆☆☆☆☆ **3** □□□	ブラジル最大の都市で、綿工業をはじめとする繊維工業や化学・機械・食品などの各種工業が発達する都市はどこか。	サンパウロ
★★★/☆☆☆☆☆☆☆ **4** □□□	大西洋沿岸に位置するブラジルの旧首都で、金属・繊維・食品・化学工業などが発達し、世界3大美港の1つでもある工業都市はどこか。	リオデジャネイロ
★☆☆/☆☆☆☆☆☆☆ **5** □□□	ブラジル南東部にある鉱工業都市で、日本との合弁で設立された<u>ウジミナス製鉄所</u>があるのはどこか。	イパチンガ
★★★/☆☆☆☆☆☆☆ **6** □□□	自由貿易地域に電子・精密機械工業などが発達する<u>アマゾン川</u>中流に位置する河港都市はどこか。	マナオス（マナウス）
★★★/☆☆☆☆☆☆☆ **7** □□□	アルゼンチンの首都で、<u>パンパ</u>の農牧業地域をひかえ食品工業が発達するほか、金属・化学・自動車などの工業が盛んな都市はどこか。	ブエノスアイレス
★★★/☆☆☆☆☆☆☆ **8** □□□	世界3大美港の1つで、オーストラリア最大の都市。織物・機械・食品工業などが発達する都市はどこか。	シドニー
★★★/☆☆☆☆☆☆☆ **9** □□□	タスマニア島との間にあるバス海峡の北岸に位置するオーストラリア第2の都市で、自動車・航空機などの機械工業や化学工業のほか、石油精製・食品工業などが発達する都市はどこか。	メルボルン
★★★/☆☆☆☆☆☆☆ **10** □□□	サウスオーストラリア州の州都で、金属・自動車・化学・繊維などの工業が発達する都市はどこか。	アデレード
★★★/☆☆☆☆☆☆☆ **11** □□□	ウェスタンオーストラリア州の州都で、繊維・機械などの工業が発達する都市はどこか。	パース

■日本の工業地域

★★☆/☆☆★★★★

1
□□□
わが国において、軽工業から重工業への質的転換や工業地域の拡大がみられた、1955〜70(昭和30〜45)年の著しい経済発展のことを何というか。

高度経済成長

★★★/☆☆★★★★

2
□□□
関東から東海を経て、近畿・瀬戸内・北九州にいたる、わが国の主要工業地域が連続して分布する、<u>太平洋沿岸</u>の帯状の地域をとくに何と呼ぶか。

太平洋ベルト地帯

★★★/☆☆☆☆★★★

3
□□□
政令指定都市で北海道の政治・文化の中心。<u>ビール・乳製品</u>などの食品・製材・機械工業・ハイテク産業などが発達する都市はどこか。

札幌

★★★/☆☆★★★★

4
□□□
北海道中部の<u>上川盆地</u>に位置する商工業都市で、農林産物の集散地であるほか、パルプ・製紙・醸造などの工業が発達する都市はどこか。

旭川

★★★★/☆☆★★★★

5
□□□
青森県東南部にある水産・工業都市で、肥料・セメント・鉄鋼・製紙などの工業が盛んな都市はどこか。

八戸

★★★/☆☆★★★★

6
□□□
<u>東京湾</u>に面して原料の輸入や製品の搬出に便利な港と、巨大な消費市場などを背景に、鉄鋼・機械・化学工業をはじめ、各種の軽工業が総合的に発達するわが国有数の工業地域はどこか。

京浜工業地帯

★★★/☆☆☆☆☆★★

7
□□□
日本の首都であり、東部の低地に化学工業、南部の臨海地域や内陸部に電気や自動車などの関連産業が発達するほか、巨大な消費市場を背景に、<u>出版・印刷</u>・食品・日用雑貨などの大都市型の各種工業が盛ん。ハイテク産業も集積するこの都市はどこか。

東京

★★★/☆☆☆★★★★

8
□□□
神奈川県の県庁所在地であり、東京の<u>外港</u>として発達したわが国有数の貿易港で、鉄鋼や造船をはじめ各種の機械工業が発達するほか、化学・食品工業なども盛んな都市はどこか。

横浜

★★★/☆☆★★★★

9
□□□
多摩川下流右岸にあり、臨海部の埋立地には<u>鉄鋼業</u>や<u>石油化学コンビナート</u>が発達する都市はどこか。工業団地には先端技術産業や研究開発機関が集積する。

川崎

★★☆/☆☆★★★★

10
□□□
信濃川と阿賀野川の河口付近に位置し、<u>掘込み式港湾</u>を

新潟

	建設して、石油精製・機械・化学工業などが発達する都市はどこか。	
★★★/☆☆☆☆☆☆ ── 11 □□□	長野県の中央部の断層湖に面し、第二次世界大戦前は岡谷とともに製糸業が発達。戦後は<u>精密機械工業</u>が盛んになり、印刷・食品工業もみられる都市はどこか。	諏訪
★★★/☆☆☆☆☆☆ ── 12 □□□	浜名湖の東部に位置し、明治の中期頃より楽器・綿織物工業が発達し、戦後は<u>オートバイ・自動車部品工業</u>なども盛んな都市はどこか。	浜松
★★★/☆☆☆☆☆☆ ── 13 □□□	綿織物工業・毛織物工業・窯業などの軽工業地として発達し、現在では<u>自動車</u>などの機械工業の比重が高い、わが国有数の工業生産額をもつ工業地域はどこか。	中京工業地域
★★★/☆☆☆☆☆☆ ── 14 □□□	中京工業地帯の中心都市で、第二次世界大戦前は繊維・食品・木工などの軽工業が中心であったが、戦後は臨海の埋立地に機械・金属・化学などの工業が発達し、先端技術産業の集積を進めている都市はどこか。	名古屋
★★★/☆☆☆☆☆☆ ── 15 □□□	伊勢湾の西岸に位置する港湾都市で、第二次世界大戦後、<u>石油化学コンビナート</u>が形成され、石油精製・化学肥料・機械などの工業が盛んな都市はどこか。	四日市
★★★/☆☆☆☆☆☆ ── 16 □□□	愛知県中部、矢作川中流沿岸に位置する自動車工業都市で、組み立て工場を中心に多数の下請け工場がみられ、<u>企業城下町</u>としても知られる都市はどこか。	豊田
★★★/☆☆☆☆☆☆ ── 17 □□□	<u>平安京</u>の建設以来、江戸末期まで日本の首都であった。織物・陶器・醸造などの伝統工業が知られるほか、機械・化学などの近代工業もみられる都市はどこか。	京都
★★★/☆☆☆☆☆☆ ── 18 □□□	商業資本と水上交通の発達を背景に、かつては綿工業を中心にわが国最大の工業生産高を示したが、現在は沿岸部に金属・石油化学工業が発達し、内陸部には機械や食品工業のほか、伝統的な地場産業も盛んな、わが国有数の工業生産高をもつ工業地域はどこか。	阪神工業地帯
★★★/☆☆☆☆☆☆ ── 19 □□□	<u>淀川</u>の河口一帯に広がる近畿地方ならびに阪神工業地帯の中心都市で、臨海部では金属・機械・化学などの重化学工業が発達し、内陸部には食品・電気機械などの工業が盛んな都市はどこか。	大阪

★★☆/★★★★★★★━━━
20 □□□ 大阪の西隣に位置し、金属・機械・化学などの工業が発達し、<u>鉄鋼業</u>が盛んな都市はどこか。 | 尼崎

★★★/☆☆☆☆☆☆━━━
21 □□□ わが国有数の貿易港で、臨海部に造船・鉄鋼・車両などの工業が発達するほか、<u>灘</u>地方の清酒醸造も有名な都市はどこか。 | 神戸

★★☆/☆☆☆☆☆☆━━━
22 □□□ <u>瀬戸内海</u>の水運・港湾の好条件を生かし、第二次世界大戦後、工場用地や用水の得やすい臨海地域の諸都市に相次いで、鉄鋼・石油化学などの重工業の成立をみた、新しい工業地域はどこか。 | 瀬戸内工業地域

★★★/☆☆☆☆☆☆━━━
23 □□□ 中国地方の中核をなす政令指定都市で、鉄鋼・造船・機械・自動車関連工業などが盛んなほか、食品・木材などの軽工業も発達する都市はどこか。 | 広島

★★★/☆☆☆☆☆☆━━━
24 □□□ 明治以後、紡績の町として発展したが、<u>水島</u>地区に鉄鋼・石油化学コンビナートなどが発達する都市はどこか。 | 倉敷

★★★/☆☆☆☆☆☆━━━
25 □□□ 広島県東部にある旧城下町で、かつて備後工業整備特別地域の指定を受けて鉄鋼・機械・電子などの重工業が発達し、<u>銑鋼一貫工場</u>がある都市はどこか。 | 福山

★★☆/☆☆☆☆☆☆━━━
26 □□□ 周防灘に面する山口県の鉱工業都市。炭田を基礎に鉄鋼・セメント工業などが発達したが、炭鉱閉山後は化学工業が中心で、最近では電子工業の誘致を図っている都市はどこか。 | 宇部

★★☆/★★★★★★━━━
27 □□□ <u>別子銅山</u>の開発によって銅精錬業が発達したが、現在では化学肥料・金属・機械などの工業が盛んな都市はどこか。 | 新居浜

★★★/☆☆☆☆☆☆━━━
28 □□□ 炭田と港湾を背景に、<u>官営八幡製鉄所</u>の開設によって発達し、鉄鋼・化学工業などの中間製品の生産に特色がある、九州北部の工業地域はどこか。 | 北九州工業地帯

★★☆/☆☆☆☆☆☆━━━
29 □□□ 北九州工業地帯の中心都市で、関門海峡から洞海湾にかけての臨海地域に、鉄鋼・機械・化学・窯業・食品などの工業が盛んなのはどこか。近年は<u>エコタウン</u>事業をすすめ環境未来都市に選定されている。 | 北九州

★★★/☆☆☆☆☆☆━━━
30 □□□ 博多湾に面する旧城下町。化学・紡績・食品工業のほか、 | 福岡

織物や人形などの伝統産業や電子部品や電子回路など先端技術産業もみられる都市はどこか。

★★★/☆☆☆☆☆☆☆
31
☐☐☐
宮崎県北東部にある旧城下町で、豊富な水と電力を背景に薬品・合成繊維などの化学工業が発達し、企業城下町として知られる都市はどこか。 | 延岡

★★★/☆☆☆☆☆☆☆
32
☐☐☐
江戸時代、外国貿易が認められた唯一の港湾都市。現在は世界有数の<u>造船業</u>をはじめ、重工業が発達。観光都市としても知られる。造船所や炭鉱遺跡、グラバー邸などが「明治日本の産業革命遺産」の1つとして世界文化遺産に指定された都市はどこか。 | 長崎

⑧ 第3次産業　　用語集 p.150〜152

★★★/☆☆☆☆☆☆☆
1
☐☐☐
生産者などから商品を大量に仕入れ、小売業者に売り渡し、流通の仲立ちをする業者・業務を何というか。 | 卸売業

★★★/☆☆☆☆☆☆☆
2
☐☐☐
<u>生産者</u>や卸売り業者から仕入れた商品を、最終消費者に分けて販売する業者・業務を何というか。 | 小売業

★★☆/☆☆☆☆☆☆☆
3
☐☐☐
企業・家庭・政府などの間で、資金の貸し借りや融通の仲立ちをする業者・機関を何というか。 | 金融業

★★★/☆☆☆☆☆☆☆
4
☐☐☐
<u>金融</u>・<u>保険</u>・設計・デザイン・教育・医療・福祉・理容・娯楽など、様々なサービスを提供する業務に携わる産業を何というか。 | サービス業

★★★/☆☆☆☆☆☆☆
5
☐☐☐
商品を仕入れたり、買物客を集めるなど、1つの店舗やある都市の商業活動の勢力範囲を何というか。 | 商圏

★★★/☆☆☆☆☆☆☆
6
☐☐☐
店舗や都市が、その周辺地域から商品を購入している範囲(<u>商圏</u>)のことを何というか。 | 仕入圏

★★★/☆☆☆☆☆☆☆
7
☐☐☐
店舗や都市が、その周辺地域に商品を供給している範囲(<u>商圏</u>)のことを何というか。 | 販売圏

★★★/☆☆☆☆☆☆☆
8
☐☐☐
<u>商圏</u>を消費者の側からとらえ、人々が商品やサービスを求めて行動する範囲を何というか。 | 買物行動圏(買物圏)、購買圏

★★☆/☆☆☆☆☆☆☆
9
☐☐☐
食料品・日用雑貨など、毎日のように購入の対象となり、<u>買物行動圏</u>の範囲が小さい商品を何というか。 | 最寄り品

★★☆/☆☆☆☆☆☆☆☆☆
10
□□□ 耐久消費財や高級品、宝飾品など、日常的ではなく計画的な購入の対象となり、専門店や大規模店での購入が一般的な商品を何というか。

買い回り品

★★☆/☆☆☆☆☆☆☆☆☆
11
□□□ 人々の日常生活に密接に関係し、<u>買物行動圏</u>、<u>通勤圏</u>、通学圏、通院圏などで表わされる範囲を何というか。

生活圏

★★☆/☆☆☆☆☆☆☆☆☆
12
□□□ <u>自動車</u>や<u>バイク</u>を使って訪れる客をターゲットにして、通行量の多い幹線道路沿いで営業する店舗を一般に何というか。

ロードサイド型店舗

★★★/☆☆☆☆☆☆☆☆☆
13
□□□ セルフサービス方式や自動販売方式で、食料品や日用雑貨を大量に、安く販売する大規模小売店を何というか。

スーパーマーケット

★★★/☆☆☆☆☆☆☆☆☆
14
□□□ 多様な食品・日用雑貨を揃えるとともに、<u>公共料金</u>などの振込、ATMなどのサービスも提供し、消費者に多様な便宜を図っている小規模な小売店を何というか。

コンビニエンスストア

★★★/☆☆☆☆☆☆☆☆☆
15
□□□ 広い売り場面積をもち、衣料品や家庭用品などを中心に最寄り品から買い回り品まで多様な商品を豊富に揃え、各々の商品事業ごとに部門別管理をしている大規模小売店を何というか。

百貨店

★★★/☆☆☆☆☆☆☆☆☆
16
□□□ 開発・再開発された広大な敷地に、小売業・飲食店・サービス業など、多種・多様な店舗を集積させた大規模な商業施設地区を何というか。

ショッピングセンター

★★★/☆☆☆☆☆☆☆☆☆
17
□□□ <u>内食</u>(家庭内の食事)、<u>中食</u>(家庭で既製の惣菜・弁当などを食べること)に対して、ファミリーレストラン・ファストフード店・食堂など、家庭外で食事を提供する産業を何というか。

外食産業

★★★/☆☆☆☆☆☆☆☆☆
18
□□□ 注文するとすぐに提供されて食べられる食品や食事のことを何というか。

ファストフード

★★☆/☆☆☆☆☆☆☆☆☆
19
□□□ 季節外れの商品や流行遅れの商品を処分することなどを目的とした、複数のメーカーの直営店を多数集めた複合商業施設を何というか。

アウトレットモール

★★☆/☆☆☆☆☆☆☆☆☆
20
□□□ 新聞・ラジオ・テレビ・カタログなどで消費者に宣伝し、郵便や電話・インターネットなどで直接消費者から注文をとり、商品を配送する販売方法を何というか。

通信販売

| **21** ☐☐☐ | 商品の販売時点でバーコードを読み取らせ、販売地域・在庫・仕入れなどの多くの情報を、コンピュータで管理するシステムを何というか。 | POS（販売時点情報管理）システム |

| **22** ☐☐☐ | 代金の支払いは<u>キャッシュレス決済</u>で行なうなど、電子的な手段を用いてモノやサービスの売買が行なわれることを何というか。 | 電子商取引（e コマース） |

| **23** ☐☐☐ | 生産されたモノが<u>最終消費者</u>に届くまでの一連の流れを何というか。 | 物流 |

| **24** ☐☐☐ | 配送センター・トラックターミナル・倉庫団地など流通関連施設が集中的に立地している流通活動の拠点を何というか。 | 流通センター |

| **25** ☐☐☐ | 輸送手段を用いて<u>旅客</u>の運搬や<u>物流</u>でのモノの運搬を行なう業者・業務を何というか。 | 運輸業 |

| **26** ☐☐☐ | 製造業や<u>物流</u>業界で使う用語で、必要な時に必要な量を必要な分だけ生産する方式を何というか。 | ジャストインタイム |

| **27** ☐☐☐ | 材料調達・製造・販売・消費までの一連の流れと、各工程間のやり取りが鎖のようにつながっていることを何というか。 | サプライチェーン |

第Ⅱ部 | 第3章

交通・通信、貿易、観光

❶ 交通・通信
用語集 p.153〜160

■交通の発達

★★☆/☆☆☆☆★★★
1
□□□ 砂漠や山岳地帯などで、ラクダ・ラバ・ヤクなどの背に荷物をのせて輸送する商人の一団を何というか。 | 隊商(キャラバン)

★★★/☆☆☆☆★★★
2
□□□ アジアの内陸部を東西に貫き、中国とヨーロッパを結んだ<u>オアシスの道</u>として知られている、古代の隊商路を何というか。 | シルクロード

★★★/☆☆☆☆★★★
3
□□□ 中国北西部、シンチヤンウイグル(新疆維吾爾)自治区のテンシャン(天山)山脈とタクラマカン砂漠の間、トゥルファン(吐魯番)からカシ(喀什)に通る<u>シルクロード</u>の一部を何というか。 | テンシャン(天山)南路

★★★/☆★★★★★★
4
□□□ <u>シルクロード</u>に対して、中国南部から東南アジアの海域、インド洋・アラビア海沿岸、紅海を経てヨーロッパに至る古代の東西交易路を何というか。 | 海のシルクロード

★★★/☆★★★★★★
5
□□□ 江戸時代に、江戸の<u>日本橋</u>を中心として整備された5本の主要道路を総称して何というか。 | 五街道

★★★/☆★★★★★★
6
□□□ 五街道のうち、江戸の<u>日本橋</u>から京の<u>三条大橋</u>に至る、一般に<u>53</u>の宿駅がおかれたことで知られる街道を何というか。 | 東海道

★★★/☆★★★★★★
7
□□□ 五街道のうち、江戸から本州中央部を通り、途中の近江国(現在の滋賀県)の草津で<u>東海道</u>に合流する、<u>69</u>の宿駅がおかれた街道を何というか。 | 中山道

★★★/☆★★★★★★
8
□□□ 五街道のうち、江戸から<u>甲府</u>を結ぶ街道で、延長して下諏訪(長野県)で中山道と結ぶ街道を何というか。 | 甲州街道

★★★/☆★★★★★★
9
□□□ 五街道のうち、江戸から<u>日光東照宮</u>までの街道を何というか。 | 日光街道

★★★/☆★★★★★★
10
□□□ 五街道のうち、江戸から日光街道を北上し、途中の下野国(現在の栃木県)の宇都宮で分かれ、白河(福島県)まで | 奥州街道

のびる街道を何というか。さらその先の、白河以北の仙
台道、松前道を含むこともある。

★★★/☆☆☆☆☆☆ 11 □□□	自動車・列車・船舶・エアカーゴなどの輸送手段を用いて物資を運搬することを何というか。	貨物輸送
★★★/☆☆☆☆☆☆ 12 □□□	通勤・通学、買物、旅行などのために、人々を輸送することを何というか。	旅客輸送
★★★/☆☆☆☆☆☆ 13 □□□	貨物・旅客などを、主として鉄道・自動車・船舶・航空機などで輸送する業者・業務を何というか。	運輸業
★★★/☆☆☆☆☆☆ 14 □□□	2地点間の実際の距離を何というか。絶対距離または物理的距離とも呼ばれる。	空間距離
★★★/☆☆☆☆☆☆ 15 □□□	実際の距離(空間距離)に対する用語で、2地点間を移動するのに要する時間で測られ、交通機関の発達で短縮される距離のことを何というか。	時間距離

■陸上交通

★★★/☆☆☆☆☆☆ 1 □□□	陸上交通のうち、産業革命以後に急速に発達した。輸送用の施設・設備の建設と運行に巨大な資本を必要とするが、貨物や旅客を高速で、大量に、しかも比較的長距離の輸送を行なうのに適する交通形態を何というか。	鉄道交通
★★★/☆☆☆☆☆☆ 2 □□□	北アメリカ大陸やユーラシア大陸などにみられる、大陸の東西両岸を結んで横断する鉄道を何というか。	大陸横断鉄道
★★★/☆☆☆☆☆☆ 3 □□□	モスクワと極東ロシアのウラジオストクとを結んでいる、ロシアの大陸横断鉄道を何というか。狭義にはチェリャビンスク以東をさす。	シベリア鉄道
★★★/☆☆☆☆☆☆ 4 □□□	シベリア鉄道の支線で、タイシェトとソヴィエツカヤガヴァニを結ぶ鉄道を何というか。	バイカル゠アムール鉄道(バム鉄道)
★★★/☆☆☆☆☆☆ 5 □□□	オーストラリア西部のパースからナラーバー(ナラボー)平原を通って、太平洋岸シドニーに至る大陸横断鉄道を何というか。	グレートサザン鉄道(インディアンパシフィック号)
★★★/☆☆☆☆☆☆ 6 □□□	国際間の輸送において、陸上輸送(主として鉄道)と海上輸送とを結びつけた、海陸一貫の輸送方式を何というか。	ランドブリッジ

★★／☆☆☆☆☆☆☆☆
7
□□□ 中国、チンハイ（青海）省のシーニン（西寧）とチベット自治区の<u>ラサ（垃薩）</u>を結び、平均標高4,000mの世界で最も高い地点を走る鉄道を何というか。<u>西部大開発</u>のプロジェクトとして建設された。

チンツァン（青蔵）鉄道

★★／☆☆☆☆☆☆☆☆
8
□□□ タンザニアの首都<u>ダルエスサラーム</u>とザンビアのカピリムポシを結び、ザンビアの<u>銅鉱</u>を運搬するために、<u>中国</u>の援助で建設された鉄道を何というか。

タンザン鉄道

★★★／☆☆☆☆☆☆☆☆
9
□□□ 時速200km以上の高速走行ができ、輸送力の増大と時間距離短縮のために建設された、わが国の高速鉄道を何というか。

新幹線

★★★／☆☆☆☆☆☆☆☆
10
□□□ <u>フランス</u>で1981年から運行されている高速鉄道を何というか。

TGV

★★★／☆☆☆☆☆☆☆☆
11
□□□ <u>ドイツ</u>で1991年から実用化された高速鉄道を何というか。

ICE

★★★／☆☆☆☆☆☆☆☆
12
□□□ <u>イギリス</u>で1976年から操業された高速鉄道を何というか。

HST

★★★／☆☆☆☆☆☆☆☆
13
□□□ イギリスの<u>ロンドン</u>とフランスの<u>パリ</u>、ベルギーのブリュッセルとを結ぶ国際列車を何というか。

ユーロスター

★★★／☆☆☆☆☆☆☆☆
14
□□□ <u>ドーヴァー海峡</u>を通ってイギリスとフランス・ベルギーを結び、<u>ユーロスター</u>も走行する海底鉄道トンネルを何というか。

ユーロトンネル（英仏海峡トンネル）

★★★／☆☆☆☆☆☆☆☆
15
□□□ 東京の浜松町駅と<u>羽田空港</u>との間や、沖縄の<u>那覇空港</u>とてだこ浦西駅の間をつなぎ、1本のレールを用いて車両が走行し、旅客や貨物を輸送する交通機関を何というか。車両をぶら下げる懸垂式と車両をレールに乗せる跨座式とがある。

モノレール

★★★／☆☆☆☆☆☆☆☆
16
□□□ 都市内の道路に敷かれたレール上を走行する旅客輸送の電車を何というか。日本では都電・市電の名でも呼ばれる。

路面電車（トラム）

★★★／☆☆☆☆☆☆☆☆
17
□□□ アメリカ合衆国では<u>路面電車</u>と高速鉄道をあわせもった交通システムだが、日本では低床車両の<u>路面電車</u>を活用した次世代型の都市交通システムのことを何というか。

LRT（ライトレール交通）

★★★／☆☆☆☆☆☆☆☆
18
□□□ <u>リニアモーター</u>を用い、列車とレールとの間に磁力を働

リニアモーターカー

かせることによって、時速500km以上の高速走行ができる鉄道車両を何というか。

★★☆/☆☆☆☆☆☆ **19** □□□	リニアモーターカーによって<u>東京</u>から<u>大阪</u>の間を結ぶ計画で建設が進められているわが国の路線を何というか。	リニア中央新幹線
★★★/☆☆☆☆☆☆ **20** □□□	戸口から戸口への輸送ができるなど、弾力性・融通性に富むことが最大の利点。道路網の整備に伴って、旅客・貨物とも全輸送量に占める割合の大きい交通形態を何というか。	自動車交通
★★★/☆☆☆☆☆☆ **21** □□□	<u>自動車</u>の普及に伴って、日常生活の様々な場面で<u>自動車</u>への依存が高まったことを何というか。	モータリゼーション
★★★/☆☆☆☆☆☆ **22** □□□	輸送の効率化を図るために、上下線の分離・立体交差などによって、自動車の高速走行ができるようにした専用道路を何というか。	高速道路
★★★/☆☆☆☆☆☆ **23** □□□	高速道路と一般道路との間の出入り口のことを何というか。	インターチェンジ
★★★/☆☆☆☆☆☆ **24** □□□	アメリカ合衆国の最上位の幹線道路に位置づけられている高速道路は何と呼ばれているか。	フリーウェイ
★★★/☆☆☆☆☆☆ **25** □□□	ドイツの高速道路は何と呼ばれているか。	アウトバーン
★★★/☆☆☆☆☆☆ **26** □□□	イタリアの高速道路は何と呼ばれているか。	アウトストラーダ
★★★/☆☆☆☆☆☆ **27** □□□	イギリスの高速道路は何と呼ばれているか。	モーターウェイ
★★★/☆☆☆☆☆☆ **28** □□□	フランスの高速道路は何と呼ばれているか。	オートルート
★☆☆/☆☆☆☆☆☆ **29** □□□	東京と名古屋の小牧を結び、小牧で<u>名神高速道路</u>や<u>中央自動車道</u>とつながる高速道路を何というか。	東名高速道路
★★★/☆☆☆☆☆☆ **30** □□□	東京都の練馬と新潟県の<u>長岡</u>とを結ぶ高速道路を何というか。途中の藤岡で上信越自動車道が分岐、長岡で北陸自動車道と連絡する。	関越自動車道
★☆☆/☆☆☆☆☆☆ **31** □□□	<u>アジア</u>の各地を結ぶ高速道路のプロジェクトによる自動車道路の名称は何か。各国の既存の道路を活用し、32カ国をつないで総延長14万kmをこえるハイウェイ。	アジアハイウェイ
★☆☆/☆☆☆☆☆☆ **32** □□□	<u>南北アメリカ大陸</u>の太平洋岸の各国の主要幹線道路を整	パンアメリカンハイ

備する形で南北に縦貫する道路を何というか。	ウェイ
★★☆/☆☆☆☆☆☆☆ **33** □□□ <u>アマゾン川</u>流域の、熱帯雨林地域の開発を図るために建設され、大西洋に面する南アメリカ大陸東岸のレシフェと奥地を結ぶ道路を何というか。	アマゾン横断道路
★★★/☆☆☆☆☆☆☆ **34** □□□ 都市内交通の混雑を防ぐため、自動車を郊外の駐車場に止め、鉄道やバスなどに乗り換えて都心部に入る方式を何というか。	パークアンドライド
★★★/☆☆☆☆☆☆☆ **35** □□□ 混雑・渋滞の緩和、環境保全などのために道路の通行に対して一定の<u>課金</u>をする制度を何というか。	ロードプライシング 制度

■水上交通

★★★/☆☆☆☆☆☆☆ **1** □□□ <u>船舶</u>を利用して旅客や貨物を輸送できる河川・湖沼・運河など、内陸の水域を何というか。	内陸水路
★★★/☆☆☆☆☆☆☆ **2** □□□ アメリカ合衆国とカナダとの間にあり、沿岸に重工業地域が発達している湖沼群は何というか。	五大湖
★★★/☆☆☆☆☆☆☆ **3** □□□ アメリカ合衆国中央部、プレーリーから中央平原を南流し、ニューオーリンズ付近で<u>メキシコ湾</u>にそそぐ河川。最長の支流ミズーリ川を含めた全長は約6,000km。	ミシシッピ川
★★★/☆☆☆☆☆☆☆ **4** □□□ アメリカ合衆国ニューヨーク州の東部を流れ、<u>ニューヨーク</u>付近で大西洋にそそぎ、エリー湖とはニューヨークステートバージ運河でつながる河川。	ハドソン川
★★★/☆☆☆☆☆☆☆ **5** □□□ 河口からマナオスまでは大型の、ペルー北東部の<u>イキトス</u>までは小型の船舶が遡行できるブラジルの河川を何というか。流域面積は世界最大。	アマゾン川
★★★/☆☆☆☆☆☆☆ **6** □□□ フランスのアルザス地方に源を発し、ザール地方を北流してドイツのコブレンツ付近でライン川に合流する河川を何というか。流域はブドウの産地。	モーゼル川
★★★/☆☆☆☆☆☆☆ **7** □□□ スイス西部に源を発し、レマン湖を経てフランス南東部を南流して、地中海にそそぎ、途中、運河によって<u>ライン川・セーヌ川</u>・ロアール川と結ばれている河川。	ローヌ川
★★★/☆☆☆☆☆☆☆ **8** □□□ ヨーロッパ平原（ロシア平原）の最高点、ヴァルダイ丘陵	ヴォルガ川

に源を発し、平原を南流してカスピ海にそそぎ、運河によって黒海・カスピ海・バルト海を結ぶヨーロッパ最長の河川。	

★★★/☆☆☆☆★★★
9 □□□
チベット高原が源で、スーチョワン(四川)盆地を経て、東シナ海にそそぐ中国最長の河川。古くから河川交通の大動脈で、流域にチョンチン(重慶)・ウーハン(武漢)・ナンキン(南京)・シャンハイ(上海)などの大都市が発達。	長江(チャンチヤン)

★★★/☆☆☆☆★★★
10 □□□
アフリカ大陸中央部を流れ、アフリカ第2の大河で、下流部の滝や急流によって外洋との連絡は断たれるが、中部が水運によく利用されている河川。	コンゴ川

★★★/☆☆☆☆★★★
11 □□□
複数の国の領域を流れ、国際条約によって、関係国以外の船舶に対しても航行が認められている河川を何というか。	国際河川

★★★/☆☆☆☆★★☆
12 □□□
スイスのアルプス山脈に源を発し、ドイツ・フランス国境からドイツ国内を流れ、オランダで北海にそそぐ国際河川は何か。	ライン川

★★★/☆☆☆☆★★★
13 □□□
ドイツのシュヴァルツヴァルトに源を発し、オーストリア・ハンガリーなどを流れ、ルーマニアで黒海にそそぐ国際河川は何か。	ドナウ川

★☆☆/☆☆☆☆☆☆☆
14 □□□
オンタリオ湖に源を発し、カナダ南東部を北東流し、大西洋にそそぎ、海路の建設で五大湖まで外洋船の航行が可能になった河川は何か。	セントローレンス川

★★★/☆☆☆☆★★★
15 □□□
チベット高原に源を発し、ベトナム南部で南シナ海にそそぐ河川で、流域に多目的ダムを建設して、洪水調節・舟航の安定・灌漑用水の確保を図る開発計画が進められている。	メコン川

★★★/☆☆★★★★★★
16 □□□
貨物輸送を主体として、国際貿易の中心的な役割を果たす海上輸送業を何というか。	海運業

★★★/☆☆☆★★★★★
17 □□□
原油を輸送するための貨物船の名称は何か。	タンカー

★★☆/☆★★★★★★★
18 □□□
穀物や鉱石や木材などの原材料・資源をばら積みで輸送する貨物船の名称は何か。	ばら積み船

★★★/☆☆☆☆★★★
19 □□□
荷造りや積み替えの手間を省くために、あらかじめ規格	コンテナ船

型の箱に貨物を積み込み、箱ごと輸送する貨物船を何というか。

★★☆/☆☆☆☆☆★★★
20
□□□ 自動車とその運転手や積み荷などを同時に運ぶ船を何というか。 | フェリーボート（カーフェリー）

★★☆/☆☆☆☆★★★★
21
□□□ 生産物の輸出地と輸入地の間にあって、一時的に貨物を保管したり、加工したあとに再輸出する港湾を何というか。 | 中継貿易港

★★☆/☆☆☆☆★★★★
22
□□□ サンパウロに対するサントス、ペキン（北京）に対するテンチン（天津）のように、内陸側にある大都市の海上交通や貿易の機能を受けもっている港湾を何というか。 | 外港

★★★/☆☆☆☆★★★★
23
□□□ 鹿島港（茨城県）や苫小牧港（北海道）などのように、砂浜海岸を掘り下げてつくられた、人工の港を何というか。 | 掘り込み港

★★☆/☆☆☆☆★★★★
24
□□□ 高緯度地域にあるが、海流などの影響で凍結しない港を何というか。 | 不凍港

★★★/☆☆☆☆★★★★
25
□□□ マレー半島とスマトラ島との間の海峡を何というか。 | マラッカ海峡

★★☆/☆☆☆★★★★★
26
□□□ インドネシアのバリ島東方の海峡を何というか。 | ロンボク海峡

★★★/☆☆☆☆★★★★
27
□□□ トルコの北西部、黒海とマルマラ海とを結ぶ海峡を何というか。 | ボスポラス海峡

★★★/☆☆☆★★★★★
28
□□□ トルコの北西部、マルマラ海とエーゲ海とを結ぶ海峡を何というか。 | ダーダネルス海峡

★★☆/☆☆☆☆★★★★
29
□□□ イベリア半島とアフリカ大陸の北端との間にあり、大西洋と地中海を結ぶ海峡を何というか。 | ジブラルタル海峡

★★★/☆☆☆☆★★★★
30
□□□ 南アメリカ大陸の南端とフエゴ島の間の海峡を何というか。 | マゼラン海峡

★★★/☆☆☆☆★★★★
31
□□□ スエズ運河のように、両側の水位が同じため、途中に水門を必要としない運河を何というか。 | 水平式運河

★★★/☆☆☆☆★★★★
32
□□□ パナマ運河やセントローレンス海路などのように、両側の水位が異なるため、途中に水位調節用の水門をもつ運河を何というか。 | 閘門式運河

★★☆/☆☆☆☆★★★★
33
□□□ カリブ海と太平洋を結ぶために、アメリカ合衆国によって | パナマ運河

て地峡部に建設され、1914年に開通した国際運河は何か。	
★★☆／☆☆☆★★★ **34** □□□　地中海と<u>紅海</u>を結ぶために、フランス人レセップスによって建設され、1869年に開通した国際運河は何か。	スエズ運河
★★★／★★★★★★★ **35** □□□　北ドイツ平原を東西に、エムス川・ヴェーザー川・エルベ川を結ぶ運河を何というか。西への延長は<u>ライン川</u>と、東への延長はベルリンを通って、<u>オーデル川</u>とつながる。	ミッテルラント運河
★★★／★★★★★★★ **36** □□□　ドイツ南部ライン川の支流<u>マイン川</u>とドナウ川の支流アルトミュール川を結ぶ運河。北海と<u>黒海</u>を結ぶ水運が可能になった。	マイン＝ドナウ運河
★★★／★★★★★★★ **37** □□□　スペリオル湖とヒューロン湖とを結ぶ運河を何というか。	スーセントメリー運河
★★★／☆★★★★★★ **38** □□□　<u>ニューヨーク</u>の発展を決定的にした、ハドソン川中流部のオールバニとエリー湖東端のバッファローとを結ぶ運河を何というか。	ニューヨークステートバージ運河（エリー運河）
★★★／★★★★★★★ **39** □□□　アメリカ合衆国・カナダの共同開発により、<u>モントリオール</u>とオンタリオ湖の間に建設され、五大湖に外洋船の遡行を可能にした運河を何というか。	セントローレンス海路
★★★／★★★★★★★ **40** □□□　中国の<u>黄河（ホワンホー）</u>、ホワイ川（淮河）、<u>長江（チャンチヤン）</u>を結び、ペキン（北京）からハンチョウ（杭州）に続く運河を何というか。	ター（大）運河

■航空交通

★★★／★★★★★★★ **1** □□□　輸送量が小さくて、費用も高いが、高速であることを最大の長所とする交通形態を何というか。	航空交通
★★★／☆★★★★★★ **2** □□□　航空機で輸送される旅客に対して、航空貨物のことを何というか。	エアカーゴ
★★★／☆☆☆☆☆☆☆ **3** □□□　広域の航空路線網の中心となる空港で、そこから周辺の空港に路線が放射状に広げる形で、中継的な機能をもった空港のことを何というか。	ハブ空港
★★★／☆☆★★★★★ **4** □□□　シンガポールの国際空港。東南アジア地域のハブ空港として機能するとともに、ヨーロッパとオーストラリア・	チャンギ国際空港

ニュージーランドを結ぶ空路の中継地としての役割を担っている空港はどこか。

★★★/☆☆☆☆ ★★★		
5 □□□	**ソウル**の西、干潟を埋め立てて、2001年に開港した国際空港はどこか。東アジアの代表的なハブ空港で、アジアのみならず世界各地に航空路がのびている。	インチョン(仁川)国際空港
★★★/☆☆☆☆ ★★★		
6 □□□	アラスカ州南部の都市で、旧ソ連上空を飛行できなかった時代に、北極回り空路の中継基地として重視された交通都市はどこか。	アンカレッジ
★★★/☆☆☆☆ ★★★		
7 □□□	下総台地の北部、千葉県成田市三里塚に建設され、1978年に開港した日本の表玄関ともいえる空港はどこか。JR成田線、京成本線などが通じるが、都心から60kmも離れており、交通アクセスは必ずしも便利とはいえない。	成田国際空港(新東京国際空港)
★★★/☆☆☆☆ ★★★		
8 □□□	東京都大田区、東京湾の多摩川河口に位置。成田空港完成以後、国内線が中心であったが、近年、空港の拡張に伴って国際便が増加した空港はどこか。	羽田空港(東京国際空港)
★★★/☆☆☆☆ ★★★		
9 □□□	大阪港東南部、泉州沖の人工島に建設され、1994年に開港した国際空港を何というか。	関西国際空港
★★★/☆☆☆☆ ★★★		
10 □□□	愛知県常滑市、知多半島沖の人工島に建設され、2005年に開港した国際空港を何というか。	中部国際空港

■通信

★★★/☆☆☆☆☆ ★		
1 □□□	宇宙や地球の探査や通信の中継地点のために、宇宙空間に打ち上げられた人工物体を何というか。	人工衛星
★★★/☆☆☆☆☆ ★		
2 □□□	遠距離通信の中継基地として打ち上げられた<u>人工衛星</u>を何というか。	通信衛星
★★★/☆ ★★★★★		
3 □□□	国際通信に<u>通信衛星</u>を活用するために1964年に設立された国際機関を何というか。	インテルサット(INTELSAT、国際電気通信衛星機構)
★★★/☆☆☆☆☆ ★		
4 □□□	国際通信のために、太平洋・大西洋・インド洋などの<u>海底</u>に敷設された通信用ケーブルを何というか。	海底ケーブル
★★★/☆☆☆☆☆ ★		
5 □□□	光をよく通すガラスやプラスチック製の繊維ででき、同	

軸ケーブルに比べて大量の情報量を高速で送信できるケーブルを何というか。	光ファイバーケーブル
★★★/★★★★★★★ 6 □□□ 通信回線を利用して、文書・図版・写真などの情報を遠隔地に伝送し、受信側で再現する通信方法・通信機器を何というか。	ファクシミリ
★★★/☆☆☆☆☆★ 7 □□□ パソコンの機能をあわせもち、インターネットとの親和性が高い多機能携帯電話を何というか。指でタッチしたりスライドしたりして入力・操作できるタッチパネルのディスプレイとなっている。	スマートフォン
★★★/☆☆☆☆☆★ 8 □□□ 世界中のコンピュータ通信網を、<u>電話回線</u>や<u>衛星回線</u>などを利用して、相互に接続をした巨大コンピュータネットワークを何というか。	インターネット
★★★/☆☆☆☆☆★ 9 □□□ <u>スマートフォン</u>やパソコンを介して人と人とのつながりをつくるサービスの総称を何というか。	SNS(ソーシャル・ネットワーキング・サービス)
★★★/★★★★★★★ 10 □□□ コンピュータやインターネットなど、<u>情報技術</u>の発展によって生じる社会生活の大きな変化を何というか。	情報技術革命(IT革命)
★★★/☆☆☆☆☆★ 11 □□□ コンピュータを使った情報伝達・通信技術、それらに関連した応用技術を総称して何というか。	情報通信技術(ICT、IT)
★★★/☆☆☆☆☆★ 12 □□□ 情報の収集・処理・開発・販売・サービスなどを行なう産業を総称して何というか。	情報通信産業(情報通信技術産業、ICT産業)
★★★/☆☆☆☆☆★ 13 □□□ 情報産業の発展、情報量の増大に伴って、情報の生産と伝達、情報技術などが政治・経済の動向や人間の様々な活動に重要な役割をもつ社会を何というか。	情報化社会
★★★/☆☆☆☆☆☆ 14 □□□ コンピュータやインターネットなどを通じて、入手し所有する情報の質や量により生じる、個人、地域、国家間の格差を何というか。貧富や社会的地位などの格差を生み、それが将来にわたり固定化するおそれがある。とくに国家間の格差は、国際社会全体の発展のためにも解消しなければならない課題である。	情報格差(デジタルデバイド)

★★★/☆☆☆☆☆		
1 □□□	各国がそれぞれに最も適した商品を生産し、それが国際貿易を通して交換され、各国の産業が国際経済の全体構造の中で一定の役割をもつように組み込まれること、またはその体制を何というか。	国際分業(国際分業体制)
★★★/☆☆☆☆☆☆		
2 □□□	主として<u>先進国</u>間でみられる国際分業で、それぞれの国が有利な製品の生産を行ない、相互に特色ある工業製品を輸出入する経済関係にあることを何というか。	水平分業
★★★/☆☆☆☆☆☆		
3 □□□	<u>先進国</u>間でみられる貿易で、主としてそれぞれの国の<u>工業製品</u>が相互に輸出入される貿易を何というか。	水平貿易
★★★/☆☆☆☆☆☆		
4 □□□	先進国と発展途上国にみられる国際分業で、先進国が<u>工業製品</u>を、発展途上国が原材料や燃料などの<u>一次産品</u>を生産し、相互に補完しあう関係にあることを何というか。	垂直分業
★★★/☆☆☆☆☆☆		
5 □□□	先進国からは工業製品が輸出され、発展途上国からは原材料・食料が輸出される貿易で、南北貿易ともいわれる貿易を何というか。	垂直貿易
★★★/☆☆☆☆☆☆		
6 □□□	政府が国際間の商品・サービスの取引に関して、<u>関税</u>や数量制限、補助金などの干渉を加えず輸出入を行なうことを何というか。	自由貿易
★★★/☆☆☆☆☆☆		
7 □□□	政府が国内産業を保護・育成するために、高率の輸入<u>関税</u>や輸出奨励金を設ける貿易を何というか。	保護貿易
★★★/☆☆☆☆☆☆		
8 □□□	工業の原材料を輸入し、それを<u>製品</u>や半製品にして輸出する貿易を何というか。	加工貿易
★★★/☆☆☆☆☆☆		
9 □□□	見えざる貿易ともいわれる、運輸・金融・保険・観光などのサービスの国際取引を何というか。	サービス貿易
★★☆/☆☆☆☆☆☆		
10 □□□	国家間での<u>特許権</u>のやり取りやノウハウといった技術指導など技術の提供と供与を行なう国際取引を何というか。	技術貿易
★★★/☆☆☆☆☆☆		
11 □□□	輸入品に課せられる税金を何というか。	関税
★★★/☆☆☆☆☆☆		
12 □□□	国際競争力が低く国際価格よりも高い製品・産物の輸出を促進するために、国内価格よりも安く輸出した場合に、国などの財政から支払われる補助金を何というか。	輸出補助金

★★☆／☆☆☆☆☆☆☆		
13 ☐☐☐	関税とは異なる、輸入品に対して課せられる徴収金を何というか。EU 諸国では<u>農業共通政策</u>において域外からの安い輸入農畜産物に課している。	輸入課徴金
★☆☆／☆☆☆☆☆☆☆		
14 ☐☐☐	国際収支のうち、商品の<u>輸出</u>と<u>輸入</u>による収支を何というか。	貿易収支
★★☆／☆☆☆☆☆☆☆		
15 ☐☐☐	1944年にアメリカ合衆国のブレトン゠ウッズで調印された国際組織で、為替相場の安定、経済の再建をめざす国への融資など、国際貿易の促進のために設置された<u>国際連合</u>の専門機関を何というか。	IMF（国際通貨基金）
★★★／☆☆☆☆☆☆☆		
16 ☐☐☐	<u>関税</u>の引き下げや貿易制限の緩和など、加盟国が貿易上の障壁を取り除いて、自由貿易の拡大を図ろうとする国際協定で、1947年から1994年まで続いた国際機構を何というか。	GATT（関税と貿易に関する一般協定）
★★★／☆☆☆☆☆☆☆		
17 ☐☐☐	農産物の例外なき関税化、金融・情報・通信などのサービス貿易や知的所有権などについて、関税の一括引下げなどを協議し、1993年に合意された GATT の多角的貿易交渉を何というか。	ウルグアイ゠ラウンド
★★★／☆☆☆☆☆☆☆		
18 ☐☐☐	<u>ウルグアイ゠ラウンド</u>で合意された、農産物の貿易の自由化を促進するために課せられた、最低輸入義務量のことを何というか。	ミニマムアクセス
★★★／☆☆☆☆☆☆☆		
19 ☐☐☐	<u>ウルグアイ゠ラウンド</u>で、GATT を発展的に解消させることが合意された。その結果、より権限が強化されて1995年に発足した機関を何というか。	WTO（世界貿易機関）
★★★／☆☆☆☆☆☆☆		
20 ☐☐☐	貿易収支の不均衡や保護貿易政策などをめぐり、相手国の経済・財政・金融政策など、広い範囲にわたって是正や改革を迫ることから生じる対立を総称して何というか。日米、日欧、欧米、先進国と発展途上国間でみられる。2018年以後、米中の対立が拡大。	貿易摩擦
★★★／☆☆☆☆☆☆☆		
21 ☐☐☐	日本とアメリカ合衆国との間にある経済・貿易に関する利害の対立を何というか。<u>貿易赤字</u>となったアメリカ合衆国は、<u>貿易黒字</u>の日本に対して自動車輸出の規制や農畜産物の輸入自由化を求めた。	日米貿易摩擦
★★☆／☆☆☆☆☆☆☆		
22 ☐☐☐	輸入品が急増し、これと競合する自国の産業が重大な被	セーフガード（緊急

害を受ける恐れのある場合、その品目の輸入を禁止・制限することができる措置を何というか。		輸入制限）
★★★／☆☆☆☆☆☆ □□□ 関税や数量制限、サービス貿易に対する規制や障壁を取り除く自由貿易地域の結成を目的として、2国間以上の国々の間で締結された国際協定を何というか。		FTA（自由貿易協定）
★★★／☆☆☆☆☆☆ 24 □□□ ただ単に関税を撤廃するなどの通商上の障壁を取り除くだけでなく、サービス・投資、知的財産権の保護、電子商取引など、様々な分野での連携を強化し、経済取引の円滑化をめざす国際協定を何というか。		EPA（経済連携協定）
★★★／☆☆☆☆☆☆ 25 □□□ 太平洋を取り囲む12カ国が参加、関税撤廃のほか、様々な非関税貿易障壁の撤廃をめざして交渉が進められた経済連携協定を何というか。2018年、不参加のアメリカ合衆国を除く11カ国で発効、2023年にはEUを2020年に離脱したイギリスの加盟が承認された。		CPTPP（環太平洋パートナーシップに関する包括的及び先進的な協定）
★★☆／☆☆☆☆☆☆ 26 □□□ 発展途上国の貿易および開発などの南北問題を検討するために設置された、国際連合の常設機関を何というか。		国連貿易開発会議（UNCTAD）
★★★／☆☆☆☆☆☆ 27 □□□ 農畜産物・水産物・鉱産物などのように、工業製品として加工されていない産物を総称して何というか。		一次産品
★★★／☆☆☆☆☆☆ 28 □□□ とくに発展途上国にみられ、特定の一次産品の生産や輸出に占める割合が極端に高くなっている経済構造を何というか。		モノカルチャー経済
★★☆／☆☆☆☆☆☆ 29 □□□ 発展途上国の農産物や伝統的な技術でつくられた製品などを、価格や労働条件を保証する公正な価格で購入し、発展途上国の経済的・社会的自立や環境保全などを支援する貿易を何というか。		フェアトレード
★★★／☆☆☆☆☆☆ 30 □□□ 世界各地に現地法人を設立して、原材料の調達や生産販売活動を世界的な規模で行なっている大企業のことを何というか。		多国籍企業、世界企業（グローバル企業）
★★★／★☆☆☆☆☆ 31 □□□ 先進工業国が発展途上国に資本や技術を提供し、資源を開発して輸入する方式を何というか。		開発輸入
★★★／★★★☆☆☆ 32 □□□ 税制上の優遇措置が与えられ、海外の企業が税を回避するために進出している地域を何というか。		タックス゠ヘイヴン

★★★/☆☆★★★★★ **33** ☐☐☐	発展途上国などで、外国から借りた資本が巨額になり、その元金と利子の返済が困難となり、金融危機・経済危機などが生じる問題を何というか。	累積債務問題
★★★/☆☆★★★★★ **34** ☐☐☐	1997年タイが変動相場制に移行し、通貨価値が下がったことが、韓国・インドネシアなど周辺諸国に影響して深刻な金融危機が生じたことを何というか。	アジア通貨危機
★★☆/☆☆☆★★★★ **35** ☐☐☐	アメリカ合衆国でのサブプライムローン問題によるリーマンショックをきっかけに国際的な金融危機となったことを何というか。	世界金融危機

❸ 観光

用語集 p.165〜170

■世界と日本の観光

★★★/☆☆☆☆☆☆☆ **1** ☐☐☐	旅行業、観光地の宿泊業、土産物販売業、レクリエーション施設の経営などの産業を、総称して何というか。	観光業
★★★/☆☆☆★★★★ **2** ☐☐☐	山・高原・海の景勝地や温泉などの自然的な資源、史跡・建造物、祭りや行事など文化的な資源のほかに、テーマパークやレクリエーション施設などを総称して何というか。	観光資源
★★★/☆☆☆☆☆★★★ **3** ☐☐☐	フランス語で休暇のこと。保養地や農山村などで長期間滞在して過ごすことを何というか。	バカンス
★★★/☆☆☆★★★★★ **4** ☐☐☐	英語で「外から中に入る」という意味で、日本の場合、外国人が日本を訪れる観光のことを何というか。	インバウンド（観光）
★★☆/☆☆☆★★★★★ **5** ☐☐☐	英語で「内から外に出る」という意味で、日本の場合、日本人が外国を訪れる観光のことを何というか。	アウトバンド（観光）
★★★/☆☆★★★★★★ **6** ☐☐☐	滞在して余暇を過ごす保養地・行楽地をとくに何というか。	リゾート
★★☆/☆★★★★★★★ **7** ☐☐☐	海洋に面して観光産業が集積しているリゾートをとくに何というか。	海浜リゾート
★★★/☆☆★★★★★★ **8** ☐☐☐	東京ディズニーリゾートやユニバーサル・スタジオ・ジャパンなどのように、ある特定のテーマのもとにつくられ、様々な演出が加えられている公園・遊園地などの恒	テーマパーク

常的施設を何というか。

★★☆/☆☆☆☆☆☆ 9 □□□	経済成長や交通機関の発達に伴って増大し、大衆化した旅行(ツーリズム)の形式・考えを何というか。	マス＝ツーリズム
★★★/☆☆☆☆☆☆ 10 □□□	環境問題や自然保護の深い理解、あわせて地域の文化・生活の理解を目的とした旅行(ツーリズム)とは何か。	エコ＝ツーリズム
★★★/☆☆☆☆☆☆ 11 □□□	農山漁村に滞在し、地域の生活・文化の理解、人々との交流、農林漁業体験などを目的とした旅行(ツーリズム)とは何か。	グリーン＝ツーリズム
★★☆/☆☆☆☆☆☆ 12 □□□	観光客の集中により、観光地に居住する住民の生活の質が低下したり、観光客の満足度が低下したりすることが問題となっていることを何というか。	オーバーツーリズム
★★★/☆☆☆☆☆☆ 13 □□□	日本とオーストラリアなどの間で結ばれた、就労許可つきの休暇旅行を何というか。	ワーキングホリデー
★★☆/☆☆☆☆☆☆ 14 □□□	自然景観を楽しみながら、時間をかけて山麓などを歩くことを何というか。	トレッキング
★★★/☆☆☆☆☆☆ 15 □□□	インターラーケン、サンモリッツ、ツェルマットなどの観光・保養都市群がある国はどこか。	スイス
★★☆/☆☆☆☆☆☆ 16 □□□	インスブルック、バーデン(ウィーン近郊)などの観光・保養都市群がある国はどこか。	オーストリア
★★★/☆☆☆☆☆☆ 17 □□□	ロングビーチ、マイアミ、ホノルルなどの観光・保養都市群がある国はどこか。	アメリカ合衆国
★★★/☆☆☆☆☆☆ 18 □□□	ゴールドコースト、ケアンズなどの観光・保養都市群がある国はどこか。	オーストラリア
★★★/☆☆☆☆☆☆ 19 □□□	地中海沿岸で、フランスのカンヌ・ニースからモナコ、イタリアのラスペツィアに至る海岸保養地域を何というか。	リヴィエラ
★★★/☆☆☆☆☆☆ 20 □□□	19世紀半ばから高級避寒地として発展したフランス南東部の海岸保養都市はどこか。	ニース
★★★/☆☆☆☆☆☆ 21 □□□	地中海沿岸のリヴィエラ海岸のうち、フランス側の海岸地域をとくに何というか。	コートダジュール

★★★/☆☆☆☆☆☆☆ **22** ☐☐☐	モンペリエ、グランドモットなどのリゾート都市があり、「もう1つのコートダジュール」をめざして観光開発が進められた南フランスの地域を何というか。	ラングドック゠ルシヨン
★★★/☆☆☆☆☆☆☆ **23** ☐☐☐	エーゲ海のキクラデス諸島に位置する花崗岩（かこうがん）の島で、風車で知られるリゾートを何というか。隣接して世界文化遺産のデロス島がある。	ミコノス島
★★★/☆☆☆☆☆☆☆ **24** ☐☐☐	クリム（クリミア）半島南部にある観光・保養都市で、1945年に英・米・ソの首脳によって第二次世界大戦の戦後処理に関する会談が行なわれた都市を何というか。	ヤルタ
★★★/☆☆☆☆☆☆☆ **25** ☐☐☐	エジプトのカイロ都市圏に含まれ、世界文化遺産に指定された3大ピラミッドがある観光都市はどこか。	ギザ（ギーザ）
★★★/☆☆☆☆☆☆☆ **26** ☐☐☐	ブラジルのリオデジャネイロ市内にあり、国際的な観光・保養地となっている砂浜海岸を何というか。	コパカバーナ
★★★/☆☆☆☆☆☆☆ **27** ☐☐☐	タイ南部、マレー半島の西岸に位置する観光地を何というか。かつては錫鉱山やゴムなどのプランテーションが発達。風光明媚な海岸地域ではマリンスポーツが盛ん。	プーケット
★★★/☆☆☆☆☆☆☆ **28** ☐☐☐	アメリカ合衆国ネヴァダ州南部の観光都市を何というか。カジノの町として知られる。	ラスヴェガス
★★★/☆☆☆☆☆☆☆ **29** ☐☐☐	韓国南東部に位置する観光都市で、古代のシルラ（新羅）の首都であった。	キョンジュ（慶州）
★★★/☆☆☆☆☆☆☆ **30** ☐☐☐	東シナ海に浮かぶ韓国の火山島。気候が温暖であり、世界遺産の登録地もあって多くの観光客が訪れる。	チェジュ（済州）島
★★★/☆☆☆☆☆☆☆ **31** ☐☐☐	只見川源流部に位置する日本最大の高層湿原地帯はどこか。釧路湿原などとともにラムサール条約に登録。	尾瀬
★★★/☆☆☆☆☆☆☆ **32** ☐☐☐	相模湾・相模灘と駿河湾とを分ける伊豆半島最東端の都市はどこか。温泉と海岸美に恵まれ、伊豆シャボテン動物公園や大室山などが知られる。	伊東
★★★/☆☆☆☆☆☆☆ **33** ☐☐☐	旧宿場町で、明治期になって避暑地として開発が進んだ。長野県東部、浅間山麓に位置する高原保養都市はどこか。	軽井沢
★★★/☆☆☆☆☆☆☆ **34** ☐☐☐	英虞湾（あごわん）などリアス海岸の自然美と伊勢神宮の歴史的景観	志摩半島

に特徴がある。三重県東部、熊野灘に突きだした半島は
どこか。

★★/☆☆☆☆☆☆☆
35
□□□　大分県中部、由布岳・鶴見岳などの山麓に位置する温　｜　湯布院
泉・保養地で、映画祭や音楽祭で知られているのはどこ
か。

★★/☆☆☆☆☆☆☆
36
□□□　大内宿・高山・馬籠・倉敷・萩など、<u>文化財保護法</u>によ　｜　歴史的町並み保存地
り保存が指定された歴史的・伝統的な建物が立ち並ぶ地　｜　区（伝統的建造物群
区を何というか。　｜　保存地区）

★★/☆☆☆☆☆☆☆
37
□□□　地域の生活や生業、風土に結びついた地域特有の景観を　｜　文化的景観
何というか。近江八幡の水郷、岩手県遠野、四万十川な
どとくに重要な景観地は文化財保護法で指定され、保
存・保護されている。

■世界遺産

★★/☆☆☆☆☆☆☆
1
□□□　ピラミッドや万里の長城など、世界的に重要な自然・文　｜　世界遺産条約
化遺産の保護を目的に、<u>ユネスコ</u>で採択された国際条約
を何というか。

★★★/☆☆☆☆☆☆
2
□□□　12世紀前半、<u>ヒンドゥー教寺院</u>として建立され、その後、　｜　アンコールワット
仏教寺院に改修された。カンボジア内戦などで破壊が進
んだが修復が行なわれているカンボジア北部にある石造
の寺院遺跡はどこか。

★★★/☆☆☆☆☆☆
3
□□□　10世紀にチャンパ王国の、19世紀にはベトナム（阮朝）の　｜　フエ
首都となり、王宮・城壁・王陵博物館などがある。ベト
ナム戦争の激戦地の1つでベトナム中部の古都はどこか。

★★★/☆☆☆☆☆☆
4
□□□　インドネシアの<u>ジャワ島</u>中部にある8～9世紀に建設さ　｜　ボロブドゥール
れた大規模な石造仏教遺跡。長いこと密林の中に埋もれ
ていたが、1814年に発掘された。近年、再び崩壊がひど
くなったが、ユネスコが中心となって保存修復が図られ
ているのは何という遺跡か。

★★/☆☆☆☆☆☆☆
5
□□□　ペルー内にあり、アンデス山地の標高約2,400mの地点　｜　マチュピチュ
に位置する<u>インカ帝国</u>の遺跡で、広大な石造りの神殿や
宮殿、居住区などが残り、太陽神をまつり、太陽を観測
する建造物群ではないかと推測されている。空中都市と

	も呼ばれる遺跡を何というか。	
★★★/☆☆☆☆☆☆☆ **6** □□□	8世紀ベルベル人（イマジグ人）によって建設。交通の要衝として発達。イスラム王朝時代の首都。壮大なモスクや学校などが立ち並ぶ旧市街地（メディナと呼ばれる）が世界遺産に登録。市街は複雑な<u>迷路型道路</u>で構成されている。このモロッコ中北部に位置する歴史的宗教都市はどこか。	フェス
★★★/☆☆☆☆☆☆☆ **7** □□□	マリの首都<u>バマコ</u>とトンブクトゥのほぼ中間にあり、サハラ交易の要衝として栄え、14～16世紀、マリ帝国、ソンガイ帝国時代には、商業とイスラム教の中心地に。世界遺産に登録された旧市街地は<u>日干しレンガ</u>でつくられ、20世紀に再建されたモスクは泥の大モスクとして知られる。ニジェール川沿いに位置する古都はどこか。	ジェンネ
★★★/☆☆☆☆☆☆☆ **8** □□□	アメリカ合衆国アリゾナ州北西部に位置する国立公園の1つ。<u>コロラド高原</u>を刻むコロラド川の侵食による雄大な峡谷では、先カンブリア時代から古生代ペルム紀までの地層がほぼ水平に堆積しているのはどこか。	グランドキャニオン
★★★/☆☆☆☆☆☆☆ **9** □□□	オーストラリア大陸のほぼ中央部、アリススプリングスの南西に位置する残丘を何というか。先カンブリア時代から古生代初期の固い岩石からなる岩山で、<u>アボリジニ</u>の重要な聖地。隣接するカタジュタ（オルガ山）とともに世界遺産に登録されている。	ウルル（エアーズロック）
★★★/☆☆☆☆☆☆☆ **10** □□□	オーストラリアの北東部、クイーンズランド州の沿岸、コーラル海（珊瑚海）に位置する世界最大の<u>サンゴ礁（保礁）</u>を何というか。長さ2,000km以上に及ぶ。	グレートバリアリーフ
★★★/☆☆☆☆☆☆☆ **11** □□□	南米エクアドルの西約900kmの太平洋上に浮かぶ火山群島。大陸から隔絶された島であり、独自の進化を遂げた生物の<u>固有種</u>が多く存在する。ダーウィンが進化論のヒントを得たとして知られる島はどこか。	ガラパゴス諸島
★★★/☆☆☆☆☆☆☆ **12** □□□	日本で最初に世界文化遺産に登録されたのはどこか。江戸時代の城郭の姿を伝え、<u>白鷺城</u>とも呼ばれる。	姫路城
★★★/☆☆☆☆☆☆☆ **13** □□□	上賀茂神社、東寺、清水寺、<u>金閣寺・銀閣寺</u>・二条城など17カ所の寺社とその周辺部が登録された古都はどこか。	京都

★★★/☆☆☆☆☆☆☆		
14 □□□	<u>東大寺</u>・春日大社・薬師寺など8件が登録された古都はどこか。法隆寺と法起寺は仏教建造物として別に登録。	奈良
★★/☆☆☆☆☆☆☆		
15 □□□	白川郷(岐阜県)・五箇山(富山県)でみられる急こう配の茅葺き屋根の名称を何というか。	合掌造り
★★/☆☆☆☆☆☆☆		
16 □□□	旧広島県産業奨励館。「ノーモア・ヒロシマ」の願いを込めた「負の世界遺産」といわれる被爆建造物を何というか。	原爆ドーム
★★/☆☆☆☆☆☆☆		
17 □□□	広島県の<u>宮島</u>にある神社。海の中にあり、潮の満ち引きによって趣が異なる神社として知られるのはどこか。	厳島神社
★★/☆☆☆☆☆☆☆		
18 □□□	<u>東照宮</u>・二荒山神社・輪王寺などの建造物とその周辺の文化景観が登録された栃木県の国際観光都市はどこか。	日光
★★/☆☆☆☆☆☆☆		
19 □□□	沖縄本島南部に位置する旧琉球王国の遺跡群として登録された今帰仁城跡、<u>首里城跡</u>など「城」の呼称は何か。	グスク
★★/☆☆☆☆☆☆☆		
20 □□□	吉野・大峯、熊野三山、<u>高野山</u>の3つの霊場と参詣道が登録された山地はどこか。	紀伊山地
★★/☆☆☆☆☆☆☆		
21 □□□	島根県大田市に位置。戦国時代から江戸時代まで多くの銀を産出した日本最大の銀山跡(休山は1923年)はどこか。	石見銀山跡
★★/☆☆☆☆☆☆☆		
22 □□□	仏国土(浄土)を表現する仏教寺院・庭園として<u>中尊寺</u>・毛越寺などが登録された地域はどこか。	平泉
★★★/☆☆☆☆☆☆☆		
23 □□□	<u>絹</u>産業遺跡群の中心的な建造物で、1872(明治5)年官営模範工場として操業を開始した群馬県の製糸工場を何というか。	富岡製糸場
★★★/☆☆☆☆☆☆☆		
24 □□□	<u>ブナ</u>の原生林が広がり、多様な動植物が生息・自生することで知られている青森県と秋田県にまたがる山地はどこか。	白神山地
★★★/☆☆☆☆☆☆☆		
25 □□□	樹齢3000年をこえる縄文杉など、樹齢1000年をこす<u>スギ</u>の自生で知られ、亜熱帯から亜寒帯までの植物が分布、固有種豊富な鹿児島県の島はどこか。	屋久島
★★/☆☆☆☆☆☆☆		
26 □□□	北海道の北東端、<u>オホーツク海</u>に突きだした半島とその沿岸海域が世界自然遺産に登録。流氷が接岸する南端に位置する。豊富な魚介類とそれを捕食するヒグマやオオ	知床

ワシなど多様な生物が生息し、海と陸の食物連鎖がみられる貴重な自然環境の地域はどこか。

★★★／☆☆☆☆☆☆☆

27
□□□ 東京の南南東、太平洋に浮かぶ火山列島。これまで大陸と陸続きになったことのない洋島で、独自の進化を遂げた固有種と独自の生態系が評価された島々はどこか。

小笠原諸島

★★★／☆☆☆☆☆☆☆

28
□□□ 山頂の神社や登山道などの信仰遺跡群や芸術作品の題材とされた周辺の湖沼や景観が「信仰の対象と芸術の源泉」として文化遺産に指定された日本一の標高をもつ<u>成層火山</u>はどこか。

富士山

★★★／☆☆☆☆☆☆☆

29
□□□ 「明治日本の産業革命遺産」として世界文化遺産に指定された産業遺跡について、反射炉やたたら製鉄や造船所跡とともに、重要伝統的建造物群保存地区に指定されている城下町や、幕末から明治維新にかけての日本の近代化・産業化に貢献する人材を輩出した市内の<u>松下村塾</u>などが指定された山口県の都市はどこか。

萩

★★★／☆☆☆☆☆☆☆

30
□□□ 「明治日本の産業革命遺産」の産業遺跡のうち、大砲を鋳造するための金属溶解炉として1857（安政 4 ）年に完成し、1864（元治元）年まで使用された静岡県伊豆の国市にある反射炉を何というか。

韮山反射炉

★★★／☆☆☆☆☆☆☆

31
□□□ 「明治日本の産業革命遺産」の産業遺跡のうち、日本最古の洋式高炉跡である橋野高炉跡や橋野鉄鉱山など近代製鉄業の遺構のある岩手県の都市はどこか。

釜石

★★★／☆☆☆☆☆☆☆

32
□□□ 「明治日本の産業革命遺産」の産業遺跡のうち、洋式採炭技術の導入による石炭の増産で日本の工業化をエネルギーの面で支えた福岡県大牟田市・熊本県荒尾市にまたがる炭鉱はどこか。1959〜60（昭和34〜35）年に大規模な労働争議が、1963（昭和38）年には大規模な爆発事故があった。

三池炭鉱

第4章

人口、村落・都市

❶人口

用語集 p.171〜174

■人口分布・人口増減

★★★/☆☆☆☆☆☆☆☆
| 1 | 地球上の全陸地面積の約90%を占める人類の居住し、生活している地域を何というか。 | エクメーネ |

★★★/☆☆☆☆☆☆☆☆
| 2 | 地球上の全陸地面積の約10%を占める人類が常住していない地域を何というか。 | アネクメーネ |

★★★/☆☆☆☆☆☆☆
| 3 | ある地域の人口を、土地の面積で除した単位面積(一般には1km²)あたりの人口を何というか。 | 人口密度 |

★★★/★★★★★★★★
| 4 | 国勢調査において、一調査区(約50世帯)の人口密度が1km²につき4,000人以上であり、そのような調査区が隣接し合って、人口の合計が5,000人以上に達するような地区を何というか。 | 人口集中地区 |

★★★/★★★★★★★
| 5 | 1国の人口や産業などについて、期日を決めて全国的に行なう調査で、日本では1920(大正9)年以来、5年ごとの10月1日に実施している総合調査を何というか。 | 国勢調査(センサス) |

★★★/★★★★★★★
| 6 | 出生・死亡・結婚・転出・転入など、ある地域における一定期間の人口の変化を何というか。 | 人口動態 |

★★★/☆☆☆☆☆☆☆
| 7 | ある地域の一定期間における、総人口に対する人口増加の割合で、一般に千分率(‰、パーミル)で表わされる値を何というか。 | 人口増加率 |

★★★/☆☆☆☆☆☆☆
| 8 | ある地域の一定期間における、総人口に対する出生数の割合で、一般に千分率(‰)で表わされる値を何というか。 | 出生率 |

★★★/☆☆☆☆☆☆☆
| 9 | ある地域の一定期間における、総人口に対する死亡数の割合で、一般に千分率(‰)で表わされる値を何というか。 | 死亡率 |

★★★/☆☆☆☆☆☆☆
| 10 | 乳児(1歳未満)と幼児(6歳未満)を合わせた死亡率を何というか。 | 乳幼児死亡率 |

★★★/☆☆☆☆☆☆☆
| 11 | ある地域の一定期間における、出生率から死亡率を差し引いた値を何というか。 | 自然増加率 |

★★★/☆☆☆☆☆☆		
12□□□	1人の女性が、生涯の間に平均して何人の子どもを出産するかを示した数値を何というか。	合計特殊出生率
★★★/☆☆☆☆☆☆		
13□□□	乳幼児死亡率の低い先進国が、現在の人口を維持するために必要な合計特殊出生率約2.1のことを何というか。	人口置換水準（おきかえ・すいじゅん）

■人口転換・人口移動

★★★/★★★★★★★		
1□□□	現在の死亡状況が続くとして、ある年齢の人があと何年生きられるという期待値を何というか。	平均余命
★★★/☆☆☆☆☆☆		
2□□□	ある年の0歳児の平均余命を何というか。	平均寿命
★★★/☆☆☆☆☆☆		
3□□□	出生率・死亡率ともに高い人口漸増型で、人口を支える社会的な力が弱い伝統的な農業社会や工業化が進まない発展途上国などにみられるタイプを何というか。	多産多死型
★★★/☆☆☆☆☆☆		
4□□□	医療の進歩、医薬品・公衆衛生の普及などにより、死亡率が急激に低下し、人口が急増する型で、開発が進行中の発展途上国にみられるタイプを何というか。	多産少死型
★★★/☆☆☆☆☆☆		
5□□□	出生率・死亡率ともに低く、自然増加が緩慢または停滞状態にある先進国にみられるタイプを何というか。	少産少死型
★★★/☆☆☆☆☆☆		
6□□□	多産多死型から多産少死型へ、さらに多産少死型から少産少死型へと、人口増加のタイプが移行することを何というか。	人口転換（人口革命）
★★★/★★★★★★★		
7□□□	出生率と死亡率が平衡状態を示し、増加も減少もしない状態の人口を何というか。	静止人口
★★★/☆☆☆★★★		
8□□□	ある地域の一定期間における、移入人口から移出人口を差し引いた値は何を表しているか。	社会増加（社会増減）
★★★/☆☆☆★★★		
9□□□	農閑期における酒造り職人(杜氏)の移動、大都市での土木・建設工事に従事する人々の移動、また、果実の収穫期のための移動など、特定の季節だけの一時的な人口移動を何というか。	出稼ぎ
★★★/★★★★★★★		
10□□□	アメリカ合衆国の西部開拓を支えた、東から西へ向かう大規模な人口移動現象を何というか。	西漸運動（せいぜん）

★★★/★★★★★★★		
11 ☐☐☐	西漸運動の最前線をさす言葉を何というか。	フロンティア(開拓前線)

★★★/☆☆☆★★★★		
12 ☐☐☐	19世紀後半、新しく発見された金鉱に一攫千金を夢みて押しかけた現象。アメリカ西部やオーストラリアなどに鉱山都市が出現した。	ゴールドラッシュ

★★★/☆★★★★★★		
13 ☐☐☐	改革開放政策以後の中国で、農村部から沿岸部の大都市へ多くの出稼ぎ労働者が押し寄せている人口移動を何というか。	みんこうちょう 民工潮

★★★/☆★★★★★★		
14 ☐☐☐	人口移動を制限するために設けられた中国の戸籍制度で、農村の居住者に認められた戸籍を何というか。都市の居住者に認められた都市戸籍の対語。	農村戸籍

★★★/☆★★★★★★		
15 ☐☐☐	地方(郷里)からいったん大都市にでた人々が、再び郷里に移り住む現象を何というか。	Uターン(現象)

★★★/☆★★★★★★		
16 ☐☐☐	地方(郷里)からいったん大都市にでた人々が、再び郷里に近い地方中心都市に移り住む現象を何というか。	Jターン(現象)

★★★/☆★★★★★★		
17 ☐☐☐	大都市に住む人々が郷里とは関係なく地方へ移り住む現象を何というか。	Iターン(現象)

★★★/☆☆☆☆☆☆		
18 ☐☐☐	自国を去って、他国に移り定住する人口の国際移動を何というか。	移民

★★★/☆☆☆☆☆☆		
19 ☐☐☐	明治期以来、日本から最も多くの移民を送りだしたラテンアメリカの国はどこか。	ブラジル

★★★/☆☆★★★★★		
20 ☐☐☐	人口過剰や政治不安定などの理由により、国外に移住した中国人を総称して何というか。フーチエン(福建)省やコワントン(広東)省など、中国南部から東南アジアに移住した人々が多い。	華僑

★★★/☆☆☆☆☆☆		
21 ☐☐☐	おもに東南アジアなどで、現地で生まれ、その国の国籍を取得して定住している中国系住民を何というか。	華人

★★★/☆★★★★★★		
22 ☐☐☐	おもにイギリスの植民地時代に、インドから東南アジア・東アフリカなどインド洋周辺諸国に移住した、インド系住民を総称して何というか。現在は中東への出稼ぎや欧米諸国での情報通信技術産業の従事者が多い。	印僑

★★★／☆☆☆☆☆★		
23 ☐☐☐	人口の国際移動の結果、マレー系住民（人口の約60％）、中国系住民（人口の約23％）、インド（タミル）系住民などの複合した社会をつくっている、東南アジアの国はどこか。	マレーシア
★☆☆／☆☆☆☆☆★		
24 ☐☐☐	ドイツが第二次世界大戦後、トルコや旧ユーゴスラビアなどから受け入れた移民労働者をとくに何というか。	ガストアルバイター

■人口構成

★★★／☆☆☆☆☆★		
1 ☐☐☐	人口を<u>年齢</u>別に区分し、その絶対数や総人口に対する比率を示した人口構成を何というか。	年齢別人口構成
★★★／☆☆☆☆☆★		
2 ☐☐☐	一般に労働に従事することが可能であるとされる、<u>15</u>歳以上<u>65歳未満</u>の人口を何というか。	生産年齢人口
★★★／☆☆☆☆☆★		
3 ☐☐☐	生産年齢人口よりも高年齢層で、<u>65</u>歳以上の人口を何というか。	老年人口（高齢者人口）
★★★／☆☆☆☆☆★		
4 ☐☐☐	生産年齢人口よりも低年齢層で、<u>15</u>歳未満の人口を何というか。	年少人口
★★☆／☆★☆☆☆☆★		
5 ☐☐☐	年少人口と老年人口の割合が低く、<u>生産年齢人口</u>の割合が高い状態をさす言葉は何か。労働力豊富で経済成長を見込め、消費活動も盛んになる。	人口ボーナス
★★☆／☆★☆☆☆☆★		
6 ☐☐☐	年少人口と老年人口の割合が高く、<u>生産年齢人口</u>の割合が低い状態をさす言葉は何か。社会保障支出など経済的な負担が増加して労働市場や経済成長が縮小するおそれがある。	人口オーナス
★★★／☆☆☆☆☆★		
7 ☐☐☐	縦軸に年齢、横軸に年齢ごとの男女別人口数または人口比率を表わした、性別・年齢別人口構成図（グラフ）を何というか。	人口ピラミッド
★★★／☆☆☆☆☆★		
8 ☐☐☐	総人口に占める低年齢層の割合が大きく、高年齢層が少ない人口構成の型。<u>多産多死</u>型や多産少死型の人口構成で、発展途上国に多くみられる人口ピラミッドの型（タイプ）は何か。	富士山（ピラミッド）型
★★★／☆☆☆☆☆★		
9 ☐☐☐	低年齢層と高年齢層の差が少ない人口構成の型。人口増	釣鐘型（ベル型）

加の停滞傾向を示す<u>少産少死</u>型の人口構成で、北西ヨーロッパ諸国やアングロアメリカなどの先進国に多くみられる人口ピラミッドの型（タイプ）は何か。

★★★/☆☆☆☆☆★★★
| 10 □□□ | 低年齢層よりも高年齢層の割合が大きい人口構成の型。出生率の低下により、少子高齢化が進み、人口が停滞または減少する傾向を示す人口構成となる人口ピラミッドの型（タイプ）は何か。 | つぼ型（紡錘型） |

★★★/★★★★★★★★
| 11 □□□ | 都市への人口流出により、生産活動に従事する人々の割合が少なくなった<u>農村</u>型の人口ピラミッドの型は何か。 | ひょうたん型 |

★★★/★★★★★★★★
| 12 □□□ | 農村からの人口流入により、生産活動に従事する人々の割合が大きくなった<u>都市</u>型の人口ピラミッドの型は何か。 | 星型 |

★★★/☆☆☆☆☆★★★
| 13 □□□ | 国の産業を大きく3つに分類するとき、農業・林業・水産業などの産業グループを総称して何というか。 | 第1次産業 |

★★★/☆☆☆☆☆★★★
| 14 □□□ | 国の産業を大きく3つに分類するとき、鉱業・製造業・建設業などの産業グループを総称して何というか。 | 第2次産業 |

★★★/☆☆☆☆☆★★★
| 15 □□□ | 国の産業を大きく3つに分類するとき、商業・運輸通信業・公務・金融業・サービス業などの産業グループを総称して何というか。 | 第3次産業 |

★★★/☆☆☆☆★★★
| 16 □□□ | 就業人口のうち、第1次産業・第2次産業・第3次産業に、それぞれどれだけ従事しているかを示す人口構成を何というか。 | 産業別人口構成 |

❷ 人口問題

用語集 p.175～176

★★★/★★★★★★★★
| 1 □□□ | 産業革命の進行とそれに伴う人口増加が、食料不足や貧困、犯罪の要因であると考えて、人口増加の倫理的抑制を『<u>人口論</u>』（『人口の原理』）で主張したイギリスの経済学者は誰か。 | マルサス |

★★★/☆☆☆☆☆★★★
| 2 □□□ | 第二次世界大戦後、<u>発展途上国</u>を中心とした急激な人口増加を何というか。 | 人口爆発 |

★★★/★★★★★★★★
| 3 □□□ | 人口爆発などの人類の未来を脅かす人口問題に対処するために、1974年、<u>ブカレスト</u>で開かれた国連主催の会議を何というか。 | 世界人口会議 |

★☆☆/★★★★★★★ **4** ☐☐☐	人口問題に関して、<u>リプロダクティブヘルス／ライツ</u>（性と生殖に関する健康と権利）という権利が登場した、1994年の<u>国際人口開発会議</u>（ICPD）が開かれた都市はどこか。	カイロ
★★★/★★★★★★★ **5** ☐☐☐	仕事と生活の調和をはかり、性別・年齢にかかわらず、誰もが働きやすい仕組み・社会をつくることを何というか。	ワークライフバランス
★★★/☆☆☆☆☆☆☆ **6** ☐☐☐	中国において、1980年代から取り入れられた<u>人口抑制政策</u>を何というか。人口抑制には成功したが、男女比のアンバランス、高齢化の進展、労働力不足の懸念などの問題が生じ、2016年には廃止された。	一人っ子政策
★★★/☆☆☆☆☆☆☆ **7** ☐☐☐	出産を計画的に行なうことで人口の増加を抑制していくことを何というか。インドの農村部では子供が貴重な労働力であるという考えが根強く、女性の地位が低いので取組みへの理解が得にくい状況が続いていた。	家族計画
★★★/☆☆☆★★★★ **8** ☐☐☐	第二次世界大戦後の日本において、1947〜49（昭和22〜24）年は出生率の急上昇により人口が<u>急増</u>した時期である。この人口現象を何というか。	第1次ベビーブーム
★★★/☆☆☆★★★★ **9** ☐☐☐	1971〜74（昭和46〜49）年頃は<u>第一次ベビーブーム</u>の時期に生まれた世代が結婚・出産適齢期になり、再び<u>出生率</u>が上昇した時期であるが、これを何というか。	第2次ベビーブーム
★★★/☆☆☆☆★★★ **10** ☐☐☐	大都市に人口や産業が過度に集中し、住宅難や交通渋滞、大気汚染などにより、様々な環境が悪化した状態を何というか。	過密
★★★/☆☆☆☆★★★ **11** ☐☐☐	農山漁村から多くの人口が流出し、通常の社会生活を維持することが困難になった状態を何というか。	過疎
★★★/☆☆☆☆★★★ **12** ☐☐☐	過疎化・高齢化が進み、経済的・社会的な共同生活が困難になり、存続が危ぶまれている集落を何というか。	限界集落
★★★/☆☆☆☆★★★ **13** ☐☐☐	子どもの数が減少し、対照的に65歳以上の老年人口の割合が相対的に高くなることを何というか。	少子高齢化
★★☆/☆☆☆☆★★★ **14** ☐☐☐	老年人口の割合が14％をこえる水準に達し、それが持続されている社会を何というか。	高齢社会

★★★/☆☆☆☆☆☆ **15** □□□	現在の日本のように、老年人口の割合が21％という高い水準にあり、それが持続されている社会を何というか。	超高齢社会
★★★/★★★★★★ **16** □□□	滞在期限を過ぎても国内で就労している外国人や、就労目的ではなく入国したにもかかわらず就労している外国人を何というか。	不法就労者
★★★/☆☆☆☆☆☆ **17** □□□	日本で、外国人が単純労働に従事することは認められていないが、例外として単純労働への就労が認められているのはどのような人々か。	日系人

❸ 村落・都市

用語集 p.177～185

■村落の立地と発達

★★★/☆☆☆☆☆☆ **1** □□□	都市の対語として用いられる語で、都市より人口・人口密度・家屋密集度が低く、第1次産業従事者の割合が高い集落を何というか。	村落
★★★/☆☆☆☆☆☆ **2** □□□	木曽川・長良川・揖斐川の木曽三川が合流する濃尾平野西南部など、河川の下流部の低湿地にみられ、洪水を防ぐために人工の堤防に周囲を囲まれた集落を何というか。	輪中集落
★★★/★★★★★★ **3** □□□	輪中集落の住居にみられ、敷地内に盛り土した一段高いところに建て、洪水時の避難用に緊急物資や生活用品を常備しておく家屋を何というか。	水屋(水塚)
★★★/★★★★★★ **4** □□□	防御や灌漑のために濠を周囲にめぐらした集落を何というか。	環濠集落
★★★/★★★★★★ **5** □□□	地中海沿岸にみられた集落で、外敵、マラリアなどの風土病、野獣の被害などを避けて丘上に立地する集落を何というか。	丘上集落
★★★/★★★★★★ **6** □□□	千葉県の九十九里浜沿岸に典型的にみられ、もともと漁具などを収納しておくためにつくられた小屋へ、親村の人口増加や分家などで人々が定住することからできた集落を何というか。	納屋集落
★★★/★★★★★★ **7** □□□	大化改新によって制定された班田収授法を実施するための区画制度は何か。奈良盆地などでは道路や用水路が格子状になっていて、この制度の名残りがみられる。	条里制

★★★/ ★★★★★★★		
8 ☐☐☐	<u>江戸時代</u>に、人口増加や土木技術の発達を背景に、台地や低湿地などに新しく開拓された田畑を基盤としてできた村落を何というか。	新田集落
★★☆/☆★★★★★★★		
9 ☐☐☐	江戸時代に多くの<u>新田集落</u>が開発された、東京都から埼玉県南部、多摩川と荒川の間に広がる台地を何というか。	武蔵野台地
★★★/ ★★★★★★★		
10 ☐☐☐	明治時代に、<u>北海道</u>の開拓と防備、あるいは失業士族への授産のためにつくられた、碁盤目状の道路をもつ村落を何というか。	屯田兵村

■村落の形態

★★★/ ★★★★★★★		
1 ☐☐☐	多くの家屋が1カ所に集まっている村落の形態を何というか。	集村
★★★/ ★★★★★★★		
2 ☐☐☐	集村のうち、家屋が不規則に<u>塊状</u>に集まっている集落の形態を何というか。	塊村
★★★/ ★★★★★★★		
3 ☐☐☐	集村のうち、自然堤防や海岸、丘陵や台地の麓、道路などに沿って、家屋が<u>列状</u>になっている集落の形態を何というか。	列村（列状村）
★★★/ ★★★★★★★		
4 ☐☐☐	集村のうち、<u>新田集落</u>などにみられ、家屋が道路に沿って細長く並んでいる集落の形態を何というか。	路村
★★★/ ★★★★★★★		
5 ☐☐☐	集村のうち、家屋が道路に沿って細長く密集し、商店を含むなど、道路交通への依存度が大きい集落の形態を何というか。	街村
★★★/ ★★★★★★★		
6 ☐☐☐	エルベ川以東のスラブ系民族の居住地に多くみられる、中央の<u>広場</u>を囲んで家屋が環状に並んでいる集落を何というか。	広場村（円村・環村）
★★★/ ★★★★★★★		
7 ☐☐☐	中世の<u>ドイツ</u>やポーランドの森林地域の開拓によって発達した集落で、道路の両側に家屋が列状に並び、その背後に耕地・草地・森林が細長く続く村落を何というか。	林地村
★★★/ ★★★★★★★		
8 ☐☐☐	<u>集村</u>の対語で、家屋が1戸ずつ分散している村落の形態を何というか。	散村
★★★/ ★★★★★★★		
9 ☐☐☐	富山県西部、庄川が形成する扇状地性の平野で、典型的	砺波平野

	な<u>散村</u>がみられる平野を何というか。	
★★★/★★★★★★ 10 □□□	広い地域を経緯線方向に碁盤目状の地割をし、散村をつくった<u>アメリカ合衆国</u>やカナダの公有地分割制度を何というか。	タウンシップ制

■都市の立地と形態

★★★/☆☆☆☆☆☆ 1 □□□	<u>村落</u>の対語として用いられる語で、村落より人口・人口密度・家屋密集度が大きく、第2次・第3次産業従事者の割合が高い集落を何というか。	都市
★★★/★★★★★★ 2 □□□	青梅・飯能・寄居など関東山地東麓に典型的にみられ、河川が山地から平地にでる地点に立地した集落を何というか。	谷口集落
★★★/★★★★★★ 3 □□□	アパラチア山脈東麓、ピードモント台地と大西洋岸の海岸平野との境にみられる<u>滝</u>に沿って立地している都市群を何というか。河川交通の終点の河港であることや、水力を利用した工場の立地が都市の発達を促した。	滝線都市
★★★/★★★★★★ 4 □□□	大井川を挟んだ島田と金谷、ミシシッピ川を挟んだミネアポリスとセントポールのように、川を中心に向かい合っている2つの都市を何というか。	双子都市
★★★/☆☆☆★★★★ 5 □□□	中南アメリカやアフリカ東部などの低緯度地方の都市のように、低地の暑さを避けて、山地の中腹以上の地点に立地した都市を何というか。	高山都市
★★★/☆☆☆☆☆☆ 6 □□□	<u>メキシコ</u>の首都である高山都市はどこか。	メキシコシティ
★★★/☆☆☆☆★★★ 7 □□□	アンデス山脈北部に位置する<u>コロンビア</u>の首都である高山都市はどこか。	ボゴタ
★★★/☆☆☆☆★★★ 8 □□□	アンデス山脈北部、赤道直下に位置する<u>エクアドル</u>の首都である高山都市はどこか。	キト
★★★/☆☆☆☆☆☆ 9 □□□	アンデス山脈中部、アルティプラノに位置する<u>ボリビア</u>の首都である高山都市はどこか。	ラパス
★★★/☆☆☆★★★★ 10 □□□	<u>城下町</u>にみられる、防御のために急角度に曲げたり、行き止まりをつけたりした道路形態を何というか。	かぎ型道路・丁字型道路

★★☆/★★★★★★★★ 11 □□□	シカゴ・チャンアン(長安)や日本の平安京などのように、直線道路を直交させた道路網の形態を何というか。	直交路型道路網
★★☆/★★★★★★★★ 12 □□□	<u>ワシントンD.C.</u>・デリー(ニューデリー)などのように、中心部からの放射状の道路と直交する碁盤目状の道路とを組み合わせた道路網の形態を何というか。	放射直交路型道路網
★★☆/★★★★★★★★ 13 □□□	<u>キャンベラ</u>・カールスルーエ・モスクワなどのように、中心部からの放射状の道路と同心円の環状道路とを組み合わせた道路網の形態を何というか。	放射環状路型道路網
★★☆/★★★★★★★★ 14 □□□	ダマスカスなどのイスラーム圏の古都にみられ、細く曲りくねった袋小路状の不規則な道路網の形態を何というか。	迷路型道路網
★★★/☆☆☆☆★★★★ 15 □□□	旧市街に<u>迷路型道路網</u>がみられるイランの首都はどこか。	テヘラン
★★☆/☆☆☆☆★★★★ 16 □□□	迷路のような狭い通りに軒を連ねて商店などが並ぶ、イスラーム圏の都市にみられる市場を何というか。	バザール、スーク

■都市の発達

★★☆/★★★★★★★★ 1 □□□	古代都市や中世ヨーロッパの都市にみられた、外敵を防御するため、石・土・レンガなどを積み上げた防御用の<u>城壁</u>を市域の外周にめぐらした都市を何というか。	城塞都市(城郭都市)
★★★/☆☆☆☆☆★★★ 2 □□□	古代国家バビロニア(メソポタミア)の首都で、<u>ユーフラテス川</u>沿いに位置する城塞都市。世界最古の計画都市といわれているのはどこか。	バビロン
★★★/☆☆☆☆☆★★★ 3 □□□	古代ギリシアの都市国家から発展した都市はどこか。アクロポリスの丘には<u>パルテノン神殿</u>やニケ神殿が建つ。	アテネ
★★★/☆☆☆☆☆★★★ 4 □□□	<u>テヴェレ川</u>下流に位置する古代ローマ帝国以来の首都はどこか。市内のバチカン市国は<u>カトリック</u>の総本山。	ローマ
★★☆/☆☆☆☆★★★★ 5 □□□	古代<u>カルタゴ</u>の史跡があり、カスバを中心とした旧市街地とフランス植民地時代に建設された新市街地とにより構成されている都市はどこか。	チュニス
★★☆/★★★★★★★★ 6 □□□	中国、ウェイ川(渭河)沿いに、囲郭と<u>直交路型街路網</u>をもつ都市として計画的に建設され、日本の平城京や平安	チャンアン(長安)(現在のシーアン・

京の範となった唐の都はどこか。		西安)

★★★/★★★★★★★★
7
□□□ 唐の都のチャンアン（長安）を模して、<u>奈良時代</u>に造営された奈良盆地の都を何というか。 | 平城京

★★★/★★★★★★★★
8
□□□ 唐の都のチャンアン（長安）を模して、<u>平安時代</u>に造営された京都盆地の都を何というか。 | 平安京

★★★/☆★★★★★★★
9
□□□ 中世において、北西ヨーロッパに位置する<u>ハンブルク・ブレーメン</u>・リューベックなどの自由都市の間で結ばれた都市同盟を何というか。 | ハンザ同盟

★★★/☆★★★★★★★
10
□□□ ドイツ、ウェーザー川から60kmさかのぼったところにあり、<u>ハンザ同盟</u>の中心的都市だったのはどこか。 | ブレーメン

★★★/★★★★★★★★
11
□□□ 今井（橿原市）・富田林などのように、浄土真宗（一向宗）の寺院を中心として発達し、濠・土塁などの防御施設の内側に信徒たちが集まってできた町を何というか。 | 寺内町

★★★/☆★★★★★★★
12
□□□ 成田・高野・長野などのように、広範な信仰圏をもつ<u>寺院</u>の参道に並ぶ土産物店・飲食店・旅館などを中心に発達した町を何というか。 | 門前町

★★★/★★★★★★★★
13
□□□ 伊勢・日光・琴平・大社などのように、広範な信仰圏をもつ<u>神社</u>の参道に並ぶ土産物店・飲食店・旅館などを中心に発達してきた町を何というか。 | 鳥居前町

★★★/★★★★★★★★
14
□□□ 中世の商業・交通の発達に伴い、交通の要地や異質の経済地域の結接点に開かれた定期市を中心に発達した商業都市を何というか。 | 市場町

★★★/★★★★★★★★
15
□□□ 堺・長崎などのように、中世の交通・商業の発達に伴い、<u>港</u>を中心に成立・発展した都市を何というか。 | 港町

★★★/☆★★★★★★★
16
□□□ 戦国時代末期から江戸時代初期に、領主（大名）の居城を中心に建設され、<u>武家屋敷</u>・商人町・職人町・寺町などを計画的に配置した都市を何というか。 | 城下町

★★★/☆☆☆★★★★★
17
□□□ 街村形態をなし、その中心に本陣・脇本陣・旅籠屋・問屋などがおかれた、江戸時代に街道沿いの<u>宿駅</u>を中心に発達した町を何というか。 | 宿場町

■都市の機能

★★★/★★★★★★★

1
□□□ 物資の生産をおもな機能とする都市を総称して何というか。 | 生産都市

★★★/★★★★★★★

2
□□□ 焼津・銚子・ベルゲン・グリムズビー・ムルマンスクなどのように、水揚量の多い漁港で、漁獲物の加工・貯蔵・輸送施設をもつ都市を何というか。 | 水産都市

★★★/★★★★★★★

3
□□□ 能代・新宮・シトカ・アルハンゲリスクなどのように、林産物の取り引きや加工などが盛んな都市を何というか。 | 林業都市

★★★/★★★★★★★

4
□□□ キルナ・ヨハネスバーグ・サドバリなどのように、地下資源の開発に伴って発達した都市を何というか。 | 鉱業都市（鉱山都市）

★★★/★☆☆☆☆☆☆

5
□□□ 川崎・豊田・デトロイト・マンチェスター・エッセンなどのように、工業機能を中心として発達した都市を何というか。 | 工業都市

★★★/★★★★★★★

6
□□□ 大阪・フランクフルトなどのように、問屋・卸売・小売・金融・保険などの商業機能に大きく依存する都市を何というか。 | 商業都市

★★★/★★★★★★★

7
□□□ 物資の流通をおもな機能とし、商業・金融・貿易・交通などの機能が卓越している都市を総称して何というか。 | 交易都市

★★★/★★★★★★★

8
□□□ 米原・パナマ・アンカレジなどのように、交通路の分岐点・交差点、貿易港・空港などの交通の結節点となる要地を占め、交通業への依存度の高い都市を何というか。 | 交通都市

★★★/★★★★★★★

9
□□□ 政治・軍事・文化・宗教・観光などが都市の基盤をつくり、消費をおもな機能とする都市を総称して何というか。 | 消費都市

★★★/★☆☆☆☆☆☆

10
□□□ 首都など、政治や行政の中心として発達し、国家や地方の行政機関などが集中している都市を何というか。 | 政治都市

★★★/★☆☆☆☆☆☆

11
□□□ アメリカ合衆国東部のポトマック河畔に位置する同国の首都である政治都市はどこか。連邦政府直轄地。 | ワシントン D.C.

★★★/★☆☆☆☆☆☆

12
□□□ ブラジル高原東部に位置する計画都市で、1960年に旧首都のリオデジャネイロから遷都した政治都市はどこか。 | ブラジリア

★★★/★☆☆☆☆☆☆

13
□□□ オーストラリア南東部に位置する計画都市で、連邦政府 | キャンベラ

直轄地である典型的な政治都市はどこか。

★★★/☆☆☆☆☆☆ **14** □□□	ドイツ東部に位置し、第二次世界大戦後、東西に分断されたが、1990年、<u>東西ドイツ</u>の統一によって再び首都となった政治都市はどこか。	ベルリン
★★★/☆☆☆☆☆☆ **15** □□□	かつて、オーストリア＝ハンガリー帝国の首都として発展。<u>音楽</u>の都として知られるオーストリアの首都はどこか。	ウィーン
★★★/☆☆☆☆★★★ **16** □□□	ヴィスワ川に面する<u>ポーランド</u>の首都で、第二次世界大戦で市街の大部分を破壊されたが、歴史的景観を復旧したのはどこか。	ワルシャワ
★★★/☆☆☆☆★★★ **17** □□□	ムガール帝国時代の首都であった旧市街地とイギリス統治時代に計画的につくられた新市街地とが統一されたインドの首都はどこか。	デリー
★★★/☆☆☆★★★★ **18** □□□	ナイジェリアのほぼ中央部に位置する同国の首都。民族対立緩和の意図もあって旧首都の<u>ラゴス</u>から遷都したのはどこか。	アブジャ
★★★/★★★★★★★ **19** □□□	横須賀・ポーツマス・トゥーロンなどのように、兵営・軍港・航空基地などの<u>軍事</u>施設を中心として発達した都市を何というか。	軍事都市
★★★/★★★★★★★ **20** □□□	伊勢・天理などのように、神社・寺院・教会などを中心に発達し、多くの参詣者に関連した商業も盛んな都市を何というか。	宗教都市
★★★/☆☆☆☆☆☆ **21** □□□	ユダヤ教、キリスト教、イスラームの3つの宗教の聖地。<u>イスラエル</u>はこの都市を首都であると主張しているのはどこか。	エルサレム
★★★/☆☆☆☆☆☆ **22** □□□	ムハンマド（マホメット）の生誕の地で、<u>イスラーム</u>の聖地である宗教都市はどこか。ムスリムの礼拝は、この都市に向かって行なわれ、巡礼はこの都市のカーバ神殿を詣でる。	メッカ
★★★/☆☆☆★★★★ **23** □□□	古くから隊商路の中継地として発展。ムハンマドの廟がある<u>イスラーム</u>の聖地はどこか。	メディナ
★★★/☆☆☆☆☆☆ **24** □□□	インド北東部、ガンジス川中流に位置し、<u>ヒンドゥー</u>	ヴァラナシ（ベナレ

	教・仏教・ジャイナ教の聖地はどこか。	ス)
★★★/☆☆☆☆☆ **25** □□□	中国チベット（西蔵）自治地区の区都で、<u>チベット仏教（ラマ教）</u>の聖地はどこか。	ラサ（垃薩）
★★★/☆☆☆☆☆ **26** □□□	アメリカ合衆国<u>ユタ州</u>の州都で、モルモン教の本部があるのはどこか。	ソルトレークシティ
★★★/☆☆☆☆☆ **27** □□□	栃木県西北部に位置し、江戸時代から<u>東照宮</u>の鳥居前町として発達したのはどこか。	日光
★★/☆☆☆☆☆ **28** □□□	長野盆地に位置し、善光寺の<u>門前町</u>として発達した都市はどこか。	長野
★★★/＊＊＊＊＊＊ **29** □□□	京都・鎌倉・アテネ・ホノルルなどのように、史跡や景勝をもち、多くの観光客を集める都市を何というか。	観光都市
★★★/＊＊＊＊＊＊ **30** □□□	熱海・<u>軽井沢</u>・カンヌ・<u>ニース</u>などのように、気候・風景にも恵まれ、避暑・避寒・スポーツ・療養を目的とする人々が多く訪れる都市を何というか。	保養都市
★★/＊＊＊＊＊＊ **31** □□□	<u>つくば</u>・オックスフォード・ハイデルベルクなどのように、大学や研究所を中心に発達した都市を何というか。	学園都市（学術都市）
★★★/＊＊＊＊＊＊ **32** □□□	首都圏全体の均衡ある発展や人口の過度集中を防ぐため、茨城県南部に建設された、研究機関や大学を中心とした<u>学園都市</u>を何というか。	筑波研究学園都市
★★★/＊＊＊＊＊＊ **33** □□□	大阪・京都・奈良の2府1県にまたがり、各分野および学際的な学術・研究施設、情報センター、国際交流の施設などの配置が進められている新しい都市を何というか。	関西文化学術研究都市
★★★/☆＊＊＊＊＊＊ **34** □□□	就業地が遠く離れているために、夜帰って寝るだけという通勤者の多い、大都市周辺の<u>住宅都市</u>を何というか。	ベッドタウン

■都市計画

★★★/☆☆☆☆☆ **1** □□□	物資やサービスの需給関係・通勤関係などを通して、中心都市の勢力・影響が及んでいる地域を何というか。	都市圏
★★★/＊＊＊＊＊＊ **2** □□□	大都市の都心部に集中する中央官庁、企業や金融機関の本社などのように、政治・経済活動の中心となる機能を何というか。	中枢管理機能

★★★/☆☆☆★★★		
3 □□□	東京の丸の内や大手町などのように、大都市の都心部に位置し、行政・金融・企業などの<u>中枢管理機能</u>が集中している地区を何というか。	CBD(中心業務地区)
★★☆/☆☆☆☆★★★		
4 □□□	イギリスの首都ロンドンの<u>CBD(中心業務地区)</u>がある地区の名称は何か。	シティ
★★★/☆☆★★★★★		
5 □□□	ニューヨークのマンハッタン区に位置する<u>CBD(中心業務地区)</u>で、証券取引所などがある地区の名称は何か。	ウォール街
★★☆/☆☆★★★★★		
6 □□□	東京の<u>銀座</u>や日本橋のように、CBD に隣接し、各種の高級品・流行品を扱う商店や広範囲の商圏をもつ卸売業が多く集まり、都市内部やその周辺地域からの買物客でにぎわう地区を何というか。	中心商店街
★★★/☆☆★★★★★		
7 □□□	東京の<u>新宿</u>・池袋・渋谷、大阪の天王寺などのように、都市の発展によって、交通ターミナルを中心に形成された、<u>都心</u>の機能の一部を分担する地区を何というか。	副都心
★★★/☆☆★★★★★		
8 □□□	東京周辺の<u>所沢</u>・市川、大阪周辺の<u>豊中</u>などのように、大都市の周辺に位置し、中心都市の機能の一部を分担する中小都市を何というか。	衛星都市
★★★/★★★★★★★		
9 □□□	東京・シャンハイ(上海)・ロンドン・ニューヨークなどのように、数百万人以上の人口をもち、政治・経済・文化などの中心をなす大都市を何というか。	巨大都市(メトロポリス)
★★★/☆☆☆☆★★★		
10 □□□	<u>メキシコシティ</u>や<u>バンコク</u>などのように、国の政治・経済・産業などの諸機能が著しく集中してその国での第<u>1</u>位の人口をもち、下位を大きく引き離している大都市を何というか。	首位都市(プライメートシティ)
★★☆/★★★★★★★		
11 □□□	<u>京浜</u>地方・阪神地方・<u>ルール</u>地方などのように、市街地の拡大によって、隣接する 2 つ以上の都市が連続して 1 つの都市域を形成した都市群を何というか。	連接都市(コナーベーション)
★★★/★★★★★★★		
12 □□□	フランス人地理学者ゴットマンが、アメリカ合衆国の<u>ボストン</u>からワシントン D.C. に至る地域に命名した。連続する大都市が交通・通信機関によって結ばれ、密接な相互関係をもちながら、政治・経済・社会・文化活動を展開するようになった地域を何というか。	メガロポリス(巨帯都市)

★★☆/★★★★★★★★		
13 □□□	東京大都市圏から中京圏を経て京阪神大都市圏に至る大小の都市が連続し、新幹線・高速道路の整備によって、相互に密接に結びついた地域を何というか。	東海道メガロポリス
★★☆/★★★★★★★★		
14 □□□	札幌・仙台・広島・福岡などのように、行政や経済の中枢管理機能が集中し、その影響圏が県域をこえ、より広い地方ブロックにまで及んでいる都市を何というか。	地方中枢都市（地方中心都市）
★★★/☆★★★★★★★		
15 □□□	わが国における人口50万人以上で人口密度の高い都市のうち、都道府県と同程度の行政権を与えられた、大阪・名古屋・京都・横浜・神戸・北九州・札幌・川崎・福岡・広島・仙台・千葉・さいたま・静岡・堺・浜松・新潟・岡山・相模原・熊本の20の都市を何というか。	政令指定都市
★★★/☆★★★★★★★		
16 □□□	政令指定都市に準じて行政の権限をもつようになった地方中心都市を何というか。	中核市
★★☆/★★★★★★★★		
17 □□□	様々な都市を、大都市と中小都市、首都と地方都市、中心都市と周辺都市など相互関係の中で位置づける都市の階層性のことを何というか。	都市システム
★★☆/★★★★★★★★		
18 □□□	周辺地域に物資やサービスを提供する機能と、様々な形で人々を集める求心性をもつ地域の中心点を何というか。この機能と分布から、ドイツの地理学者クリスタラーは都市システムの階層性を体系化（中心地理論）した。	中心地
★★★/☆★★★★★★★		
19 □□□	イギリス人ハワードが提唱した、庭園つきの住宅・公園・職場などを計画的に配置した、緑の多い住宅都市を何というか。	田園都市
★★★/☆☆☆☆★★★★		
20 □□□	ハワードの思想を受け継ぎ、ロンドン近郊のレッチワース・ウェリンガーデンシティなどのように、大都市への過度の人口集中を避けるために、大都市の周辺部に計画的に建設された田園都市を何というか。	ニュータウン
★★★/☆☆☆★★★★★		
21 □□□	ロンドン周辺のニュータウンのように、1つの都市が職場と住宅地の両方の機能をあわせもつことを何というか。	職住近接
★★☆/☆☆☆★★★★★		
22 □□□	ロンドンへ過度に集積した都市機能を、郊外のニュータウンへ分散させることによって、秩序あるロンドン大都市圏をめざした都市計画を何というか。	大ロンドン計画

★★★/☆☆☆☆★★★	
23 □□□ <u>大ロンドン計画</u>に取り入れられた、都市の美観、防火・防災、そして市街地が無計画に郊外に拡大することを防ぐために設けられた、都市郊外の自然保護地域を何というか。	グリーンベルト
★★★/☆☆☆☆☆☆★	
24 □□□ 東京南西部の八王子・町田・多摩・稲城の四市にまたがる丘陵地に建設された<u>ニュータウン</u>を何というか。	多摩ニュータウン
★★★/★★★★★★★★	
25 □□□ 大阪府豊中・吹田両市にまたがる丘陵地に建設された<u>ニュータウン</u>を何というか。	千里ニュータウン
★★★/☆☆☆☆☆☆★	
26 □□□ <u>スラム</u>の一掃や住宅の高層化、街路・広場・公園の整備など、都市内部の改造を目的とした都市計画を何というか。	再開発
★★★/☆☆☆☆☆☆★	
27 □□□ かつてイギリスの貿易・海運業の発展に伴って、ドックなど各種港湾施設が集中していたが、第二次世界大戦後に衰退したロンドンの<u>シティ</u>の東側(イーストエンド)の地域で、1980年代に再開発が進んだ地域を何というか。	ドックランズ
★★★/★★★★★★★★	
28 □□□ 1958年以来のパリ再開発事業の中心地で、古い住宅を壊し、新しく公共施設・事務所・高層住宅群が建設された、パリ西郊の地区を何というか。	ラ＝デファンス地区
★★★/★★★★★★★★	
29 □□□ ニューヨークのマンハッタン南西部、かつての倉庫群を利用して、芸術家集中地区が形成、1990年代後半からはマルチ＝メディア産業の事務所なども集まり、再開発された地域を何というか。	ソーホー地区
★★★/☆★★★★★★★	
30 □□□ これまで倉庫や港湾施設などで占められていた水際地域の価値を見直し、レジャー施設・業務用ビル・住宅団地などを新しく建設することで進められた都市の再開発を何というか。	ウォーターフロント開発

❹ 居住・都市問題

用語集 p.186～187

★★★/☆★★★★★★★	
1 □□□ 所得水準・社会階層・民族などにより居住地が分離していたり、住み分けられている現象を何というか。	住み分け(セグリゲーション)
★★★/★★★★★★★★	
2 □□□ <u>韓国</u>出身者が集中して居住・生活する地域を何というか。ニューヨーク・シカゴ・東京の新大久保などにみられる。	コリアンタウン

★★★／☆☆☆★★★★ **3** □□□ 東南アジアやアメリカ合衆国などの都市に、<u>華僑</u>や<u>華人</u>が集中して居住・生活する地域を何というか。日本では横浜や神戸にみられる。	チャイナタウン
★★★／☆☆☆☆☆☆☆ **4** □□□ ニューヨークの<u>ハーレム</u>地区やウェストサイド地区、ロンドンのイーストエンド地区、また、発展途上国の大都市の都心部やその周辺などに、低所得者層の人々が居住することで形成された住環境の悪い住宅地区を何というか。	スラム
★★★／☆☆☆★★★★ **5** □□□ <u>リオデジャネイロ</u>などブラジルの大都市にみられる<u>スラム</u>を何というか。	ファベーラ
★★★／☆☆☆★★★★ **6** □□□ 家族の保護を受けられなかったり、住む家がなかったりなどで、街頭で日雇いや物売りなどでその日暮らしをしている子供たちを何というか。	ストリートチルドレン
★★★／☆☆☆☆☆★★ **7** □□□ 公の統計などにも記録されず、行政も把握しきれていない経済活動の分野を何というか。路上での販売や行商、非公式なごみ収集など、発展途上国の都市で多くみられる分野。	インフォーマルセクター
★★★／☆☆☆☆☆☆☆ **8** □□□ 耕地の宅地化、工場や商店の進出、通勤者の増加など、中心都市の発展により、その周辺地域の土地利用や人口構成が村落的性格から都市的性格をもつようになる現象を何というか。	都市化
★★★／☆☆☆★★★★ **9** □□□ 連邦制をとる<u>ドイツ</u>のように、政治や経済の機能が国土の各都市に分散し、各都市が交通・情報によって結ばれている都市システムを何というか。	多極分散(型都市)
★★★／☆☆☆★★★★ **10** □□□ <u>多極分散型</u>とは逆に、政治や経済の機能が首都などの1点(1つの都市)に集中している都市システムを何というか。	一極集中(型都市)
★★☆／☆☆☆★★★★ **11** □□□ ある地域に住民登録をして、常住している人口を何というか。	夜間人口(常住人口)
★★☆／☆☆☆★★★★ **12** □□□ 夜間人口に対する語で、ある地域における通勤・通学などの移動人口を加減した日中の人口を何というか。	昼間人口
★★★／☆☆☆★★★★ **13** □□□ 都心部や旧市街の<u>夜間人口</u>が減少し、地域経済の衰退や	(都心の)空洞化

環境の悪化が懸念される現象を何というか。

★★★/☆☆☆☆☆☆ **14** □□□ 都心の<u>空洞化</u>の結果、都心部にあって、住宅・教育・治安・衛生など諸環境が悪化し、都市機能が低下している地域が発生するという問題を何というか。	インナーシティ問題
★★★/☆☆☆☆☆★★ **15** □□□ 都市内部における地価の高騰や生活環境の悪化などによって職住の分離が進み、<u>都心</u>部の夜間人口が減少し、<u>周辺</u>部で人口が増加する現象を何というか。	ドーナツ化現象
★★★/☆☆☆☆★★★ **16** □□□ 都市の周辺部において、都市的な土地利用が<u>無秩序</u>に虫食い状に広がっていく現象を何というか。	スプロール現象
★★☆/★★★★★★★★ **17** □□□ 都市の大きさは変わらず、人口が減って使われない空き家や空間が小さい穴のように増えていき、都市の密度が低くなっていくことを何というか。	都市のスポンジ化
★★★/☆☆☆☆☆★★ **18** □□□ 老朽化して衰退した<u>インナーシティ</u>などが再開発により、高層化した住宅などに所得の高い人々が居住して、地域が変化していくことを何というか。	ジェントリフィケーション
★★☆/☆☆★★★★★★ **19** □□□ 高所得者や同じ社会階級にいる人たちが集住し、<u>フェンス</u>や囲いを設けて住民以外の出入りを厳しく管理・制限している住宅地や地域のことを何というか。	ゲーテッドコミュニティ
★★★/☆☆☆☆☆★★ **20** □□□ <u>中心市街地</u>の活性化をはかり、スプロール現象など郊外への拡大を抑制して市街地をコンパクトにするとともに、低炭素社会の実現をめざす都市を何というか。	コンパクトシティ
★★☆/☆☆★★★★★★ **21** □□□ 産業や人口の<u>過密</u>化によって生じる大気汚染・水質汚濁・騒音・渋滞・日照権問題など、都市における様々な環境問題を総称して何というか。	都市公害
★★★/☆☆☆☆☆★★ **22** □□□ 産業や人口の過密化によって生じる多量のエネルギー消費による人工熱の発生で、都市部の気温が周辺の郊外より<u>高く</u>なる現象を何というか。	ヒートアイランド現象

第5章

生活文化、民族、国家

① 生活文化

用語集 p.188〜191

■衣食住

★★★/☆☆☆★★★★	
1 □□□ <u>朝鮮半島</u>の民族衣装(ハンボク、韓服)で、男性はパジ(袴)、女性はチマ(裳)とともに用いる上着のことを何というか。	チョゴリ
★★★/☆☆☆★★★★	
2 □□□ <u>ベトナム</u>の正装として着用する民族衣装を何というか。長い着物を意味し、クワンと呼ばれる緩やかな「ズボン」と組み合わせる。	アオザイ
★★★/☆☆☆★★★★	
3 □□□ <u>インド</u>・スリランカ・バングラデシュ・パキスタン・ネパールなど南アジアの女性が着る民族衣装を何というか。サンスクリット語で「細長い布」に由来。	サリー
★★★/☆☆☆★★★★	
4 □□□ イスラーム教徒の女性の外出着で、<u>イラン</u>などで用いられる、頭から足下まで黒の布で被う服装のことを何というか。	チャドル
★★★/☆☆☆★★★★	
5 □□□ 全身を白い布で覆い隠す、<u>西アジア</u>の男性が着る民族衣装を何というか。	カンドゥーラ
★★★/☆☆☆★★★★	
6 □□□ 南アメリカの<u>アンデス</u>地方でインディオが着用していたものは何か。現在はレインコートなどにも使われている。	ポンチョ
★★★/☆☆☆★★★★	
7 □□□ 流行を取り入れながらも低価格で大量に短いサイクルで生産・販売する業態またはブランドのことを何というか。	ファストファッション
★★★/☆☆☆☆★★★	
8 □□□ <u>朝鮮半島</u>で伝統的な料理で漬物の総称を何というか。塩漬けの野菜を主に、魚介類を加え、トウガラシ・ニンニク・ショウガなどで味つける。	キムチ
★★★/☆☆☆★★★★	
9 □□□ 朝鮮半島で、寒い冬に備え大量にまとめて<u>キムチ</u>を漬ける、年に一度の行事を何というか。	キムジャン
★★★/☆☆☆★★★★	
10 □□□ 中国の四大料理の1つで、盆地の気候風土に適応して、ニンニクやトウガラシを用いた「辛さ」を特徴とし、<u>麻婆豆腐</u>が代表的な料理を何というか。	スーチョワン(四川)料理

★☆☆/☆☆☆★★★		
11 ☐☐☐	ベトナム料理を代表する、<u>米</u>の粉でつくった平麺を何というか。	フォー
★★☆/☆☆☆★★★		
12 ☐☐☐	インドから西アジアで広く食され、<u>小麦粉</u>を原料とし発酵させてつくられるパンを何というか。	ナン
★★☆/☆☆☆★★★		
13 ☐☐☐	インドから西アジアで広く食され、<u>小麦粉</u>を原料とし発酵させないでつくられるパンを何というか。	チャパティ
★★☆/☆☆☆★★★		
14 ☐☐☐	<u>イスラーム</u>で禁じられていること。とくに、豚やアルコールなど食べることを禁じられた食品のことを何というか。	ハラーム
★★★/☆☆☆☆★★★		
15 ☐☐☐	<u>ハラーム</u>に対して、イスラームで食べることを許されている食品を何というか。	ハラール
★★★/☆☆☆☆★★★		
16 ☐☐☐	イタリア語で「こねたもの」を意味する、マカロニや<u>スパゲッティ</u>など小麦粉を水や卵で練った食品の総称を何というか。	パスタ
★★★/☆☆☆★★★★		
17 ☐☐☐	<u>バレンシア地方</u>で生まれた料理で、米・肉・魚介類・野菜などを炊き込み、サフランを加えたスペインの料理のことを何というか。	パエリア
★★★/☆☆☆☆★★★		
18 ☐☐☐	<u>ウクライナ</u>・ロシアの代表的なスープ料理で、テーブルビートと牛肉・タマネギ・ジャガイモ・ニンジンなどを煮込み、サワークリームを加えたスープのことを何というか。	ボルシチ
★★☆/☆☆☆★★★		
19 ☐☐☐	メキシコの料理で、<u>トウモロコシ</u>の粉を練って薄く円形に伸ばして焼いたものを何というか。肉・魚・野菜などの具を挟んでタコスに用いる。	トルティーヤ
★★★/☆☆☆★★★★		
20 ☐☐☐	アンデス山脈に住む先住民が考案した<u>ジャガイモ</u>を乾燥させた保存食のことを何というか。	チューニョ
★★★/☆☆☆☆★★★		
21 ☐☐☐	モンゴルの遊牧民の家屋で、ドーム状の屋根と円筒型の壁を組み合わせ、その上に羊毛のフェルトを張った移動式家屋を何というか。中国では<u>パオ</u>(包)、中央アジアでは<u>ユルト</u>という。	ゲル
★★★/☆☆☆☆★★★		
22 ☐☐☐	湿潤な東南アジアなどの熱帯地方で多くみられ、湿気や	高床式住居

	動物の被害を防ぐために、<u>床</u>を高くした住居を何というか。	
★★★/☆☆☆★★★ **23** □□□	西アジア・北アフリカ・スペイン・中央アメリカなどの乾燥地域で多く用いられ、粘土とワラを練り固めてつくられた建築材料を何というか。	日干しれんが
★★★/☆☆☆★★★ **24** □□□	<u>イヌイット(エスキモー)</u>の伝統的な冬季の住居で、氷や雪でつくられた半地下式の家屋を何というか。夏季の住居はトナカイやアザラシの皮でつくられたテント式で、ツピクと呼ばれる。	イグルー
★★★/☆☆☆★★★ **25** □□□	<u>朝鮮半島</u>によくみられる伝統的な床暖房で、床下に煙道を配してかまどの熱を暖房を行なう設備を何というか。現代では温水床暖房が多い。また、熱源も灯油・ガス・電気などに変化している。	オンドル
★★☆/☆☆☆★★★ **26** □□□	農家の敷地内につくられ、防風・防火などの防災機能をもち、用材・薪炭材などにも利用される樹林を何というか。	屋敷林
★★☆/☆☆☆★★★ **27** □□□	ヨーロッパのカトリック社会で行なわれる年に一度の祝祭を何というか。謝肉祭のこと。	カーニバル
★★☆/☆☆☆★★★ **28** □□□	記録に残る最古の様式は<u>ニューオーリンズ</u>で生まれた、20世紀初めにアメリカ黒人がつくった音楽を何というか。	ジャズ
★★☆/☆☆☆★★★ **29** □□□	ブラジルの代表的な民族舞踊で、黒人労働者らが持ち込んだ風習と<u>カーニバル</u>が融合したものとされるのは何か。	サンバ

❷ 民族と宗教　　　　　　　　　　　　用語集 p.191〜205

■人種と民族

★★★/☆☆★★★★★ **1** □□□	皮膚の色、毛髪の色や形虹彩の色、身長などの身体的特色を基準として便宜的に分類した人類集団を何というか。最近では厳密的かつ適切に分類できるものではないとしてこの概念は使われなくなっている。	人種
★★★/☆☆☆☆★★★ **2** □□□	言語・宗教・慣習などの文化的特色や帰属意識などを基準として分類した人類集団を何というか。	民族

★★★／☆☆★★★★

3
□□□ 言語・宗教・慣習などの文化を共有することから生まれ、その集団に所属していると考える意識を何というか。

帰属意識

■東・東南・南アジアの民族

★★☆／☆☆★★★★

1
□□□ 現代では主として北海道に居住する日本の少数先住民族を何というか。

アイヌ

★★☆／☆☆★★★★

2
□□□ 中国において、モンゴル・ウイグル・チベット・ホイ・チョワンの5つの<u>少数民族</u>の居住地に対して設定された行政単位を何というか。

自治区

★★★／☆☆★★★★

3
□□□ モンゴルや中国北部のフホホトを区都とする自治区などに居住し、<u>チベット仏教（ラマ教）</u>の信者が多数を占め、多くが牧畜を営む民族を何というか。

モンゴル族

★★★／☆☆★★★★

4
□□□ <u>チベット高原</u>に位置する中国南西部のラサ（拉薩）を区都とする自治区からブータン・インドなどに居住し、チベット仏教（ラマ教）を信仰し、農業と牧畜を営む民族を何というか。

チベット族

★★★／☆☆★★★★

5
□□□ 中国西部のウルムチ（烏魯木斉）を区都とする自治区やカザフスタンなど中央アジアに居住するトルコ系民族で、<u>イスラーム</u>を信仰し、牧畜やオアシス農業を営む民族を何というか。

ウイグル族

★★★／☆☆★★★★

6
□□□ 中国北部。インチョワン（銀川）を区都とする自治区に居住し、<u>イスラーム</u>を信仰している民族を何というか。

ホイ（回）族

★★★／☆★★★★★

7
□□□ 中国南東部、<u>ナンニン</u>（南寧）を区都とする自治区に居住し、中国の少数民族の中では最も人口が多い民族を何というか。

チョワン（壮）族

★★☆／★★★★★★★

8
□□□ 中国東北部に居住し、清王朝を築いたツングース系の民族を何というか。

満族

★★★／★★★★★★★

9
□□□ <u>ユンナン（雲南）</u>省・コイチョウ（貴州）省などの中国南西部からタイ・ラオスなど東南アジアの山地に居住し、自給的な農牧業を営み、ケシの栽培や交易に従事する者が多い民族を何というか。

ミャオ（苗）族

★☆☆／☆☆☆★★★★		
10 ☐☐☐	中国のコイチョウ(貴州)省・スーチョワン(四川)省とともに少数民族のイ族が多く居住し、<u>クンミン(昆明)</u>を省都とする中国の省はどこか。	ユンナン(雲南)省
★★★／☆☆☆★★★★		
11 ☐☐☐	中国のフーナン(湖南)省・コワンシーチョワン(広西壮)族自治区にも住む少数民族のトン族(高床式住居で知られる)が多く居住し、<u>コイヤン(貴陽)</u>を省都とする中国の省はどこか。	コイチョウ(貴州)省
★★／☆☆☆★★★★		
12 ☐☐☐	インド＝イラン系民族の仏教徒で、コロンボを中心とするスリランカ中南部に居住し、同国の<u>多数</u>を占める民族を何というか。	シンハラ(シンハリ)人
★★／☆☆☆★★★★		
13 ☐☐☐	ドラヴィダ系民族のヒンドゥー教徒で、ジャフナを中心とするスリランカ北部やインド半島南部に居住する民族を何というか。	タミル人

■西・中央アジア・アフリカの民族

★☆☆／★★★★★★★		
1 ☐☐☐	<u>カザフスタン</u>を中心に中央アジアのステップ地帯に居住するトルコ系民族を何というか。	カザフ人
★★★／☆☆☆☆★★		
2 ☐☐☐	中央アジアに位置する5つの国のうち、イラン系の民族が多数を占め、<u>ドゥシャンベ</u>を首都とする国の名称を答えよ。	タジキスタン
★★★／☆☆☆★★★★		
3 ☐☐☐	アナトリア高原を中心に、中央アジアからシベリアにかけての広大な地域に居住する<u>アルタイ諸語</u>に属する民族を総称して何というか。	トルコ系民族
★★★／☆☆☆☆☆★★		
4 ☐☐☐	北アフリカから西アジアに分布するアフリカ＝アジア語族に属する。イスラームを信仰し、<u>アラビア語</u>を用いる民族を何というか。	アラブ人(アラブ系民族)
★★★／☆☆☆☆☆★★		
5 ☐☐☐	アフリカ＝アジア語族に属し、<u>ヘブライ語</u>を母語とする民族を何というか。	ユダヤ人
★★★／☆☆☆★★★★		
6 ☐☐☐	アラビア半島を中心に、西アジアから北アフリカの乾燥地域に分布する<u>遊牧民</u>を何というか。	ベドウィン
★★★／☆☆★★★★★		
7 ☐☐☐	北アフリカや西アジア、とくに<u>マグレブ諸国</u>を中心に分	ベルベル人

布する遊牧民を何というか。トゥアレグ人もこの系統に
属する民族である。

8 ☆☆☆/☆☆☆☆☆☆☆ □□□ 東アフリカの<u>ケニア</u>からタンザニアにかけてのステップ 地帯に居住する先住民で、伝統的には牛の遊牧生活を送 ってきたが現在では都市に定住する人々も多いサハラ＝ ナイル諸語に属する民族を何というか。	マサイ人

■ヨーロッパ・ロシアの民族

1 ★★★/☆☆☆☆☆☆☆ □□□ 北西ヨーロッパ・アングロアメリカ・オセアニアに居住 し、宗教的にはプロテスタントが多く、<u>英語</u>・<u>ドイツ 語</u>・オランダ語・スウェーデン語などの言語を用いるの は何系の民族か。	ゲルマン系民族
2 ★★★/☆☆☆☆☆☆☆ □□□ 南ヨーロッパや中南アメリカに居住し、宗教的にはカト リックが多く、<u>フランス語</u>・<u>イタリア語</u>・スペイン語・ ポルトガル語などの言語を用いるのは何系の民族か。	ラテン系民族
3 ★★★/☆☆☆☆☆☆☆ □□□ 東ヨーロッパやヨーロッパロシアに居住し、宗教的には 正教会の信者が多く、<u>ロシア語</u>・<u>ポーランド語</u>・チェコ 語・ブルガリア語・セルビア語などの言語を用いるのは 何系の民族か。	スラブ系民族
4 ★★★/☆☆☆☆☆☆☆ □□□ イギリスのスコットランドやウェールズ、アイルランド、 フランスの<u>ブルターニュ</u>半島などに居住するヨーロッパ の先住民族を何というか。	ケルト系民族
5 ★★★/☆☆☆☆☆☆☆ □□□ インド＝ヨーロッパ語族に属し、<u>ルーマニア</u>の人口の大 部分を占めるのは何系の民族か。	ラテン系民族
6 ★★★/☆☆☆☆☆☆☆ □□□ ウラル語族に属し、<u>ハンガリー</u>の人口の大部分を占める 人々を何というか。	ハンガリー(マジャ ール)人
7 ★★★/☆☆☆☆☆☆☆ □□□ ウラル語族に属し、<u>フィンランド</u>の人口の大部分を占め る人々を何というか。	フィン人
8 ★★★/☆☆☆☆☆☆☆ □□□ ウラル語族に属し、スカンディナヴィア半島北部に居住 し、<u>トナカイ</u>の遊牧や漁労などを営む民族を何というか。	サーミ
9 ★★★/☆☆☆☆☆☆☆ □□□ <u>サーミ</u>が居住する地域をとくに何と呼んでいるか。	ラップランド(サー ミランド)

★★★/☆☆☆☆☆☆☆		
10 □□□	インド＝ヨーロッパ語族に属し、ヨーロッパ南東部を中心に広く分布する民族で、独自の音楽・踊りなどの文化をもち、流浪の民族ともいわれる人々を何というか。	ロマ
★★★/☆☆☆☆☆☆☆		
11 □□□	ロシア・ウクライナなどに居住するトルコ系民族で、ロシア内のヴォルガ川中流域の人口が最も多く、シベリアなどに広く分布する人々を何というか。	タタール人
★★★/☆☆☆☆☆☆☆		
12 □□□	シベリアのレナ川流域に広がるサハ共和国で約半数を占めるトルコ系の人々を何というか。	ヤクート人
★★★/☆☆☆☆☆☆☆		
13 □□□	シベリアのバイカル湖周辺に居住するモンゴル系民族を何というか。	ブリヤート人
★★★/☆☆☆☆☆☆☆		
14 □□□	ヨーロッパロシアの北部、シベリア北部のオビ川・エニセイ川流域に居住する先住民で、農耕・漁労・狩猟・トナカイの遊牧などを営む民族を何というか。サモエードと呼ばれたこともある。	ネネツ人

■南北アメリカの民族

★★★/☆☆☆☆☆☆☆		
1 □□□	1万5,000〜2万年前にアジア大陸から移住したアメリカ大陸の先住民を、とくにアングロアメリカでは何というか。	ネイティブアメリカン
★★★/☆☆☆☆☆☆☆		
2 □□□	シベリア東部・アラスカ・カナダ北部・グリーンランドの北極海沿岸で、狩猟・漁労生活を営んでいるアジア系民族を何というか。	イヌイット(エスキモー)
★★★/☆☆☆☆☆☆☆		
3 □□□	アメリカ合衆国において、社会の上層を占めることが多い、アングロサクソン系のプロテスタントを何というか。	WASP(ワスプ)
★★★/☆☆☆☆☆☆☆		
4 □□□	南北アメリカ大陸にアフリカ系住民が多いのは、16〜19世紀中頃までの3世紀間に多くの人々が移動させられた結果である。この強制移動を何というか。	奴隷貿易
★★★/☆☆☆☆☆☆☆		
5 □□□	メキシコやプエルトリコなどのスペイン語圏からアメリカ合衆国へ移住し、自らの文化を維持し、人口増加率も高く、アフリカ系住民をこす人口規模の人々を何というか。	ヒスパニック(ラティーノ)

★★★/☆☆☆☆★★		
6 □□□	アメリカ大陸の先住民で、ヨーロッパ人が移住する前に独自の文明や帝国を築いた人々を、とくにラテンアメリカでは何というか。	インディオ(インディヘナ)
★★★/☆☆☆☆★★		
7 □□□	メキシコの<u>ユカタン半島</u>を中心として、3〜8世紀にかけて最も栄えた先住民の文明は何か。	マヤ文明
★★★/☆☆☆☆☆★		
8 □□□	<u>メキシコ高原</u>を中心として、13〜16世紀にかけて栄えた文明は何か。	アステカ文明
★★★/☆☆☆☆☆★		
9 □□□	コロンビア南部からチリ北部の<u>アンデス山脈</u>を中心として、13〜16世紀にかけて栄えた文明は何か。	インカ文明
★★★/☆☆☆☆☆☆		
10 □□□	中央アメリカ・南アメリカの広い範囲を<u>植民地</u>とし、開拓を進めたのはインド＝ヨーロッパ語族の何系民族か。	ラテン系民族
★★★/☆☆☆☆☆☆		
11 □□□	1804年ラテンアメリカで最初に独立した<u>ハイチ</u>の旧宗主国はどこの国か。	フランス
★★★/☆☆☆☆☆☆		
12 □□□	1962年に独立した<u>ジャマイカ</u>の旧宗主国はどこの国か。	イギリス
★★★/☆☆☆☆☆☆		
13 □□□	ラテンアメリカ生まれのヨーロッパ系の人々の名称は何か。	クリオーリョ
★★★/☆☆☆☆☆☆		
14 □□□	ヨーロッパ系の人々とインディオとの混血の名称は何か。	メスチソ(メスチーソ)
★★★/☆☆☆☆☆☆		
15 □□□	ヨーロッパ系の人々とアフリカ系の人々との混血の名称は何か。	ムラート
★★★/☆☆☆☆☆☆		
16 □□□	インディオとアフリカ系の人々との混血の名称は何か。	サンボ

■オセアニアの民族

★★★/☆☆☆☆☆★		
1 □□□	狩猟・採集生活を営んでいる<u>オーストラリア</u>の先住民を何というか。	アボリジニ(アボリジニー、アボリジナル)
★★★/☆☆☆☆☆★		
2 □□□	オーストラリア大陸の南に位置する島の先住民で、ヨーロッパ人の渡来後に絶滅した人々を何というか。	タスマニア人
★★★/☆☆☆☆☆☆		
3 □□□	ニュージーランドのポリネシア系先住民を何というか。	マオリ

❷ 民族と宗教　**213**

★★★／☆☆☆☆☆☆☆		
4 □□□	ほぼ経度180度線より西側の、主として太平洋の赤道以北の島々からなる地域を何というか。「小さい島々」を意味する。	ミクロネシア
★★★／☆☆☆☆☆☆☆		
5 □□□	ほぼ経度180度線より西側の、主として太平洋の赤道以南の島々からなる地域を何というか。「黒い島々」を意味する。	メラネシア
★★★／☆☆☆☆☆☆☆		
6 □□□	太平洋のほぼ経度180度線より東側の島々からなる地域。「多数の島々」を意味する。	ポリネシア

■言語

★☆☆／☆☆☆☆☆☆☆		
1 □□□	人が生まれて数年間のうちに、生活環境の中で自然に身につける言語を何というか。	母語
★★★／☆☆☆☆☆☆☆		
2 □□□	国家が公の会議や文書で使用することを定めている言語を何というか。	公用語
★☆☆／★★★★★★★		
3 □□□	多数の言語の分布地域に、あたかも離島のように点在する異言語の居住地を何というか。スラブ語系民族の国々の中に位置するルーマニア(ラテン語系民族が多い)が例。	言語島
★★★／☆☆☆☆☆☆☆		
4 □□□	フィンランド語・エストニア語・ハンガリー(マジャール)語などの言語を用い、ヨーロッパから西シベリア周辺に居住する言語集団を総称して何語族というか。	ウラル語族
★★★／☆☆☆☆☆☆☆		
5 □□□	モンゴル語・トルコ語・ブリヤート語などの言語を用い、東アジア・トルコ・シベリアなどに居住する言語集団を総称して何というか。	アルタイ諸語
★★★／☆☆☆☆☆☆☆		
6 □□□	中国語・チベット語などの言語を用い、中国から東南アジアにかけて居住する言語集団を総称して何というか。	シナ゠チベット諸語
★★★／☆☆☆☆☆☆☆		
7 □□□	ゲルマン語派・ラテン語派(ロマンス語派)・スラブ語派・ケルト語派・インド゠イラン語派などに分けられる言語を用い、ヨーロッパから西アジア・南アジアにかけて居住する言語集団を総称して何というか。	インド゠ヨーロッパ語族
★★☆／☆☆☆☆☆☆☆		
8 □□□	アラビア語・ヘブライ語・エチオピア語・トゥアレグ語などの言語を用い、北アフリカから西アジアにかけて居	アフリカ゠アジア語族(アフロ゠アジア

住する言語集団を総称して何語族というか。かつてはセム＝ハム語族と呼ばれた。	語族）
9 ☐☐☐ ★★★/☆☆☆☆☆☆☆ スワヒリ語のほかイボ語やフラ語なども含まれ、サハラ砂漠以南のアフリカで居住する言語集団を何というか。	ニジェール＝コルドファン諸語
10 ☐☐☐ ★★★/☆☆☆☆☆☆☆ サハラ以南のアフリカ中部から南部にかけて居住するニジェール＝コルドファン諸語の言語集団で、スワヒリ語・キクユ語・ズールー語・コンゴ語などの言語を用いる言語集団を総称して何語群というか。	バントゥー語群
11 ☐☐☐ ★★☆/☆☆☆☆☆☆☆ カラハリ砂漠を中心に、南アフリカ一帯に居住している遊牧民、狩猟・採集民で構成する言語集団を何というか。	コイサン語族（コイサン諸語）
12 ☐☐☐ ★★★/☆☆☆☆☆☆☆ マレー語・ジャワ語・タガログ語・タヒチ語などの言語を用い、東南アジア島嶼部からポリネシアにかけて居住する言語集団を総称して何というか。	オーストロネシア語族
13 ☐☐☐ ★★☆/☆☆☆☆☆☆☆ インド北部のインド＝ヨーロッパ語族のインド＝イラン語派に属する民族に対して、インド南部やスリランカに居住する民族を総称して何というか。	ドラヴィダ系民族
14 ☐☐☐ ★★★/☆☆☆☆☆☆☆ 韓国・北朝鮮で使用されている表音文字を何というか。	ハングル
15 ☐☐☐ ★★☆/☆☆☆☆☆☆☆ ルソン島中央部に居住する民族が用いるマレー＝ポリネシア語族に属する言語で、フィリピンの公用語を何というか。	フィリピノ語（タガログ語）
16 ☐☐☐ ★★★/☆☆☆☆☆☆☆ マレー＝ポリネシア語派に属する言語で、マレーシア・ブルネイの公用語を何というか。	マレー語
17 ☐☐☐ ★★★/☆☆☆☆☆☆☆ インド＝ヨーロッパ語族のインド＝イラン語派に属する言語で、インドの公用語を何というか。	ヒンディー語
18 ☐☐☐ ★★★/☆☆☆☆☆☆☆ インド＝ヨーロッパ語族のインド＝イラン語派に属し、パキスタンで国語に指定されている言語を何というか。	ウルドゥ語
19 ☐☐☐ ★★☆/☆☆☆☆☆☆☆ バングラデシュの公用語で、インドではウェストベンガル州などの公用語に指定されている言語を何というか。	ベンガル語
20 ☐☐☐ ★★★/☆☆☆☆☆☆☆ アラビア半島の言語で、イスラームの聖典「クルアーン（コーラン）」の言語として西アジア・北アフリカに広がった言語を何というか。	アラビア語

★★★/★★★★★★★		
21 ☐☐☐	<u>ユダヤ人</u>が使用しているアフリカ＝アジア語族に属し、イスラエルの公用語の言語を何というか。	ヘブライ語
★★★/☆★★★★★★		
22 ☐☐☐	<u>イラン</u>の公用語で、イランのほかタジキスタン・アフガニスタンに分布するインド＝ヨーロッパ語族、インド＝イラン派に属する言語を何というか。	ペルシア語
★★★/☆★★★★★★		
23 ☐☐☐	ベルギー北部や西部の<u>フランドル</u>地方で使用されている、<u>オランダ</u>語系の言語を何というか。	フラマン語
★★★/☆★★★★★★		
24 ☐☐☐	ベルギー南部で使用されている、<u>フランス</u>語系の言語を何というか。	ワロン語
★★★/☆☆★★★★★		
25 ☐☐☐	スイスの4つの公用語のうち、南東部で使用され、使用人口が最も少ない<u>ラテン語派</u>の言語を何というか。	ロマンシュ語（レートロマン語）
★★★/★★★★★★★		
26 ☐☐☐	<u>英語</u>、ドイツ語、フランス語、スペイン語など、ヨーロッパの多くの言語で使用されている文字を何というか。	ラテン文字
★★★/☆☆★★★★★		
27 ☐☐☐	<u>ロシア語</u>、ブルガリア語、セルビア語などで使用されている文字を何というか。	キリル文字
★★★/☆☆☆★★★★		
28 ☐☐☐	ニジェール＝コルドファン諸語のバントゥー語群に属し、東アフリカ沿岸地域で<u>共通語</u>として使用され、ケニアやタンザニアの公用語として用いられている言語を何というか。	スワヒリ語
★★★/☆★★★★★★		
29 ☐☐☐	アンデス山中に居住するインディオ（インディヘナ）の使用する言語で、<u>アイマラ語</u>とともにペルーおよびボリビアの公用語の1つとなっている言語を何というか。	ケチュア語
★★★/☆★★★★★★		
30 ☐☐☐	カリブ海諸国やアフリカなどで、宗主国や貿易商人の言語と先住民や移住してきた人々の言語などが混合してできた言語が母語として使用されるようになった言語を何というか。	クレオール（混成）語

■宗教

★★★/☆☆☆☆★★★		
1 ☐☐☐	<u>キリスト教・イスラーム・仏教</u>といった世界中に布教を通して信者数を拡大させている宗教を何というか。	世界宗教
★★★/☆☆☆☆★★★		
2 ☐☐☐	ある民族の文化形成の過程で生まれ、その民族のアイデ	民族宗教

ンティティに大きく関わっている宗教を何というか。

 3 □□□ キリスト教やイスラームなど、信仰の対象とする神が1つであるとする宗教を何というか。	一神教

★★☆/☆☆☆☆☆☆☆☆

 4 □□□ 一神教の対語で、ヒンドゥー教や日本の神道など、複数の神々を同時に崇拝する宗教を何というか。	多神教

★★★/☆☆☆☆☆☆☆☆

 5 □□□ ユダヤ教を基礎とし、イエス＝キリストを救世主として信じる宗教を何というか。	キリスト教

★★★/☆☆☆☆☆☆☆☆

 6 □□□ バチカン市国のサンピエトロ寺院に総本山があり、ローマ教皇が最高権力者。南ヨーロッパや中南米などのラテン系民族に信者が多いキリスト教の宗派は何か。	カトリック

★★★/☆☆☆☆☆☆☆☆

 7 □□□ 16世紀にルターらの宗教改革以後に成立。北・中央ヨーロッパ、北アメリカ、オセアニアなどのゲルマン系民族に信者が多いキリスト教の宗派は何か。	プロテスタント

★★★/☆☆☆☆☆☆☆☆

 8 □□□ 聖像崇拝問題を契機に、ローマ＝カトリック教会と分裂。おもに東ローマ帝国内のキリスト教。東ローマ帝国崩壊後、ロシア、セルビア、ルーマニアなど、各地域の呼称が用いられているキリスト教の宗派は何か。	正教会（東方正教会）

★★☆/☆☆☆☆☆☆☆☆

 9 □□□ エジプトからエチオピアにかけて、古くから信仰されているキリスト教の一宗派は何か。	コプト派

★★☆/☆☆☆☆☆☆☆☆

 10 □□□ アメリカ合衆国のソルトレークシティを総本山とするキリスト教の一宗派。	モルモン教

★★★/☆☆☆☆☆☆☆☆

 11 □□□ 律法（旧約聖書）を教典とし、唯一神ヤハウェ（エホバ）を信仰するユダヤ人の宗教を何というか。	ユダヤ教

★★☆/☆☆☆☆☆☆☆☆

 12 □□□ エルサレムの旧市街地にあって、ソロモン第2神殿を取り囲む壁の一部として残され、ユダヤ教徒にとって最も神聖とされる場所を何というか。	嘆きの壁

★★★/☆☆☆☆☆☆☆☆

 13 □□□ ムハンマド（マホメット）がとなえ、アッラーを最高神、クルアーン（コーラン）を教典とし、北アフリカから西アジアにかけての乾燥地域や、南アジア・東南アジアの湿潤地域にも信者が多い宗教を何というか。	イスラーム

★★★/☆☆☆☆☆☆☆☆

 14 □□□ イスラームの礼拝堂を何というか。	モスク

★★★ / ☆☆☆☆☆ ★		
15 ☐☐☐	クルアーン（コーラン）に規定された<u>五行</u>の１つで、イスラーム暦９月の１カ月間、毎日、夜明けから日没まで一切の食事・水をとらない<u>断食月</u>を何というか。	ラマダーン
★★★ / ☆☆☆☆☆ ★		
16 ☐☐☐	クルアーン（コーラン）に規定された<u>五行</u>の１つで、貧しい人々や恵まれない人々に施しを行なうことを何というか。	喜捨（ザカート）
★★★ / ☆☆☆☆☆ ★		
17 ☐☐☐	聖地<u>メッカ</u>にあり、多くの巡礼者が訪れる神殿を何というか。	カーバ神殿
★★★ / ★★★★★★★		
18 ☐☐☐	エルサレムの旧市街地にあり、ムハンマドが昇天したとされる岩のある場所につくられた<u>モスク</u>を何というか。	岩のドーム
★★★ / ☆☆☆☆☆ ★		
19 ☐☐☐	<u>イスラーム</u>の多数派。ムスリムの約90％を占め、アラブ諸国・中央アジア・パキスタン・アフガニスタンに信者が多い宗派は何か。	スンナ（スンニ）派
★★★ / ☆☆☆☆☆ ★		
20 ☐☐☐	カリフ（ムハンマドの後継者）をめぐる政争から生まれた<u>イスラーム</u>の少数派。ムスリムの約10％を占め、イラン・イラク南部に信者が多い宗派は何か。	シーア派
★★★ / ☆☆☆☆☆ ★		
21 ☐☐☐	紀元前５世紀頃、シャカ（釈迦）がとなえ、<u>ブッダガヤ</u>などを聖地とし、東アジアや東南アジアに信者が多い宗教を何というか。	仏教
★★★ / ☆☆☆☆☆ ★		
22 ☐☐☐	北伝仏教ともいい、インドから中国・朝鮮・<u>日本</u>へ伝播した。自己一人の完成のみならず、一切衆生の救済を念願する菩薩の道を説く仏教の宗派は何か。	大乗仏教
★★★ / ☆☆☆☆☆ ★		
23 ☐☐☐	南伝仏教ともいい、インドからスリランカ・ミャンマー・<u>タイ</u>などに伝播した。戒律を重んじ、厳しい修行を通じて自己の悟りに至ることを目的とする。	上座仏教（上座部仏教）
★★★ / ☆☆☆☆☆ ★		
24 ☐☐☐	８世紀中頃、仏教と<u>チベット</u>在来の民間信仰とが結びついて発達したもので、ラサ（拉薩）を聖地とし、チベット・ブータン・モンゴルに信者が多い。ダライ＝ラマが中心的存在。	チベット仏教（ラマ教）
★★★ / ☆☆☆☆☆ ★		
25 ☐☐☐	古代インドのバラモン教の流れを汲み、ヴァラナシ（ベナレス）などを聖地とするインド最大の<u>民族宗教</u>を何というか。	ヒンドゥー教

★★★/☆☆☆☆☆★		
26 □□□	インドのヒンドゥー教社会にあって職業の分業や世襲化・結婚などについて様々な制限を内容とするヴァルナ=ジャーティ制度を何というか。	カースト制
★★★/☆☆☆☆☆★		
27 □□□	<u>カースト</u>から除外された人々を総称して何というか。	ハリジャン(ダリット、不可触民)
★★★/☆☆☆☆☆★		
28 □□□	ジャワ島の東に位置する火山島で住民の多くが<u>ヒンドゥー教徒</u>である島を何というか。	バリ島
★★★/☆☆☆☆☆★		
29 □□□	16世紀にイスラームの影響を受けたヒンドゥー教の改革運動から成立した宗教を何というか。インド北西部のパンジャーブ地方などに信者が多い。	シク教
★★★/☆☆☆☆☆★		
30 □□□	<u>孔子</u>の教説を中心に形成された、中国の倫理・政治思想を何というか。朝鮮・日本にも強い影響を与えた。	儒教
★★★/☆☆☆☆☆★		
31 □□□	中国の民間信仰と<u>老子</u>を開祖とする道家の思想とが結びつき、中国の一般大衆に広く信仰されてきた宗教を何というか。	道教
★★★/☆☆☆☆☆★		
32 □□□	自然崇拝と祖先信仰とを融合した、日本古来の伝統宗教を何というか。	神道
★★☆/☆☆☆☆★★		
33 □□□	あらゆる自然現象に霊魂の存在を認め、それを崇拝する伝統的な民間信仰を何というか。	アニミズム(精霊信仰)

❸ 国家と国家間結合　　　　　　　用語集 p.205〜214

■国家の領域と国境

★★★/☆☆☆☆☆★		
1 □□□	<u>主権・領域・国民</u>の3要素をもち、国際社会を構成する基本的政治組織を何というか。	国家
★★☆/☆☆☆☆★★		
2 □□□	国家成立の基礎をなす、その国の<u>国籍</u>をもつ人間集団を何というか。	国民
★★★/☆☆☆☆☆★		
3 □□□	国家を構成する要素で、国民および領域に対して最高・絶対で、対外的にも独立した統治権力を何というか。	主権
★★★/☆☆☆☆☆★		
4 □□□	国家の主権が及ぶ<u>陸地</u>の範囲を何というか。	領土

★★☆/☆★★★★★★★ **5** □□□	大潮で最も水位が下がった干潮の際の、陸と海の境界線を何というか。	基線(低潮線)
★★★/☆☆☆☆☆☆☆ **6** □□□	海洋上の距離の単位で、地球の大円上の1分の弧の距離の長さ、約1,852mを何というか。	1海里
★★★/☆☆☆☆☆☆☆ **7** □□□	国家の主権が及ぶ沿岸海域で、国連海洋法条約では低潮線から最大12海里に決められた範囲を何というか。	領海
★★★/☆☆☆☆☆☆★ **8** □□□	国家の主権が及ぶ領土と領海の上空の範囲を何というか。宇宙空間は除かれている。	領空
★★★/☆☆☆☆☆☆★ **9** □□□	水産資源や鉱産資源など、海中・海底のすべての資源を沿岸国が排他的に開発・保存・管理することを認め、国連海洋法条約で基線から200海里に設定された水域を何というか。	排他的経済水域(EEZ)
★★★/☆☆☆☆☆☆★ **10** □□□	領海・排他的経済水域の外側にあって、すべての国の船舶の自由な航行や自由な経済活動が認められている海域を何というか。	公海
★★☆/☆☆☆★★★★★ **11** □□□	領域と国民をもち、他国の干渉を受けずに主権を行使できる国家を何というか。	独立国
★★★/☆☆☆☆☆☆☆ **12** □□□	本国への食糧や原料の供給地、本国の工業製品や資本の市場、過剰人口の移住地とすることなどを目的として、ある国が本国以外の地域に所有し、支配する領土を何というか。	植民地
★★★/☆☆☆☆★☆★★ **13** □□□	植民地を支配している国を何というか。	宗主国
★★★/★★★★★★★★ **14** □□□	イギリス・ベルギー・タイなどのように、世襲による君主が統治者である国を何というか。	君主国
★★★/★★★★★★★★ **15** □□□	アメリカ合衆国・フランスやインドなどのように、国民から選ばれた元首に一定期間統治を委ねている国を何というか。	共和国
★★★/☆★★★★★★★ **16** □□□	アメリカ合衆国やインドなどのように、地方自治を行なう複数の州・共和国が、中央政府のもとに結合して形成された国を何というか。	連邦国家

★★★／☆☆☆☆☆☆☆	
17 □□□ 国民が<u>1</u>つの民族によって構成されている国を何というか。世界のいずれの国も<u>少数民族</u>が存在し、厳密な意味ではこのような国家は存在しない。	単一民族国家
★★★／☆☆☆☆☆☆☆	
18 □□□ アメリカ合衆国・ロシア・スイス・中国・マレーシアなどのように、国民が2つ以上の民族によって構成されている国を何というか。	多民族国家(複合民族国家)
★★★／☆☆☆☆☆☆☆	
19 □□□ 中国政府が<u>ホンコン(香港)</u>の返還(1997年)、<u>マカオ(澳門)</u>の返還(1999年)に際して、両地域の自治を認めた政治・経済分離の統治政策を何というか。	一国二制度
★★★／☆☆☆☆☆☆☆	
20 □□□ <u>スイス</u>やオーストリアのように、有事の際にも中立および他国からの不可侵を、国際的に保障されている国を何というか。	永世中立国
★★★／☆☆☆☆☆☆	
21 □□□ かつての<u>タイ</u>やポーランドのように、2つの強大な国や勢力に挟まれ、両勢力の衝突を和らげる役割をもつ国を何というか。	緩衝国
★★★／☆☆☆☆☆☆	
22 □□□ アメリカ合衆国の<u>アラスカ州</u>やロシアの<u>カリーニングラード</u>、アンゴラのカビンダなどのように、他国の領土によって、国土が2つ以上に分け隔てられている国を何というか。	飛地国(エクスクラーフェン)
★★★／☆☆☆☆☆☆☆	
23 □□□ 国家と国家との領域の境界を何というか。	国境
★★★／☆☆☆☆☆☆☆	
24 □□□ <u>山脈</u>・<u>河川</u>・湖沼・海洋などの自然物を境界として利用した国境を、総称して何というか。	自然的国境
★★★／☆☆☆☆☆☆☆	
25 □□□ <u>アルプス山脈</u>・ピレネー山脈・<u>アンデス山脈</u>・ヒマラヤ山脈などのように、山脈を利用する自然的国境を何というか。	山脈国境
★★★／☆☆☆☆☆☆☆	
26 □□□ <u>ライン川</u>・<u>ドナウ川</u>・メコン川・アムール川・<u>リオグランデ川</u>などのように、河川を利用する自然的国境を何というか。	河川国境
★★★／☆☆☆☆☆☆☆	
27 □□□ 自然の障壁物が求めにくい地域などにおける、<u>経緯線</u>や人工的な障壁などを利用した国境を総称して何というか。	人為的国境
★★★／☆☆☆☆☆☆	
28 □□□ <u>人為的国境</u>のうち、アメリカ合衆国とカナダとの国境や	数理的国境

エジプトとスーダンとの国境などのように、経緯線や目標となる2地点間を結ぶ直線を利用する国境を何というか。	
★★★/☆☆★★★★ **29** □□□ アメリカ合衆国本土とカナダの国境の西半部の数理的国境となっている経緯度を答えよ。	北緯49度
★★★/☆☆★★★★★ **30** □□□ アメリカ合衆国アラスカ州とカナダの数理的国境となっている経緯度を答えよ。	西経141度
★★★/☆☆★★★★★ **31** □□□ エジプトとリビアの数理的国境となっている経緯度を答えよ。	東経25度
★★★/☆☆★★★★★ **32** □□□ エジプトとスーダンの数理的国境となっている経緯度を答えよ。	北緯22度
★★★/☆☆★★★★★ **33** □□□ インドネシアのパプア州とパプアニューギニアの数理的国境となっている経緯度を答えよ。	東経141度
★★★/☆☆☆☆☆☆ **34** □□□ 日本の領域について、八重山列島西端に位置する日本の最西端の島はどこか。	与那国島
★★★/☆☆☆☆☆☆ **35** □□□ 日本の領域について、水没を恐れて護岸工事の行なわれた日本の最南端の島。	沖ノ鳥島
★★★/☆☆☆☆☆☆ **36** □□□ 日本の領域について、東京都小笠原村に属する日本の最東端の島。	南鳥島

■国家群

★★★/☆☆☆☆☆★ **1** □□□ 資本主義経済体制をとり、工業が発達して経済的に豊かな国を何というか。OECD（経済協力開発機構）に加盟している国をさす場合が多い。	先進国
★★★/☆☆☆☆☆★★ **2** □□□ 先進国に比べて、経済の発展が進んでいない国をなんというか。ほとんどがかつて植民地で第二次世界大戦後に独立した国が多い。	発展途上国
★★☆/☆☆☆★★★★ **3** □□□ 発展途上国のうち、経済成長が著しいまたは成長が見込まれる国のことを何というか。BRICS を構成する国などが含まれる。	新興国
★★★/☆☆☆☆☆★★ **4** □□□ 地球の北半球に多く位置する先進国と南半球に多く位置	南北問題

する発展途上国との間の経済格差や、そこから派生している様々な問題を総称して何というか。

★★★/☆☆☆☆☆☆☆☆☆

| 5 □□□ 発展途上国の中で、とくに開発が遅れ、最貧国ともいわれる国々を総称して何というか。 | 後発発展途上国（LDC） |

★★★/☆☆☆☆☆☆☆☆☆

| 6 □□□ 資源保有国と資源非保有国、経済成長が著しい新興国と後発発展途上国との経済格差など、発展途上国の間における問題を総称して何というか。 | 南南問題 |

★★★/☆☆☆☆☆☆☆☆☆

| 7 □□□ アメリカ合衆国・西ヨーロッパ諸国・オーストラリア・日本など、市場経済を基盤に、自由主義の政治・経済体制をとる国を何というか。 | 資本主義国 |

★★★/☆☆☆☆☆☆☆☆☆

| 8 □□□ 中国やかつてのソ連・東ヨーロッパ諸国など、生産手段の集団的所有と計画経済という経済体制と共産党支配による政治体制をとる国を何というか。 | 社会主義国 |

★★★/☆☆☆☆☆☆☆☆☆

| 9 □□□ 第二次世界大戦後のアメリカ合衆国と旧ソ連の、直接的な武力行使に至らなかったが、両陣営の間の様々な対立を何というか。 | 冷戦 |

★★★/☆☆☆☆☆☆☆☆☆

| 10 □□□ 冷戦が激しくなった1949年に発足した、アメリカ合衆国・カナダ・西ヨーロッパ諸国がつくった集団安全保障体制で、冷戦終了後はポーランド・チェコ・ハンガリーなど東ヨーロッパ諸国も加盟し、地域紛争などの危機管理型をとるようになった安全保障機構を何というか。 | NATO（北大西洋条約機構） |

★★★/☆☆☆☆☆☆☆☆☆

| 11 □□□ NATOに対抗するため、旧ソ連と東ヨーロッパ諸国との間で1955年に結ばれたが、冷戦終了後の1991年に機能を停止した集団安全保障機構を何というか。 | WTO（ワルシャワ条約機構） |

★★★/☆☆☆☆☆☆☆☆☆

| 12 □□□ ソ連解体後、旧ソ連構成国のうちバルト3国を除く12カ国からなる国際組織として発足し、現在は実質9カ国からなる緩やかな結びつきの国家連合を何というか。 | CIS（独立国家共同体） |

★★★/☆☆☆☆☆☆☆☆☆

| 13 □□□ 中国と中央アジア諸国によって設立された地域的な機構を何というか。ロシアやインドも加盟国。軍事・経済の両面で相互協力を行なう。 | SCO（上海協力機構） |

★★★/☆☆☆☆☆☆☆☆☆

| 14 □□□ アラブ諸国の独立と主権を守り、相互の結束を目的として設立された、アラブ諸国21カ国とPLO（パレスチナ解放機構）からなる組織を何というか。 | アラブ連盟 |

★★★/☆☆☆☆☆☆☆ **15** ☐☐☐ アフリカ諸国の統一と団結、主権・領土・独立の擁護、植民地主義の一掃などを目的として、アフリカ大陸の54カ国と西サハラ(サハラ・アラブ民主共和国)で構成される組織を何というか。2002年、<u>OAU(アフリカ統一機構)</u>を改組して発足。	AU(アフリカ連合)
★★/☆☆☆☆☆☆☆☆ **16** ☐☐☐ イギリスとかつてのイギリスの<u>植民地</u>であった国々との、ゆるやかな政治的・経済的結合体を何というか。	イギリス連邦
★★/☆☆☆☆☆☆☆☆ **17** ☐☐☐ OEEC を発展的に改組して、西ヨーロッパ以外の<u>先進国</u>が新たに加盟し、貿易の拡大、経済成長の推進、発展途上国の援助などを目的とした組織を何というか。	OECD(経済協力開発機構)
★★/☆☆☆☆☆☆☆☆ **18** ☐☐☐ <u>オランダ・ベルギー・ルクセンブルク</u>の３カ国の間で、関税の廃止と貿易の拡大を目的として、1948年に発足した組織を何というか。	ベネルクス３国関税同盟
★★★/☆☆☆☆☆☆☆☆ **19** ☐☐☐ フランスのシューマン外相によって提唱され、西ドイツ(当時)・フランス・イタリア・ベネルクス３国の６カ国(原加盟国)間で、石炭と鉄鋼の生産や流通の自由化を図ることを目的に、1952年に発足した組織を何というか。	ECSC(ヨーロッパ石炭鉄鋼共同体)
★★★/☆☆☆☆☆☆☆☆ **20** ☐☐☐ <u>ECSC</u> の６カ国間での関税や輸入制限の廃止、資本・労働力の移動の自由化を目的として、1958年に発足した組織を何というか。	EEC(ヨーロッパ経済共同体)
★★★/☆☆☆☆☆☆☆☆ **21** ☐☐☐ <u>EEC</u> と同時に、６カ国間で原子力の開発と利用を共同で行なうことをめざして、1958年に発足した組織を何というか。	EURATOM(ヨーロッパ原子力共同体)
★★/☆☆☆☆☆☆☆☆ **22** ☐☐☐ 1960年、<u>EEC</u> に対抗するために<u>イギリス</u>を中心に結成、貿易制限の撤廃をおもな目的とする組織を何というか。イギリスなどが EC(現 EU)に加盟したため、現在はノルウェー・スイス・アイスランド・リヒテンシュタインの４カ国が加盟国。	EFTA(ヨーロッパ自由貿易連合)
★★★/☆☆☆☆☆☆☆☆ **23** ☐☐☐ 1967年に EEC・ECSC・EURATOM の３機関を統合してつくられた、加盟国間の経済的結合をめざした組織を何というか。	EC(ヨーロッパ共同体)
★★★/☆☆☆☆☆☆☆☆ **24** ☐☐☐ EC は1973年から1986年までに加盟国が増加した。1986年に拡大された EC の加盟国は何カ国か。	12カ国

★★★/☆☆☆☆☆★		
25 □□□	ヨーロッパ統合を促進するために1992年に調印され、通貨統合、非関税障壁の撤廃などの経済統合の強化、共通の外交・安全保障政策の採用などの政治的統合をめざす条約を何というか。	マーストリヒト条約（ヨーロッパ連合条約）
★★★/☆☆☆☆☆☆		
26 □□□	マーストリヒト条約発効以後の1993年に発足し、拡大EC12カ国のほか、1995年にはスウェーデン・フィンランド・オーストリアが加わり、15カ国によって構成された国際組織を何というか。	EU（ヨーロッパ連合）
★★★/☆☆☆☆☆☆		
27 □□□	EUは、2004年、2007年、2013年に東ヨーロッパの国々が相次いで参加して一層拡大した。2013年に加盟した28番目の加盟国はどこか。	クロアチア
★★★/☆☆☆☆☆☆		
28 □□□	2020年にEUから離脱した国はどこか。	イギリス
★★★/☆☆☆☆☆		
29 □□□	国境における出入国審査を廃止するために、EU（当時はEC）統合に伴って1985年に結ばれた協定は何か。	シェンゲン協定
★★☆/☆☆☆☆★★★		
30 □□□	2009年に発効したEUの基本条約で、政治的な統合を進めるための機構改革や外交政策の重視などを盛り込んだ条約は何か。	リスボン条約
★★☆/★★★★★★★		
31 □□□	EU加盟国の首脳とEU委員会委員長で構成されるEUの最高意思決定機関を何というか。	EU理事会（ヨーロッパ連合理事会）
★★★/☆☆☆☆☆★		
32 □□□	ヨーロッパ連合の加盟国中20カ国（2023年現在）で用いられている共通通貨を何というか。	ユーロ（Euro）
★★★/☆☆☆☆★★★		
33 □□□	輸入課徴金や農産物の価格支持政策などEU加盟国が農業の共同市場を運営するためにとっている共通政策を何というか。	共通農業政策（CAP）
★★★/☆☆☆☆☆☆		
34 □□□	アメリカ合衆国・カナダ・メキシコの3カ国による自由貿易地域の設立を目的とした協定を何というか。再交渉の結果、2020年、USMCA（米国・メキシコ・カナダ協定）が新たに発効した。	NAFTA（北米自由貿易協定）
★★★/☆★★★★★★		
35 □□□	アンデス諸国が地域の経済開発と発展をめざして1969年に発足し、コロンビア・ペルー・ボリビア・エクアドルが加盟する組織を何というか。	CAN（アンデス共同体・アンデスグループ）

★★★/☆☆☆☆☆☆ **36** □□□	<u>アルゼンチン</u>・<u>ブラジル</u>・パラグアイ・ウルグアイ・ベネズエラ(資格停止)・ボリビア(批准待ち)の6カ国(準加盟国が6カ国)で構成され、域内の貿易自由化と経済統合をめざす組織を何というか。	MERCOSUR(メルコスール、南米南部共同市場)
★☆☆/☆☆☆☆☆☆ **37** □□□	ラテンアメリカの太平洋に面した国々で構成され、アジア・太平洋地域との連携を目的に2012年に成立した組織を何というか。	PA(太平洋同盟)
★★★/☆☆☆☆☆☆ **38** □□□	2013年に中国の習近平国家主席が提唱し、中国をはじめとするアジアとヨーロッパを陸と海のシルクロードで結び、広域経済圏として経済発展をめざす構想を何というか。	一帯一路(構想)
★★★/☆☆☆☆☆☆ **39** □□□	<u>東南アジア</u>の国々で構成され、域内の経済・社会・文化・技術などの発展をめざし、地域協力を進めようとする組織を何というか。	ASEAN(東南アジア諸国連合)
★★★/☆☆☆☆☆☆ **40** □□□	ASEAN域内の関税を引き下げ、貿易の拡大と投資の促進を図るために合意された自由貿易地域を何というか。	AFTA(ASEAN自由貿易地域)
★★★/☆☆☆☆☆☆ **41** □□□	2015年に<u>ASEAN</u>加盟国が調印・発足した統合的な経済組織を何というか。	AEC(ASEAN経済共同体)
★★☆/☆☆☆☆☆☆ **42** □□□	<u>南アジア</u>8カ国が加盟し、地域の福祉、生活水準の向上、文化の発展などをめざす組織を何というか。	SAARC(南アジア地域協力機構)
★★★/☆☆☆☆☆☆ **43** □□□	アメリカ合衆国・カナダ・オーストラリア・ニュージーランド・日本・韓国・ASEAN諸国など、<u>アジア・太平洋</u>地域の21の国・地域で構成される地域協力をめざす会議を何というか。	APEC(アジア太平洋経済協力)

❹ 国際協力　　　　　　　　　　　　用語集 p.214〜215

★★★/☆☆☆☆☆☆ **1** □□□	第二次世界大戦後、世界の平和と安全の維持、経済・社会の発展のための国際協力、国家間の友好の強化などを目的に、戦前からの国際連盟にかわって結成された組織を何というか。本部は<u>ニューヨーク</u>。	国際連合(国連、UN)
★★★/☆☆☆☆☆☆ **2** □□□	国際社会の平和と安全を維持することを最大の任務としている、5カ国の<u>常任理事国</u>と10カ国の<u>非常任理事国</u>で	国連安全保障理事会

構成される<u>国連</u>の主要機関を何というか。

3 ☐☐☐ 国際間の経済・社会・文化・教育・保健・福祉などの国際問題を調査し、諸機関や加盟国に報告・勧告を行なう<u>国連</u>の主要機関を何というか。	経済社会理事会

★★★/☆☆☆★★★★★

4 ☐☐☐ 国家間の紛争を裁判で解決、または、解決のために勧告する国連常設の司法機関を何というか。	国際司法裁判所

★★★/☆☆☆☆★★★★

5 ☐☐☐ 国際交流を通して、<u>教育</u>・科学・文化の面で、国際平和に貢献することを目的としてつくられた国連の専門機関を何というか。	UNESCO（国連教育科学文化機関）

★★☆/☆☆☆☆★★★★

6 ☐☐☐ 発展途上国の<u>児童</u>への食料・医薬品・医療などの援助を行なっている国連の専門機関を何というか。	UNICEF（国連児童基金）

★★★/☆☆☆☆★★★★

7 ☐☐☐ 世界の各国民の健康の保持と<u>公衆衛生</u>の向上を目的としてつくられた国連の専門機関を何というか。	WHO（世界保健機関）

★★☆/☆★★★★★★★

8 ☐☐☐ 各国民の栄養と生活水準の向上、<u>食糧</u>や農作物の増産および分配の改善などを目的としてつくられた国連の専門機関を何というか。	FAO（国連食糧農業機関）

★★☆/☆★★★★★★★

9 ☐☐☐ 労働条件の改善や労働者の地位の向上を、国際的に実現することを目的としてつくられた機関。国連の専門機関を何というか。	ILO（国際労働機関）

★★★/☆☆★★★★★★

10 ☐☐☐ <u>第二次世界大戦</u>の戦災国の経済復興や発展途上国への長期の資金貸付けを行なうことを目的としてつくられた国連の専門機関を何というか。	IBRD（国際復興開発銀行、世界銀行）

★★★/☆★★★★★★★

11 ☐☐☐ 国連の諸機関が行なう、<u>発展途上国</u>の開発計画に資金や技術などを援助する機関を何というか。	UNDP（国連開発計画）

★★★/☆☆★★★★★★

12 ☐☐☐ 「<u>人間環境宣言</u>」を実現するために、広範囲な環境問題に取り組んでいる機関を何というか。	UNEP（国連環境計画）

★★★/☆☆★★★★★★

13 ☐☐☐ WTO・ILO・WHO など国連機関の本部がおかれている<u>スイス</u>南西部、レマン湖畔の都市はどこか。	ジュネーヴ

★★☆/☆☆★★★★★★

14 ☐☐☐ 国連が治安維持や停戦監視などのために部隊や監視団を派遣して、事態の悪化や拡大を防止する活動を何というか。	PKO（平和維持活動）

★★★/☆☆☆☆☆☆ **15** □□□	<u>発展途上国</u>に対する、資金・技術・人材などの援助・協力を何というか。	開発援助
★★★/☆☆☆☆☆☆ **16** □□□	<u>開発援助</u>を積極的に進めるために、<u>OECD（経済協力開発機構）</u>の下につくられた組織を何というか。	DAC（開発援助委員会）
★★★/☆☆☆☆☆☆ **17** □□□	発展途上国の開発のために、先進国の<u>政府</u>が無償または長期低利の融資で行なっている援助を何というか。	ODA（政府開発援助）
★★★/☆☆☆☆☆☆ **18** □□□	<u>政府開発援助</u>の1事業で、<u>JICA（国際協力機構）</u>が発展途上国の経済・技術・教育などの開発や援助のために青年を派遣している事業を何というか。	青年海外協力隊
★★★/☆☆☆☆☆☆ **19** □□□	登録された医師や看護士が、自然災害・紛争・難民など様々な場面で救援活動を行なっている国際医療活動のボランティア団体を何というか。	国境なき医師団
★★★/☆☆☆☆☆☆ **20** □□□	平和・人権・環境・開発などの諸問題に関連して、国際間で活動を行なっている<u>民間</u>の団体を何というか。	NGO（非政府組織）
★★★/☆☆☆☆☆☆ **21** □□□	<u>利益</u>を得ることなく、様々な分野で社会的活動を行なう組織のことを何というか。	NPO（非営利組織）

❺ 民族問題　　　　　　　　　　　　　　　　用語集 p.216〜222

★★★/☆☆☆☆☆☆ **1** □□□	ある地域に古くから住み着いている民族を何というか。のちに流入した民族により<u>少数民族</u>の立場におかれる場合も少なくない。	先住民（先住民族）
★★★/☆☆☆☆☆☆ **2** □□□	複数の民族からなる国の中で、場合によっては多数派の民族から政治的・経済的圧迫を受ける<u>少数派</u>の民族のことを何というか。	少数民族
★★★/☆☆☆☆☆☆ **3** □□□	ラサ（拉薩）を区都とする中国の自治区で、<u>チベット仏教（ラマ教）</u>の信者が多く、自治権拡大を求める運動がおきている自治区を何というか。	チベット（西蔵）自治区
★★★/☆☆☆☆☆☆ **4** □□□	ウルムチ（烏魯木斉）を区都とする中国の自治区で、<u>イスラーム</u>の信者が多く、自治権拡大を求める運動がおきている自治区を何というか。	シンチヤンウイグル（新疆維吾爾）自治区
★★★/☆☆☆☆☆☆ **5** □□□	第二次世界大戦後のインドシナ戦争、<u>ベトナム戦争</u>、ベ	インドシナ難民

	トナム・カンボジアの政情不安などから生じた難民を何というか。	
★★★ / ☆☆☆☆★★★ **6** ☐☐☐	ミャンマー西部のラカイン州に居住する<u>ムスリム</u>を何というか。仏教徒が多いミャンマーでは少数派であり、迫害から逃れるためバングラデシュに難民として逃れた。	ロヒンギャ
★★★ / ☆☆☆☆★★★ **7** ☐☐☐	インドネシア、スマトラ島の北端に位置する州で、長いこと<u>ムスリム（イスラム教徒）</u>による分離独立運動がおきていた州を何というか。2005年和平成立。	アチェ州
★★★ / ☆☆☆☆☆★★ **8** ☐☐☐	マレーシアにおける<u>マレー人</u>優先政策を何というか。	ブミプトラ政策
★★★ / ★★★★★★★ **9** ☐☐☐	チベット地方南部において、<u>カシミール</u>やマクマホンラインをめぐり、関係国がおこした国境紛争を何というか。	中国・インド国境紛争
★★★ / ☆☆☆☆★★★ **10** ☐☐☐	インドとパキスタン両国の北部境界に位置し、両国の独立当初からその帰属をめぐる紛争が続いている地域はどこか。	カシミール（地方）
★★★ / ☆☆★★★★★ **11** ☐☐☐	<u>シンハラ（シンハリ）</u>人と<u>タミル</u>人がしばしば対立・抗争し、2009年に紛争が終結した国はどこか。	スリランカ
★★★ / ☆★★★★★★ **12** ☐☐☐	ヨーロッパにおける<u>ユダヤ人</u>差別や虐殺を背景に、ユダヤ人祖先の地エルサレム（シオンの丘がある）を中心とした<u>パレスチナ</u>の地に、ユダヤ人国家を創設しようとして続けてきた運動を何というか。	シオニズム運動
★★★ / ☆☆☆☆☆★★ **13** ☐☐☐	1948年にアラブ人の居住地に<u>イスラエル</u>が建国されたことにより、紛争が続いている地中海東岸、ヨルダン川以西の地方を何というか。	パレスチナ
★★★ / ☆☆★★★★★ **14** ☐☐☐	パレスチナ難民の祖国復帰、<u>アラブ人</u>によるパレスチナ国家再建をめざす組織で、国際連合でもパレスチナ人の代表機関として認められている機構を何というか。2012年ユネスコ加盟、2013年、国連のオブザーバー国家の資格を獲得。	PLO（パレスチナ解放機構）
★★★ / ☆☆☆☆☆★★ **15** ☐☐☐	住民の大多数が<u>パレスチナ難民</u>とその子孫。1993年の和平交渉でパレスチナ人の暫定自治が認められたが、事実上イスラエルによって封鎖。しばしばイスラエルと対立する自治区。	ガザ地区

★★★/☆☆☆☆☆★		
16 ☐☐☐	1993年の和平交渉でパレスチナ人の暫定自治が認められたが、自治政府が実効支配している地域は少ないユダヤ人入植地が拡大し、イスラエルによる<u>分離壁</u>の建設が進められている地区。	ヨルダン川西岸地区
★★★/☆☆☆☆★★★		
17 ☐☐☐	2011年、<u>シリア</u>各地で起きた反政府デモを政権が武力弾圧。また、反体制派のほかイスラム国(ISIL)などさまざまな勢力が入り乱れて複雑化した。多くの難民が発生する事態となったこの出来事を何というか。	シリア内戦
★★★/☆☆☆☆★★★		
18 ☐☐☐	イラン・<u>イラク</u>・<u>トルコ</u>・アルメニアにまたがる高原に居住し、牧畜や農業に従事する人々で、自治・独立の要求が強い民族を何というか。シリア内戦などで難民も多い。	クルド人
★★☆/☆☆☆☆★★★		
19 ☐☐☐	<u>クルド人</u>の居住地域を何というか。	クルディスタン
★★★/☆☆☆☆★★★		
20 ☐☐☐	1979年の革命によって、王制からイスラームの<u>シーア派</u>中心の共和制に移行し、しばしば欧米諸国と対立している国はどこか。	イラン
★★☆/☆☆☆☆★★★		
21 ☐☐☐	大量破壊兵器の存在疑惑などを理由に米英軍が侵入し(2003年)、独裁政権を倒し、米英軍が撤退した後もスンナ派とシーア派の対立など政情不安が続く西アジアの産油国はどこか。	イラク
★★★/☆☆☆☆★★★		
22 ☐☐☐	第一次世界大戦後までイギリス植民地、独立後ソ連軍の侵攻と撤退、国内の混乱が続くなかで「イスラーム原理主義」を掲げる<u>タリバン</u>が勢力を持つようになった国はどこか。	アフガニスタン
★★★/☆☆☆☆★★★		
23 ☐☐☐	トルコ系住民とギリシャ系住民の対立が長く続き、北部の<u>トルコ</u>系の共和国と南部の<u>ギリシャ</u>系の共和国(国連・EUに加盟)が並存している西アジアの国はどこか。	キプロス
★★★/☆☆☆☆★★★		
24 ☐☐☐	<u>南アフリカ共和国</u>で1991年に完全に廃止された人種差別政策。大多数を占める黒人を差別し、居住区の隔離、職業選択の制限などを行なってきた人種隔離政策を何というか。	アパルトヘイト
★★★/☆☆☆☆★★★		
25 ☐☐☐	1967～70年、<u>ナイジェリア</u>国内の民族対立が原因となって引きおこされた内戦で、多くの餓死者や死傷者をだし	ビアフラ内戦

た戦争を何というか。	
★★★/☆☆☆☆☆★ 26 □□□ ナイジェリアを構成する民族集団のうち、ナイジェリア東部、ニジェール川下流域に居住し、1967年にビアフラ共和国樹立を宣言した民族を何というか。主として<u>キリスト教徒</u>が多い。	イボ人
★★★/☆☆☆☆☆★★ 27 □□□ ナイジェリアを構成する民族集団のうち、ナイジェリア西南部に居住し、伝統的な自給農業のほか、カカオや油ヤシの栽培を行ない、<u>イバダン</u>などの都市国家を建設した民族を何というか。主としてキリスト教徒が多い。	ヨルバ人
★★★/☆☆☆☆☆★★ 28 □□□ ナイジェリアを構成する民族集団のうち、ナイジェリア北部の半乾燥草原に居住し、落花生・綿花の栽培や牧畜を行なうとともにサハラ交易にも従事した民族を何というか。主として<u>ムスリム</u>が多い。	ハウサ人
★★★/☆☆☆☆☆★★ 29 □□□ アフリカ中央部に位置する内陸国で、<u>ツチ人</u>と<u>フツ人</u>の対立から内戦に拡大、大量虐殺事件があった国はどこか。	ルワンダ
★★★/☆☆☆☆☆★★ 30 □□□ 「アフリカの<u>角</u>」と呼ばれる半島部に位置する国で、長いこと武装勢力が全土に割拠、内戦・無政府状態が続いた国はどこか。2012年南部に共和国政府が発足したが、北部・北東部は別の政府が実効支配している。	ソマリア
★★☆/☆☆☆☆☆★★ 31 □□□ 2011年、<u>スーダン</u>から分離・独立した国はどこか。非アラブ系の住民が多く、キリスト教徒や伝統的な宗教を信じる住民が多い。産油国。	南スーダン共和国
★★☆/☆☆☆☆☆★★ 32 □□□ 政府軍およびアラブ系民兵組織と非アラブ系住民の間で紛争が続いている<u>スーダン</u>西部の地方を何というか。水資源や土地問題、石油資源の利権なども対立の要因。	ダールフール
★★★/☆★★★★★★ 33 □□□ 2010年から11年にかけて、<u>チュニジア</u >でおきた独裁政権打倒と民主化の動きを何というか。	ジャスミン革命
★★★/☆☆☆★★★★ 34 □□□ 2010年から11年にかけてアラブ世界において発生し、<u>チュニジア・エジプト</u>・リビア・イエメンなどの独裁政権打倒に結びついた民主化要求の動きを何というか。	アラブの春
★★★/☆☆☆☆☆★ 35 □□□ イギリスで、先住民の<u>カトリック教徒</u>のケルト住民とスコットランド・イングランドから移住した<u>プロテスタント教徒</u>の住民との間で、政治的・経済的対立が長く続い	北アイルランド

ていた地域はどこか。1998年和平合意、2007年自治政府
復活。

★☆☆/☆☆☆☆☆☆☆

36 ☐☐☐ 北部の<u>オランダ</u>系フラマン人と南部の<u>フランス</u>系ワロン人との間で対立がみられ、3言語共同体・3地域の連邦制を取っている国はどこか。	ベルギー
37 ☐☐☐ スペインとフランスの国境地帯に位置し、住民の多くはカトリック教徒で、分離・独立の運動がおきている地域を何というか。中心都市はかつて鉄鋼で栄えたビルバオ。	バスク
38 ☐☐☐ スペイン北東部、エブロ川流域を中心に位置し、自治権拡大や独立の要求の強い地方を何というか。中心都市<u>バルセロナ</u>。	カタルーニャ地方
39 ☐☐☐ 旧<u>ユーゴスラビア</u>の解体後、独立をめぐって、クロアチア人(カトリックが多数)・ムスリム(ボシュニャク)・セルビア人(セルビア正教徒)間で激しい対立・内戦が続いたが、1995年の和平協定でクロアチア人とムスリムによる連邦とセルビア人の共和国が並存している連邦国家を何というか。	ボスニア・ヘルツェゴビナ
40 ☐☐☐ セルビア共和国の旧自治州で、<u>アルバニア</u>系住民が多く居住し、2008年セルビアから分離独立した国を何というか。	コソボ
41 ☐☐☐ カフカス地方に位置するロシア連邦内の共和国(首都グロズヌイ)で、住民の多くが<u>ムスリム</u>であり、独立を要求してロシア連邦と激しい対立・紛争が続いている共和国を何というか。	チェチェン
42 ☐☐☐ 国内にアルメニア人が多く居住する<u>ナゴルノ゠カラバフ自治州</u>の帰属をめぐって、アルメニアと対立した共和国を何というか。	アゼルバイジャン
43 ☐☐☐ カナダ東部の州で、<u>フランス</u>系住民が多く居住し、主権の拡大、カナダからの分離・独立の要求が強い州はどこか。	ケベック州
44 ☐☐☐ カナダ北部に位置する<u>イヌイット</u>の自治が認められている準州はどこか。	ヌナブト準州
45 ☐☐☐ <u>奴隷制度</u>の廃止後も続いた黒人差別に反対する運動で、	公民権運動

1950年代から60年代にかけてアメリカ合衆国でおきた、雇用・教育・選挙などでの黒人差別を撤廃する運動をとくに何というか。

★★★/☆☆☆☆☆☆

46　ヨーロッパ系以外の人々の移民を制限・禁止し、「白人だけのオーストラリア」をつくろうとした政策で、1970年代に全面撤廃された政策を何というか。
白豪主義

★★★/☆☆☆☆☆☆

47　カナダや白豪主義を撤廃した後のオーストラリアが進める政策で、多様な民族や文化の混在・共存を積極的に評価する考え方を何というか。
多文化主義

★★☆/☆☆☆☆☆☆

48　国内の多様な人種・民族の融合を意味する「人種・民族のるつぼ」という考えに対し、多様な人種・民族集団が各自の文化・社会を維持し、各々が並存し、調和を図るという考えを食器に例えて何というか。
民族のサラダボウル

★★★/☆☆☆☆☆☆

49　国家間の紛争、国内の政治や宗教をめぐる紛争や対立、経済的混乱などが原因で、他国へ移住を余儀なくされた人々を何というか。
難民

★★☆/☆☆☆☆☆☆

50　難民の保護、自発的な帰国、または第三国での定住などを援助・支援する国連の機関を何というか。
UNHCR（国連難民高等弁務官事務所）

⑥ 領土問題
用語集 p.223〜224

★★★/☆☆☆☆☆☆

1　小スンダ列島の東端にあり、旧ポルトガル領であったが、1976年にインドネシアが領有、激しい独立運動を経て、2002年に独立した国はどこか。
東ティモール民主共和国

★★★/☆☆☆☆☆☆

2　シャッタルアラブ川をめぐる国境線や国内に居住する少数民族クルド人の扱いなどに関連して、1980年から1988年まで隣接国がおこした戦争を何というか。
イラン＝イラク戦争

★★★/☆☆☆☆☆☆

3　1990年、イラクがクウェートに侵攻したことにより生じた、アメリカ合衆国軍を中心とした多国籍軍とイラクとの間の戦争を何というか。
湾岸戦争

★★★/☆☆☆☆☆☆

4　1982年、イギリスとアルゼンチンとの間で領有権をめぐって紛争がおきた大西洋上の島々を何というか。
フォークランド（マルビナス）諸島

★★☆/☆☆☆☆☆☆

5　南シナ海中部に位置し、ベトナム・中国・台湾・フィリ
南沙群島（南沙諸

ピン・マレーシア・ブルネイが、互いに領有権を主張している島々はどこか。	島、スプラトリー諸島）

★★★／★★★★★★★★

6
□□□ <u>南極</u>の非軍事化と非領有を定めた国際条約を何というか。1959年に締結。

南極条約

★★★／☆☆☆☆☆☆☆

7
□□□ ロシアの占領下にある<u>国後島</u>・<u>択捉島</u>・<u>歯舞群島</u>・<u>色丹島</u>を、日本固有の領土として返還を要求している領土を総称して何というか。

北方領土

★★★／☆☆☆☆☆☆☆

8
□□□ カムチャツカ半島と<u>北海道</u>の間に点在する火山性の弧状列島を何というか。日本は第二次世界大戦後のサンフランシスコ平和条約でウルップ（得撫）島以北を放棄。

千島列島

★★★／☆☆☆☆☆☆☆

9
□□□ 日本海の西部、隠岐諸島の北西に位置し、第二次世界大戦後、<u>韓国</u>が実効支配している島はどこか。

竹島

★★★／☆☆☆☆☆☆☆

10
□□□ 沖縄県石垣市に属し、石垣島の北北西の島々。大陸棚上にあって、好漁場であるとともに、石油などの資源が期待されているために、近年<u>中国</u>が領有権を主張している島々はどこか。

尖閣諸島

索引

この索引は、解答として掲載している
用語のページを示しています。

索引

山川 一問一答地理

2024 年 4 月　初版発行

編者	地理用語集編集委員会
発行者	野澤武史
印刷所	株式会社　加藤文明社
製本所	有限会社　穴口製本所
発行所	株式会社　山川出版社
	〒 101-0047　東京都千代田区内神田 1-13-13
	電話 03（3293）8131（営業）　03（3293）8135（編集）
	https://www.yamakawa.co.jp/
装幀	水戸部功
本文デザイン	株式会社　ウエイド（山岸全）

ISBN978-4-634-05441-7　　　　　　　　　NYZK0102